CHANOINE COUBÉ

DU CHAMP DE BATAILLE AU CIEL

POUR L'HUMANITÉ, POUR LA PATRIE

PARIS
ANCIENNE LIBRAIRIE POUSSIELGUE
J. DE GIGORD, Éditeur
RUE CASSETTE, 15

1916

DU CHAMP DE BATAILLE

AU CIEL

OUVRAGES DU MÊME AUTEUR

LIBRAIRIE P. LETHIELLEUX
10, Rue Cassette, Paris

Nos Alliés du Ciel. In-8° écu (5° édition).	3 00
Alsace, Lorraine et France rhénane. Exposé des droits historiques de la France sur la rive gauche du Rhin. In-12	2 00
Le Miracle de la Marne et sainte Geneviève. — La victoire de la Marne est-elle un miracle ? In-8°.	0 60
La Belgique et la France. Exposé des liens anciens et nouveaux qui unissent les deux nations. In-8°.	0 60
Les Massacres d'Arménie et le protectorat de la France en Orient. In-18 jésus.	0 50
L'Ame de Jeanne d'Arc. Discours religieux (6° édition).	4 00
Jeanne d'Arc et la France. Discours patriotiques (3° éd.).	2 00
L'Épopée de Jeanne d'Arc. Petite vie de Jeanne d'Arc, ornée de dix gravures en couleur.	2 00
Gloires et Bienfaits de l'Eucharistie. (5° édition).	3 50
Gloires et Bienfaits de la sainte Vierge. (4° édition).	3 50
Gloires et Bienfaits des Saints. (2° édition)	3 50
Discours de mariage. (4° édition)	3 00
Honneur et Conscience.	0 50
Souvenirs de Jérusalem.	0 50
Bourdaloue orateur	0 50

LIBRAIRIE TÉQUI, 82, rue Bonaparte, Paris

La Communion hebdomadaire. (12° mille).	1 50

L'IDÉAL. Revue mensuelle d'études religieuses et patriotiques. — *Directeur* : M. le chanoine COUBÉ. — *Bureaux* : 29, rue Chevert, Paris. France : 4 francs. — Etranger (U. P.). . . . 5 fr.

CHANOINE COUBÉ

DU CHAMP DE BATAILLE AU CIEL

POUR L'HUMANITÉ, POUR LA PATRIE

PARIS
ANCIENNE LIBRAIRIE POUSSIELGUE
J. DE GIGORD, Éditeur
RUE CASSETTE, 15

1916

Propriété de J. DE GIGORD.

NIHIL OBSTAT

Y. de la BRIÈRE,
Censor deputatus.

Imprimatur :

Parisiis, die 20° novembris 1915.

H. ODELIN,
V. G.

TABLE DES MATIÈRES

Préface.	7
I. — Où est allé votre bien-aimé ?	5
II. — Le chemin pour monter au ciel.	11
III. — « Cette guerre resplendit de surnaturel » .	16
IV. — Les adieux : explosion de patriotisme. . .	28
V. — Beauté de la mort pour la patrie.	38
VI. — Ils partent comme pour la croisade. . . .	46
VII. — « Monseigneur, bénissez mes canons ». .	50
VIII. — La mort, c'est la « prima donna ». . . .	54
IX. — La vie au front est une retraite.	60
X. — Plus de respect humain.	68
XI. — « Les églises sont trop petites ».	73
XII. — « Les oraisons crépitent comme des balles ».	79
XIII. — Médailles et médailles.	88
XIV. — Le Sacré-Cœur, Jeanne d'Arc et saint Michel.	97
XV. — Le crucifix aux mains des mourants. . . .	106
XVI. — Notre-Dame des tranchées.	116
XVII. — Le chapelet, arme de victoire.	127
XVIII. — « L'absolution et nous vaincrons ». . .	137
XIX. — Les messes militaires.	147
XX. — Messes tragiques : les catacombes.	156

XXI. — La communion : des millions d'hosties. . 167
XXII. — Communions ferventes et fréquentes. . 177
XXIII. — Communions sur le champ de bataille. 187
XXIV. — Autour de l'hostie. 191
XXV. — Sont-ils martyrs? 201
XXVI. — Ils meurent en règle avec Dieu. 209
XXVII. — Ils meurent le « fiat » aux lèvres. . . 217
XXVIII. — Ceux qui désirent la mort. 229
XXIX. — Ils meurent les yeux au ciel. 237
XXX. — Ceux qui ne pratiquaient pas. 250
XXXI. — A qui pensent-ils en mourant ? 258
XXXII. — Ils offrent leur vie pour la France. . . 269
XXXIII. — Pères et mères : douleurs sublimes. . 285
XXXIV. — Le culte dû à nos morts. 301
XXXV. — Pas de crémation. 308
XXXVI. — Au ciel ils sont heureux. 315
XXXVII. — Au ciel ils pensent à nous. 320
XXXVIII. — Ils sont toujours près de nous. . . 324
XXXIX. — La joie de la réunion au ciel. 332
XL. — Le renouveau de la France. 338

APPENDICES

La mort du soldat et le salut éternel (C^{al} Billot). 355
La mort du soldat et le martyre (P. Rosa). . . . 358

PRÉFACE

J'ai réuni ici un grand nombre de lettres et d'anecdotes qui montrent dans quels sentiments d'héroïsme chrétien vivent et meurent nos soldats de la grande guerre. Il a dû m'échapper beaucoup de faits édifiants et, sans doute, des plus admirables.

Aussi je serais reconnaissant aux familles qui voudraient bien me communiquer, en vue d'une nouvelle édition, quelques documents, ne serait-ce qu'un mot ou un trait, pouvant illustrer la thèse soutenue dans cet ouvrage.

Cette thèse est que jamais, pas même au temps des croisades, une armée française n'a donné de pareilles preuves de foi et de piété, de dévotion à la sainte Vierge et surtout à la sainte Eucharistie, et que, par suite, jamais nos familles n'ont eu plus de raisons de croire au salut éternel de leurs enfants ou de leurs chefs tombés au champ d'honneur.

Une radieuse consolation en découle, la seule qui soit digne et capable d'adoucir la grande douleur de nos jours, c'est l'espérance divinement motivée que nos splendides soldats, morts dans l'amitié du Seigneur, le fiat aux lèvres, l'âme nourrie de l'Hostie salutaire, sont montés du Champ de bataille au ciel; c'est la pensée qu'ils nous attendent là-haut où nous les retrouverons un jour; c'est la douce certitude qu'ils prient pour leur patrie; que la France, fécondée par la rosée de leur sang, va refleurir plus glorieuse et plus chrétienne et que

*Demain, sur leurs tombeaux,
Les blés seront plus beaux!*

Paris, 15 novembre 1915.

DU CHAMP DE BATAILLE AU CIEL

———— ✦ ————

I

OÙ EST ALLÉ VOTRE BIEN-AIMÉ ?

Cette parole de l'Ecriture Sainte me revient à l'esprit, quand je vois tant de femmes en deuil, tant de pauvres parents qui pleurent un être chéri enlevé par la guerre : *Quo abiit dilectus tuus?* Ils se demandent où est allé leur enfant, leur époux, leur père, leur frère, leur ami, s'il est heureux, s'il pense à eux, s'il les voit et les entend. Ils s'attristent peut-être de ne pas recevoir de réponse à ces douloureuses questions. *J'ai cherché mon bien-aimé et je ne l'ai pas trouvé; je l'ai appelé et il ne m'a pas répondu*[1]. C'était la plainte de la Sulamite dans le Cantique des cantiques ; c'est aujourd'hui la plainte d'une infinité de cœurs brisés.

Pour quelques-uns c'est le doute qui répond : « Où est allé notre bien-aimé ? N'est-il pas perdu pour nous à tout jamais ? Où vont les âmes ? Se dissolvent-elles dans le néant, comme une fumée dans l'air ? Ou bien se dispersent-elles, sans lien entre elles ni avec nous, dans des régions lointaines, comme les tristes ombres qu'Homère voyait errer sur la prairie des asphodèles ? L'Église nous dit bien qu'elles vivent toujours, et, par là, elle semble adoucir notre angoisse ; mais elle la fait renaître plus cuisante quand elle ajoute que celles qui ont offensé Dieu sont éternellement punies. Celui que nous pleurons est-il de ce nombre ? A-t-il trouvé grâce devant la Justice infinie ? »

Pauvres affligés, je vous réponds ce que le Prophète disait à la Sulamite : « *Quæremus eum tecum*. Nous allons le chercher avec vous. » Avant tout ayez confiance, car, si Dieu est la Justice, il est aussi la Miséricorde ; il enveloppe nos derniers moments de ses tendresses. Il nous livre avec les armes de sa grâce des assauts silencieux, il nous crible des flèches

---

[1] *Quæsivi et non inveni illum ; vocavi et non respondit mihi.* (Cantic. v, 6).

d'or de son amour, et bien souvent les âmes les plus endurcies finissent par se rendre à lui et vont au ciel le remercier de leur bienheureuse défaite.

Tout particulièrement pendant cette guerre, il semble que le Seigneur ait voulu faire une moisson exceptionnelle d'élus. Il a multiplié les gages de prédestination. Ceux qui étaient déjà de bons chrétiens ont souvent donné en mourant le spectacle d'une incomparable ferveur. Parmi les autres, les conversions ont été innombrables et parfois si touchantes qu'elles tirent les larmes des yeux. Combien les bons anges, ces doux moissonneurs de la guerre, ont dû emporter dans les greniers éternels de ces belles gerbes d'âmes purifiées !

C'est surtout à leurs derniers moments que Dieu en a sauvé un grand nombre. Tenez, le voilà votre bien-aimé, ô femmes, ô mères ; regardez-le, sanglant, enveloppé du drapeau tricolore, étendu au pied du crucifix, dans le célèbre tableau de Weerts. Cette scène grandiose, c'est toute la guerre actuelle envisagée du côté de l'éternité. Partout où tombe un soldat de France, dans la tranchée, sous les verts sapins, au bord des fleuves de sang, un grand Christ s'élève, profilant sa blanche silhouette sur le ciel tourmenté. Il penche la tête et jette un tendre regard sur le héros qui gît à ses pieds.

Oh! ce regard du grand martyr à ce pauvre enfant de la terre, comme il est éloquent! Il est tout chargé de doux reproches pour ses péchés, de pitié pour ses souffrances, de tendre admiration pour son courage, mais surtout de pardon et d'amour!

Il dit à l'un : « Je te bénis, ô mon soldat, immolé pour la plus juste des causes. Tu es mort *pour ta patrie*, comme moi *pour l'humanité*. Et c'est bien! Mais toi qui as si noblement porté le drapeau de la France, pourquoi, en des jours de folie, as-tu déserté mon drapeau? Reviens à moi par un acte de repentir, offre ta souffrance en expiation de tes fautes, et une goutte de mon sang tombera sur ton cœur pour le purifier. »

Il dit à l'autre : « Ton âme est pure, ô mon enfant, et mon amour, qui t'a gardé jusqu'ici, redouble pour toi à cette heure. Unis ta douleur à la mienne! » Et bien souvent, sur ce nouveau Calvaire, le sublime colloque de l'ancien recommence : « Seigneur, souvenez-vous de moi dans votre royaume. — Aujourd'hui tu seras avec moi dans le paradis. »

Paradis! Paradis! Regarde-le, ô soldat, ce royaume que Jésus promet à ceux qui l'aiment et dont il va t'ouvrir les portes de saphir. Tu as bien souffert, mon pauvre frère, mais l'hiver des douleurs est passé et les fleurs d'immortalité vont éclore, *hiems transiit, flores apparuerunt.*

La croix a été dure pour toi comme pour le Christ, mais, au-dessus de la croix, le ciel se déchire, et quel spectacle s'offre à tes yeux !

Paradis ! Paradis ! ô clarté éternelle après nos tristes nuits ! ô oasis de fraîcheur après le brûlant désert ! ô torrent de félicité après nos longues soifs ! ô sourire de Dieu après le val des larmes ! ô extases d'amour ! ô éblouissements de l'âme éperdue !

Paradis ! Paradis ! ô diadèmes de feu ! ô palmes de victoire ! ô harpes des anges ! ô flots d'harmonie jaillis du sein de la divinité ! Voilà ce qui t'attend, ô soldat ; et maintenant, ferme tes yeux dans ce rêve d'or qui va devenir la réalité et redis une dernière fois comme le Sauveur en croix : « Seigneur, je remets mon âme entre vos mains ! »

Cette guerre a été vraiment terrible pour nos pauvres soldats. L'un des plus charmants et des plus braves que j'aie connu m'écrivait : « Nous avons, durant ces sombres nuits, épuisé la coupe des souffrances physiques et morales[1]. » Ils ont

---

[1] Paul Roederer glorieusement tombé près de Lorette.

eu leurs agonies et leurs sueurs de sang ; mais avec quelle intrépidité ils ont bu l'amer calice !

Certes, bien qu'ils n'aient pas cherché la gloire terrestre, ils l'ont méritée. Ils ont droit à nos hommages et à nos couronnes. Mais comme tout cela se fane vite ! Heureusement, ils sont au paradis des braves, où les anges leur offrent les roses du printemps éternel.

La Chanson de Roland nous montre le neveu de Charlemagne étendu sous un pin, le visage tourné vers l'ennemi, mais pensant à la douce France. Et trois anges, saint Raphaël, saint Gabriel et saint Michel du Péril, descendent vers lui, cueillent son âme et l'emportent parmi les fleurs du Paradis.

Parents chrétiens, ce sera aussi pour vous le dernier mot de cette épopée, aussi belle que celle de Roncevaux. Ce sera, avec le renouveau splendide de la patrie, la justification éternelle de cette guerre qui, à travers ses brumes sanglantes, nous semble parfois si cruelle et si scandaleuse. C'est là-haut, parmi les fleurs du Paradis, à côté des paladins défenseurs de la douce France, qu'il vous faut voir désormais votre bien-aimé : c'est de là-haut qu'il vous sourit et vous tend les bras.

II

LE CHEMIN POUR MONTER AU CIEL

Je voudrais dire, dans les pages qui suivent, comment nos chers soldats vont *du champ de bataille au ciel*. Mais nous devons nous garder ici d'une illusion. Il n'y a pas deux chemins pour aller au paradis; il n'y en a qu'un, le surnaturel. La mort pour la patrie, quelle que soit sa beauté morale naturelle, n'est pas une condition suffisante du salut; certaines dispositions religieuses et, avant tout, l'état de grâce, sont nécessaires. Elle ne justifie pas par elle-même, comme on l'a dit quelquefois; elle n'est pas strictement assimilable au martyre d'où l'âme, rebaptisée en quelque sorte dans un bain de sang, s'élève de plein vol vers le ciel. Je vous tromperais, chers lecteurs, si je cherchais à vous consoler par cette pensée[1].

Mais la mort pour la patrie est cependant un

---

[1] Je reviendrai plus loin sur cette question, en m'appuyant sur l'autorité du cardinal Billot et du R. P. Rosa dans la *Civilta cattolica*. (V. chap. xxv).

acte héroïque; elle détache l'âme des choses terrestres, dont l'amour est généralement le grand obstacle à l'action divine, elle la prépare ainsi à de plus sublimes envolées vers le Créateur. C'est l'accomplissement d'un devoir de la loi naturelle, car Dieu nous demande incontestablement de nous dévouer pour notre pays, même au péril de nos jours; par conséquent, c'est un sacrifice qui touche son cœur, qui attire sa bénédiction et qu'il lui est facile et doux de surnaturaliser par sa grâce. Il ne refuse jamais cette grâce à nos humbles efforts; à plus forte raison la répand-il avec abondance sur ceux qui se vainquent eux-mêmes par esprit de devoir dans un magnifique élan d'abnégation. Ce n'est donc pas par un acte purement humain, purement patriotique, si noble soit-il, c'est par l'absolution sacramentelle, c'est par la communion ou, à leur défaut, par la prière, la contrition parfaite, l'acceptation généreuse de la volonté divine, en un mot, c'est sur les ailes du repentir et de l'amour, au souffle victorieux de la grâce, que l'on monte *du champ de bataille au ciel.*

C'est précisément ce chemin de lumière que nos vaillants soldats ont choisi. Et Dieu lui-même les y introduit et les y soutient. Ils sont magnifiques dans leur dévouement, mais il l'est plus encore dans sa miséricorde. Un vent de Pentecôte souffle sur les tranchées avec les rafales de feu ; les ailes s'ouvrent toutes grandes, et les âmes empourprées du sang du Christ montent vers Dieu.

Que la France célèbre le patriotisme de ses enfants, que la postérité jette des lis à pleines mains sur leurs tombes, rien n'est plus juste : *manibus date lilia plenis.* Ce sera une douceur et une fierté pour leurs familles, mais ce n'est pas assez. La vraie consolation, la seule qui soit un baume pour les cœurs meurtris dans leurs intimes profondeurs, c'est la pensée du bonheur de l'absent. Le baiser de la gloire, c'est bien, il l'a mérité ; mais ce qui est mieux, c'est qu'il soit mort dans le baiser du Seigneur : *in osculo Domini.*

Elles sont innombrables les familles chrétiennes qui possèdent, dans des lettres écrites par un de leurs membres, la preuve des sentiments chrétiens qui l'ont animé au cours de la guerre ou à ses derniers moments. Il en est cependant qui ignorent dans quelles dispositions il est mort, et elles sont inquiètes. Mais qu'elles réfléchissent que nos prêtres, aumôniers ou soldats, ont confessé des milliers de combattants dont ils n'ont même jamais su les noms et que, d'après leur témoignage, comme nous le verrons plus loin, bien rares sont ceux qui repoussent ou déclinent leur ministère[1]. Elles peuvent donc raisonnablement espérer que leur parent a été du nombre de ces heureux convertis.

Et même s'il n'a pu se confesser et si l'on ne possède aucun indice de son retour à Dieu, on ne doit pas désespérer de son salut éternel ni le croire damné. L'Église n'applique cet horrible nom à aucun de ses enfants, pas même à ceux qui n'ont donné aucun signe extérieur de religion en mourant; car elle sait, comme nous le dirons bientôt[2], que Dieu livre de suprêmes assauts à l'âme coupable et fait feu de toutes ses grâces sur elle pour la vaincre. Elle prie et elle espère. Prions et espérons comme elle.

Pleurez donc, parents éprouvés, mais non pas comme ceux qui n'ont pas d'espérance. A travers vos larmes, voyez votre bien-aimé. S'il est encore en purgatoire, priez pour lui, et vous aurez la joie de hâter sa délivrance. S'il est au ciel, c'est lui qui prie pour vous. Il vous sourit, il vous bénit, il vous parle, et, si vous faites silence, vous entendrez sa douce voix. Il vous supplie d'accepter chrétiennement l'épreuve de sa mort et de vivre de manière à aller un

---

[1] Chapitres ix, xviii, xxvi.
[2] Chapitre xxx.

jour partager sa félicité. La plus grande marque d'amour que vous lui puissiez donner, c'est d'accepter généreusement votre sacrifice et d'aimer le Seigneur qu'il voit face à face. La plus grave offense que vous lui puissiez faire serait de murmurer à son occasion contre la Providence et de vivre loin de Dieu par le péché. Vous éloigner de Dieu serait vous éloigner et vous séparer de lui pour toujours.

Courage donc! Soyons dignes de nos chers morts. Debout sur les collines éternelles, le front illuminé de l'aurore béatifique, ils agitent devant nos yeux les couronnes que Dieu nous destine et nous montrent, dans la vallée des tombes, le chemin qui conduit au ciel.

Ce chemin est celui du Calvaire. Il a été terriblement douloureux pour leur jeunesse. Mais comme ils ont été vaillants sous le poids de leur croix! Vous les avez suivis, ô mères, comme Marie suivait son enfant. Vous avez frémi à voir la chair de votre fils broyée, crucifiée. Mais imitez la Mère des douleurs jusqu'au bout, jusqu'au *Stabat*. Debout, les mères! Et dites-vous que si votre Passion dure encore, celle de votre bien-aimé est passée et qu'il chante son *Alleluia*.

III

« CETTE GUERRE RESPLENDIT DE SURNATUREL »

Le monde est étonné des qualités que la France a déployées pendant cette guerre. Il le sera bien davantage quand le recul du temps lui permettra de voir tout ce qui s'y est passé de beau et d'héroïque. Mais, parmi les phénomènes d'ordre moral les plus remarquables, il faut mettre au premier rang la vague religieuse qui a soulevé l'âme de nos combattants.

Voilà une nation qui passait universellement pour irréligieuse. Nous savions bien, nous, prêtres, qui vivions tendrement penchés sur son âme, épiant ses moindres tressaillements, qu'elle recélait des trésors de foi, de charité humaine et divine et même de sainteté, et que, chez les indifférents, la foi n'était le plus souvent qu'endormie. Mais ceux du dehors, mais les étrangers surtout, ne pouvaient s'en douter et, obligés de juger par les apparences, ils déclaraient la France athée et pourrie. La vertueuse Allemagne, surtout, aimait à nous décocher ces épithètes.

Toute la nation n'est pas retournée à Dieu, tant s'en faut, ni même toute l'armée. Le diable ne perd jamais ses droits, si l'on peut dire ; il continue à tenter les hommes, qui continuent à succomber. La caserne n'est pas une école de chasteté. Certains dépôts en particulier ont été désastreux pour le moral de nos troupes. La mort en est loin, et sa voix grave y est remplacée par les grelots de la folie et du plaisir. Les ribaudes ont été de tout temps la peste des armées. Saint Bernard les flétrissait. Saint Louis s'en affligeait. Jeanne d'Arc la pure brisait sur leur dos sa bonne épée de Fierbois. Elles jettent encore leurs filets dans les cantonnements éloignés du feu, et il n'y a pas de Jeanne d'Arc pour les en chasser. Là est l'œuvre de chair ; l'œuvre de l'Esprit est ailleurs, là où l'homme sent le voisinage de l'éternité.

C'est au front qu'a eu lieu le grand miracle moral de cette guerre, la conversion de milliers de cœurs. C'est le Calvaire où l'âme de la France, crucifiée avec le Christ, a imploré le pardon divin. C'est le Thabor où, transfigurée comme lui, elle est apparue dans la gloire du sacrifice, éblouissante comme la neige et le soleil. Tout à coup, au son du canon, des profondeurs de la race frappée par la main de Dieu, une source a jailli de foi héroïque et de piété, et elle ne cesse, depuis des mois, de couler limpide, généreuse.

« *Cette guerre resplendit de surnaturel,* » écrit le général Cherfils. Un jeune écrivain, cité par Charles Maurras, nous dit : « *Il y a dans cette guerre quelque chose de divin qui frappe tout le monde.* » Un journaliste suédois exprime la même impression : « *La France a pris, depuis le mois d'août 1914, une apparence quasi céleste aux yeux de l'univers.* » Un aumônier écrit : « *Une fermentation extraordinaire de la grâce divine,* tel est le fait merveilleux dont j'ai été constamment le témoin sur le front. »

Nos jeunes gens se sont révélés aussi croyants et même plus pieux que les compagnons de saint Louis. Les tranchées sont devenues des lieux de prière. Aux heures où tombent les obus, quand il faut se terrer pour laisser passer l'ouragan, ce sont des catacombes où l'on se recommande au Christ, comme au temps des Césars païens. Aux heures d'accalmie, ce sont de chastes Thébaïdes d'où montent les psalmodies. Des anachorètes de vingt ans y lisent des livres pieux, récitent à haute voix des prières, arborent des médailles, écrivent des lettres toutes ruisselantes de piété : nous en avons lu des milliers que ne renieraient pas de véritables saints. Puis, quand vient l'heure de la charge ou de l'assaut, nos chevaliers font le signe de la croix, s'inclinent une dernière fois sous l'absolution donnée par un camarade, offrent à Dieu leur sacrifice, et, bien souvent, frappés d'une balle ou d'un obus, meurent en prédestinés.

Ce qu'il y a peut-être de plus remarquable, c'est leur goût pour la sainte communion. Des millions d'hosties sont consommées au front, et rien au monde n'est plus apte à y entretenir une vie divine. Il faut voir là, croyons-nous, une suite de l'énergique impulsion donnée par Pie X à la communion fréquente et quotidienne. C'est un phénomène que le monde n'avait jamais vu. Les aumôniers catholiques d'Allemagne et d'Autriche ont avoué bien souvent qu'il n'y avait rien de pareil parmi leurs troupes.

Sans doute, il en est qui sont restés sourds à l'appel d'en haut; mais ce sont des exceptions. La plupart de ceux qui ne pratiquaient pas se sont convertis avant de mourir. Nos aumôniers sont unanimes sur ce point. « On ne refuse jamais ou presque jamais notre ministère, nous disent-ils. Presque partout on l'attend impatiemment; on le sollicite; on s'inquiète quand il tarde; on l'accepte avec des transports de joie et de reconnaissance. »

Je ne crois pas qu'à aucune époque, même au temps des croisades, les soldats français aient montré plus de piété. On communiait beaucoup moins dans les camps au temps de saint Bernard, de saint Louis et de Jeanne d'Arc. Je citerai bientôt un grand nombre de paroles admirables de foi tombées des lèvres de nos combattants. Il y en a des milliers dont on pourrait faire le livre d'or du soldat chrétien.

La vie religieuse qui circule partout dans cette bande de vingt kilomètres de large, artère de sang héroïque, qui va de la mer à Belfort, étonne ceux qui ne nous connaissaient pas. Un prêtre brancardier écrit de R... (Haute-Alsace), à Mgr l'évêque de Saint-Claude, le 22 octobre 1914 :

« Les soldats de France font bonne figure en Alsace. Les habitants du pays, à qui on avait dit que la France n'était plus chrétienne, sont stupéfaits de voir les foules de soldats remplir les églises devenues trop petites. Nos chefs donnent d'ailleurs le bon exemple, et les dangers continuels qui nous menacent sont un stimulant énergique. »

Le même spectacle impressionne vivement les Anglais protestants qui en sont témoins.

L'un d'eux écrit dans le *Times* du 14 août 1915 :

« Le soussigné a passé la plus grande partie de six mois de temps parmi les blessés français, qui venaient de toutes les régions et de toutes les classes, et l'acceptation et la pratique universelles de la religion le surprirent grandement. La plupart d'entre eux avaient leur chapelet et presque tous portaient au cou des médailles religieuses. Quand ils étaient en assez bon état, ils allaient en foule à la messe. Malades, ils accueillaient avec plaisir les visites du curé; mourants, ils demandaient les derniers sacrements; morts, ils étaient enterrés avec tout le cérémonial catholique. Et cette pratique de la religion n'était pas confinée aux soldats. Les offices à l'église étaient bien suivis, et hommes et femmes, riches et pauvres, étaient constamment agenouillés dans les églises. »

Un autre Anglais exprime la même opinion : « En ma qualité d'officier au service du roi d'Angleterre, même en service actif, me sera-t-il permis de dire quelle impression a produite sur moi l'extraordinaire esprit religieux de la population au milieu de laquelle nous faisons campagne? J'ai saisi toutes les occasions de fréquenter les églises de France. Partout où nous avons été, j'ai observé les gens et leurs habitudes. Partout j'ai trouvé une magnifique piété, une religion qui guide ces personnes et qui remplit leur vie. Les soldats français se rendent dans les tranchées, chacun avec sa petite médaille de la sainte Vierge suspendue à son cou ; ils prient à haute voix pendant le combat, non par peur, comme nous avons tout lieu de le savoir, mais avec un courage sublime et une grande confiance. C'est un vif chagrin pour moi que nos pauvres soldats n'aient pas les mêmes convictions pour leur servir d'appui, les mêmes précieuses consolations dans leurs moments d'épreuve et de besoin.

« Mon ordonnance, un canonnier-conducteur, qui est wesleyien de religion, témoigne le plus ardent désir d'en savoir davantage touchant ce qui doit être, dit-il, la véritable foi. »

Les catholiques allemands que la guerre a mis en contact avec nous éprouvent la même impression. La *Libre Parole* a donné, le 15 février, un article d'un homme qui a vécu pendant trois mois, du 13 octobre 1914 au 18 janvier 1915, dans une grande ville du Nord, sous la domination teutonne. Il a souvent causé avec des officiers allemands catholiques et leurs aumôniers. Or, ils étaient tous extrêmement étonnés de notre catholicisme pratique qu'ils mettaient bien au-dessus du leur.

« *Putabam Galliam pejorem! Je pensais la France bien autrement dégénérée*, me disait un aumônier franciscain ; mais vos églises débordent, les hommes assistent très régulièrement à la messe et *ils communient comme on ne fait pas en Allemagne.* »

« Vos officiers, remarquait un officier supérieur, sont presque tous des catholiques et des catholiques pieux ; il me semble même qu'ils sont trop pieux ! »

Les Allemands ont été également stupéfaits de la piété de nos soldats prisonniers. Un de ceux-ci écrit que, dans un camp près de Berlin, quatorze mille hommes assistent à la messe et chantent superbement le *Credo*, et que, chaque dimanche, il y a mille à quinze cents communions. Il cite le mot d'un général inspecteur qui, visitant un autre groupe plus modeste où la chapelle est une pauvre casemate, s'écriait : « Mais ce sont les Catacombes ! *Das sind die Catacomben !* »

M. Fromm écrit dans la *Liberté de Fribourg* qu'un rédacteur de la *Gazette d'Ingolstadt*, ayant été autorisé à assister à une messe de soldats français internés dans cette ville, en a fait un compte rendu élogieux. Il y relève le recueillement touchant de nos hommes. Il a surtout été frappé par la piété avec laquelle ils se sont approchés de la sainte communion sur la terre étrangère.

Des jésuites allemands ont dit à un religieux de leur Ordre, prisonnier français : « Nous sommes stupéfaits de la piété de vos officiers. On nous avait dit que c'étaient des mécréants, et nous trouvons des catholiques d'une rare ferveur. »

Des officiers français, prisonniers dans un camp situé au diocèse de Cologne, ont demandé à l'archevêque et obtenu la permission d'avoir le saint Sacrement perpétuellement exposé dans leur chapelle. Ils sont sept à huit cents qui se relayent jour et nuit dans l'adoration devant le saint Sacrement, et beaucoup d'entre eux font la communion quotidienne.

Quelle différence avec les temps passés, et surtout avec certaines époques de notre histoire! Je lisais récemment des lettres écrites des armées de la Révolution et de l'Empire, et j'étais attristé par le relent d'incroyance qui s'en dégage. Jamais un élan du cœur vers Dieu, comme ceux que l'on trouve par milliers dans les correspondances militaires de nos jours. Il s'y épanouit une forte religion de l'honneur et de la patrie; mais la religion surnaturelle, mais la pensée de Dieu n'y est pas, ou bien elle est traitée avec une légèreté qui fait mal.

Dans l'une de ces lettres j'ai noté le nom de « l'Être suprême » prononcé avec un certain respect : vague sentimentalité de Rousseau ou de Robespierre diluée dans une mer d'esprit voltairien ! Alfred de Vigny est un type représentatif de cette époque dans son noble et triste livre : *Servitude et grandeur militaires*. Il est brave, il croit à l'honneur ; mais un ciel de plomb pèse sur sa tête, un ciel vide ou du moins fermé pour lequel son âme n'a ni ailes ni regards.

Nos pauvres combattants d'il y a cent ans n'avaient pas d'aumôniers pour les assister ; ils mouraient sur tous les champs de bataille de l'Europe et de l'Orient, dans les sierras espagnoles, dans les neiges de Russie, au pied des Pyramides, sans sacrements, sans aucun acte, du moins extérieur, de religion. Le geste de l'Empereur les envoyant à la mort leur tenait lieu de bénédiction sacerdotale. Le chant de la *Marseillaise* était leur *Requiem*. Terrible dénuement moral sous le brillant manteau de victoire qu'ils promenaient à travers le monde !

Aujourd'hui, au contraire, les prêtres, — aumôniers, infirmiers, brancardiers, soldats ou officiers, — abondent dans l'armée, mêlés aux laïcs. En dehors de leur caractère sacré, leur courage et leur charité leur ont conquis la vénération et la sympathie des soldats. Ceux-ci sont heureux de savoir là, tout près d'eux, dans la tranchée, à côté des fils de fer barbelés, sous la menace des canons, des frères qui, à l'heure des suprêmes angoisses, se muent en pères de leurs âmes, en représentants du Père qui est aux cieux; ils sont heureux de savoir que, si la main qui tue est devant eux, la main qui absout, la main qui vivifie, est encore plus près, toujours levée sur leur tête.

Une loi qui avait un but tout opposé a obtenu cet effet. Elle pouvait, elle devait, dans la pensée de plusieurs, détourner les jeunes gens du sanctuaire. En fait, elle est attentatoire aux immunités de l'Église, menaçante pour l'avenir du clergé. Pour ces raisons et quelques autres, l'Église la condamne, et elle reste un mal[1]. Mais Dieu, qui sait tirer le bien du mal,

[1] Le cardinal Billot, dans son discours du 25 mars 1915, reconnaît « l'ascendant que les prêtres-soldats ont pris par leur héroïsme et leur dévouement sur leurs compagnons d'armes et l'influence apostolique qu'ils ont exercée autour d'eux ». Mais il ajoute : « Nous ne devons pas nous autoriser de ces faits pour nous faire à nous-mêmes et contribuer à entretenir autour de nous une mentalité qui, si elle venait à prévaloir, ne présenterait rien de moins qu'un lamentable fléchissement, pour ne pas dire une entière ruine, de l'idée chrétienne. Nous devons, au contraire, nous bien persuader que la loi qui assujétit le clergé à la milice est une loi et athée, en pleine opposition avec

s'en est servi pour ramener à lui des centaines de milliers d'âmes. Oui, il est permis de croire que ces chères âmes se sont réconciliées avec lui et que, par conséquent, elles sont au paradis ou sur le seuil du paradis.

La piété qui a illuminé leurs derniers moments, voilà quelle doit être la grande consolation des pères et des mères, des veuves et des orphelins. Mais même pour ceux qui ne pratiquaient pas, et dont on ne sait quelles furent les dispositions au moment de la mort, je dis qu'il ne faut pas désespérer. Il faut même espérer que la grâce ne leur a pas fait défaut, qu'ils y ont répondu, et se sont ainsi tournés vers Dieu dans un suprême élan d'amour réparateur. On trouvera dans l'histoire de leurs derniers jours les raisons de cette confiance. Avant donc de les contempler au terme bienheureux où ils ont enfin trouvé le repos, parcourons par le souvenir les dernières étapes de leur vie, les stations de leur glorieux calvaire.

l'ordre établi par Dieu et attentatoire au premier chef aux droits les plus sacrés de l'Église, aux immunités dont elle a joui jusqu'à ce jour chez tous les peuples et dans tous les temps. *

IV

LES ADIEUX : EXPLOSION DE PATRIOTISME

C'était le 1ᵉʳ août 1914, à 4 heures du soir. Comme une traînée de poudre, une de ces nouvelles qui font trembler la terre s'est répandue jusqu'au fond des plus lointains villages. Tambour, tocsin, affiche blanche, ont annoncé la mobilisation. C'est donc vrai que c'est la guerre demain, la grande guerre, longtemps attendue, longtemps redoutée. Il a donc enfin éclaté le coup de tonnerre qui doit mettre le feu aux quatre coins du monde. Elle a déployé ses ailes d'or pour remonter au ciel, la douce paix descendue avec Jésus sur la terre, et la pitié s'est envolée avec elle. Le règne du glaive commence. Des millions d'âmes ont frémi dans la conscience de vivre l'heure la plus solennelle de l'histoire. Ni affolement, ni stupeur, ni exaltation théâtrale, mais, dans le sentiment complexe, indéfinissable et calme cependant, qui étreint les cœurs, se mêlent, au paroxysme de l'intensité, une sourde angoisse, une fierté, une âpre volonté de vaincre et de laver dans le sang de l'ennemi les affronts accumulés depuis un demi-siècle. C'est la France éternelle qui répond à la barbarie éternelle. C'est la *Victoire* de Rude qui se détache de l'Arc de l'Étoile et qui, le bras nu tendu vers les Vosges, clame dans le vent du soir : « Aux armes, citoyens! » entraînant les fils des vieux Gaulois, les vengeurs du droit outragé, les libérateurs du monde.

Vous vous souvenez de cette heure, ô femmes, ô mères. Elle est restée sur votre cœur, comme l'aiguille brusquement arrêtée par un tremblement de terre sur un cadran. A la pensée des séparations imminentes, des morts inévitables, des flots de sang qui allaient couler, les larmes tombaient silencieuses de vos yeux, mais aussitôt essuyées d'un geste courageux et corrigées par une parole de foi : « A la grâce de Dieu! Nous ferons, comme toi, notre devoir! » Et vous avez été dignes de votre bien-aimé. Vous avez mis la caresse de votre amour sur ces derniers instants passés avec lui. Fils ou époux, il vous a longuement embrassées. Père, il a pressé ses petits enfants sur son cœur à les étouffer. Et puis : « Au revoir! Adieu! Et vive la France! »

Les uns sont immédiatement partis pour la frontière. Les autres supputaient avec vous les jours ou les mois qu'ils espéraient vous donner encore et, le moment venu, ils vous ont quittées, eux aussi. Et peut-être ne les avez-vous jamais revus !

Qu'est-ce donc qui a ainsi, en une soirée, bouleversé tout un pays, disloqué les familles, brisé les liens les plus doux et les plus forts? C'est le plus sublime des sentiments humains, le patriotisme. La Patrie s'est dressée frémissante, elle a crié : « A moi, mes fils ! » Et des milliers de voix lui ont répondu : « A toi, mère, et jusqu'à la mort ! »

La patrie est digne de cet amour. Avec la religion dont elle est tout imprégnée, elle représente ce qu'il y a de plus sacré au monde. C'est l'écrin immortel de nos amours et de nos gloires. C'est le monument où nos pères ont sculpté l'image de leur âme. C'est la terre qu'ils ont sanctifiée de leurs larmes et de leur sang, et d'où éclosent chaque année les berceaux, espoir et printemps de la race.

Cette patrie, il a plu à Dieu de la combler de toutes les splendeurs, de toutes les grâces, et d'en faire, comme le disait un étranger, le hollandais Grotius, le plus beau des pays après celui du ciel. Mais il lui a surtout donné une âme chevaleresque, éprise des nobles idées ; il en a fait le champion du droit et de l'honneur.

Quand il veut faire un beau geste qui attire les regards du monde, il emprunte le bras de la France. Quand il veut dessiner sur l'horizon des peuples l'arc-en-ciel de l'idéal ou de l'espérance, il emprunte les couleurs de la France.

Aussi, pour les étrangers eux-mêmes, elle est toujours la « belle France ». C'est le nom qu'on lui donne dans toutes les littératures et qui exprime le mieux les sentiments de l'univers. Mais pour nous, ses fils, la « belle France » est aussi et surtout la « douce France ». La douce France, c'est celle que Roland et les paladins voient passer dans la brume de sang qui s'étend avec l'ombre sur le val de Roncevaux. C'est elle que saint Louis bénit du rivage africain. C'est pour elle, en même temps que pour le Christ, que Jeanne d'Arc offre sa vie. D'autres guerriers partent en guerre pour s'enrichir et piller. Les nôtres ne combattent que pour l'honneur de Dieu et de la douce France. De toute leur âme, ils lui disent :

> France, veux-tu mon sang ?
> Il est à toi, ma France !
> S'il te faut ma souffrance,
> Souffrir sera ma loi ;
> S'il te faut ma mort, mort à moi !
> Et vive toi, ma France !

C'était un des premiers jours de la mobilisation. Un train emportait vers la frontière des soldats dont des mains amies avaient enguirlandé les fusils de verdure et de fleurs. L'un d'eux, un paysan, contemplait la campagne qui se déroulait devant lui, baignée dans la lumière d'un beau jour d'été. Cette jeunesse immortelle de la terre parlait à sa jeunesse et remuait en lui les fibres les plus profondes de la race. Eh quoi! d'affreux bandits la convoitaient et voulaient la souiller! Ah! non, il ne le permettrait pas! Il lui ferait un rempart de sa poitrine. Et gravement, se tournant vers ses camarades, il leur dit : *Ça vaut bien la peine de mourir pour un beau pays comme celui-là!* « Un beau pays comme celui-là! » Toute la tradition française chante dans cette phrase. L'âme des morts se réincarnait dans l'âme de ce simple. Il ne se doutait pas, le pauvre petit, qu'il prononçait une de ces paroles sublimes qui méritent qu'on s'agenouille pour les entendre.

Toute l'histoire de cette guerre est l'illustration de cette parole. « *On n'est pas fils de France pour rien*, écrit un jeune prêtre soldat. *La maman est aimée, on le lui fera bien voir.* » Et il tombe bientôt après, le cœur frémissant, sur le champ de bataille[1].

Un jeune séminariste de Coutances écrit : « *Rien ne me fait plus mal au cœur que de savoir*

[1] L'abbé Edmond Roze, du clergé de Lyon.

l'ennemi en France. » Proposé pour la médaille militaire et nommé sous-lieutenant pour sa belle conduite, il se dépense sans compter, en attendant qu'il meure de trois balles : « Qu'est-ce que cela, dit-il, quand il y a la France à défendre ! »

Philippe d'Elbée, sous-lieutenant, digne descendant du héros vendéen, est une belle intelligence et un grand cœur. Savant, lettré, il a devant lui un brillant avenir, et cependant il est détaché de tout et ne pense qu'au sacrifice pour Dieu et pour la France. Blessé deux fois, deux fois il repart pour le front, sur ses instances, avant d'être guéri. Le 8 septembre 1915, il écrit ces nobles paroles : « J'aime la France ; et, quand on aime quelqu'un, on éprouve de la joie à souffrir pour lui. Je travaille pour la grande cause qui mérite tous les sacrifices. » Toutes ses lettres respirent son amour de Dieu et de la patrie. Le 12 septembre, veille de sa mort, il communie avec ferveur et récite son chapelet à genoux devant l'autel de la sainte Vierge. Il meurt en héros, frappé par un obus dans une tranchée près d'Arras.

Le capitaine Jacques Dupont, de Valenciennes, glorieusement tué à la tête de sa compagnie, le 30 août 1914, s'écrie dans son agonie : « Ma mort n'est rien pourvu que la France soit sauvée! » Et il expire sur ces deux mots : « Dieu me pardonne!... Vive la France! »

Un autre écrit : « *La victoire de la France est certaine, mon retour l'est beaucoup moins; mais j'aime cent fois mieux qu'il en soit ainsi.* »

Un tout jeune, frappé au champ d'honneur, crayonne ces mots qu'on a retrouvés à côté de lui sur un papier maculé de son sang : « *Si la France est victorieuse, je ne veux pas que l'on porte mon deuil.* »

Ces mots héroïques ne sont-ils pas le plus splendide commentaire de la parole du poète :

> En avant! Tant pis pour qui tombe!
> La mort n'est rien. Vive la tombe,
> Quand le pays en sort vivant!
> En avant!

Un capitaine écrit à sa famille : « Si j'ai l'honneur de tomber en souriant une dernière fois au drapeau de la France, ne soyez pas tristes, mais bien fiers : mon plus beau rêve aura été réalisé. Tant mieux si ma vie est donnée pour venger la honte de 70; tant mieux si mon sang peut payer la Lorraine. Si vous ne me revoyez plus, bénissez Dieu et remerciez-le. » Le 5 avril 1915, il était glorieusement tué en Lorraine[1].

[1] Le capitaine A de Brinon. (*Semaine religieuse de Moulins,* 5 juin.)

Un chef de bataillon d'infanterie vient d'être frappé mortellement dans la région d'Arras; ses hommes qui l'adorent l'entourent en pleurant. Il leur dit : « *Ne me plaignez pas, mes amis! Cette mort est celle que j'ai toujours rêvée. Je meurs un jour de victoire.* » Puis il tombe dans le délire et récite d'une voix enfiévrée un des *Chants du soldat* de Déroulède. Enfin, recueillant toutes ses forces, il s'écrie : « Adieu! Vive la France! »

Le sergent Philibert annonce à ses parents qu'il veut reprendre ses galons : « Chaque nuit, je rêve à mon cher 79. En chrétien je partirai; en chrétien je me conduirai, en chrétien je tomberai. Que cette pensée vous console. *Pour Dieu, pour la France et de bon cœur!* » C'est là sa devise. Il la répète en allant mourir aux Dardanelles, où son corps attend dans les flots la résurrection des braves.

Jean d'Anglade vient de finir sa philosophie à Saint-Elme, à Arcachon, quand la guerre éclate. Il a dix-huit ans, il s'engage, il part. La Flandre lui rappelle de glorieux souvenirs de famille : un de ses ancêtres servait à Hesdin, un autre faisait partie de la maison du roi à Fontenoy. Le patriotisme lui monte du cœur à la tête; il s'exalte :

« Je viens, deux jours durant, de traverser

presque toute la France. *Quel admirable pays ! Jamais je n'ai été aussi décidé à mourir pour ma patrie !* Ici, la vie est à peu près ce que je me la figurais : très dure au point de vue physique, très captivante, très passionnante. Quand on a du sang français dans les veines, la question de vie ou de mort importe peu. Dès le premier soir, les balles se sont amusées à trouer mon képi et à déchirer mes pans de capote ; des obus m'ont couvert de terre et des éclats m'ont légèrement contusionné. *Je ne connais rien de plus enivrant que ces charges au grand jour, tête haute, poitrine en avant. Voilà qui est français, et non point cette guerre de lapins ou de renards, où l'on se cache dans la boue. J'ai à venger ma patrie. J'irai jusqu'au bout, jusqu'à la dernière goutte de mon sang. Je n'ai jamais été plus exalté que le jour où j'ai reçu le baptême du feu. Cet enthousiasme dure et durera.* »

Il dure en effet un an, soutenu par l'Eucharistie que Jean reçoit constamment. Le 22 juin le jeune caporal est blessé à Neuville-Saint-Vaast et meurt après deux amputations. Au milieu de ses tortures, il disait : « *Parlez-moi, mon lieutenant, de la France ; parlez-m'en souvent et longtemps, cela me fera oublier mes souffrances.* »

Un très grand nombre d'entre eux, comme nous le verrons plus loin, offrent leur vie à Dieu pour la victoire et pour la renaissance religieuse de la France.

Ces sentiments étaient dans tous leurs cœurs le jour de leur départ; ils n'en sortaient pas toujours avec la même poésie et la même éloquence. Ils restaient parfois au fond de leurs yeux ou dans un sanglot étouffé. Mais ils éclataient dans leur mâle attitude. Comme ils étaient beaux, n'est-ce pas, à cette heure héroïque, nos jeunes gens! Ouvriers anonymes d'une œuvre séculaire jamais achevée, ils s'en allaient, comme les bâtisseurs de cathédrales leurs pères, porter leur pierre à cette basilique du droit et de l'honneur qu'est la France, offrant pour la cimenter le mortier de leur chair et de leur sang. Ils s'en allaient la défendre, les yeux pleins d'éclairs; et combien parmi eux, plus beaux que les gladiateurs antiques à genoux dans l'arène, pouvaient lui dire : « Salut, ô patrie, ceux qui vont mourir pour toi te saluent! »

V

BEAUTÉ DE LA MORT POUR LA PATRIE

Tous les hommes de cœur reconnaissent la beauté morale du dévouement pour la patrie. Le vieil Horace chantait : « *Dulce et decorum est pro patria mori*. Il est doux et il est beau de mourir pour sa patrie. » Vingt siècles de christianisme ont fait à cette parole d'un païen un glorieux écho.

C'est cette beauté qui exalte nos partants. Ils chantent, les yeux noyés dans l'extase :

> Mourir pour la patrie
> C'est le sort le plus beau, le plus digne d'envie.

Condamnés à mort volontaires, ils jettent avec joie leur jeunesse en don à la France. Ils ne veulent pas qu'on les plaigne. Ils ne comprennent pas qu'on porte leur deuil. A peine s'ils admettent qu'on les pleure en silence.

L'un d'eux, le sous-lieutenant Pierre Darrouy, apprenant la mort d'un de ses cousins, Montoussé du Lyon, tué dès son arrivée au front, écrit à la mère désolée ces mots que sa mort prochaine allait rendre plus sacrés :

« Ne pleurez pas ces soldats qui sont tombés en braves pour la patrie. Ne ternissez pas leur mémoire par des gémissements et des larmes. Placez leur dernier cri, leurs dernières pensées, leurs derniers gestes, dans *le tabernacle des souvenirs*, et vouez-leur le culte de la plus pieuse affection... Dieu a voulu nous imposer ce déchirement. Que sa volonté soit faite ! Ne lui adressons pas d'amers reproches. »

L'auréole patriotique, nous l'avons vu, n'ouvre pas à elle seule les portes du ciel aux braves tombés au champ d'honneur; mais sa beauté naturelle peut facilement, aux yeux et avec la grâce de Dieu, se doubler d'une beauté plus haute.

En effet, c'est pour nous un devoir religieux d'aimer notre patrie et de souffrir et de mourir au besoin pour la défendre. L'Esprit-Saint loue en termes magnifiques cet héroïsme.

Débora, dans son célèbre cantique, chante les forts qui se sont sacrifiés pour Israël et maudit les *neutres* qui sont restés les bras croisés devant les combats du Seigneur :

« O vous qui avez spontanément offert votre vie au péril, bénissez le Seigneur !...

« Mon cœur chérit les chefs d'Israël ! Vous qui volontairement vous êtes voués à la mort, bénissez le Seigneur !...

« Lève-toi, lève-toi, ô Débora, lève-toi, lève-toi et chante un cantique... Les restes du peuple ont été sauvés et le Seigneur a combattu avec les vaillants...

« Maudissez la terre de Méroz, dit l'ange du Seigneur, maudissez ses habitants, parce qu'ils ne sont pas venus au secours du Seigneur, au secours de ses forts...

« Qu'ainsi périssent tous vos ennemis, Seigneur ; mais que ceux qui vous aiment brillent comme le soleil dans la splendeur de son lever !... »

La Bible nous fait entendre un autre cantique guerrier, celui de David pleurant la mort de Saül et de Jonathas :

« O Israël, pense à ceux qui sont morts de leurs blessures sur tes montagnes !

« Ceux qui étaient ta gloire ont été tués : comment sont-ils tombés, les forts ?

« Ne le dites pas à Geth, ne l'annoncez pas dans les rues d'Ascalon, de peur que les filles des Philistins n'en tressaillent d'allégresse.

« Montagnes de Gelboë, que ni la rosée ni la pluie ne descendent sur vous, que vos champs n'aient plus de prémices ; car c'est là qu'a été brisé le bouclier des forts...

« La flèche de Jonathas, plongée dans le sang des morts et dans la chair des vaillants, n'est jamais retournée en arrière ; le glaive de Saül n'est jamais revenu impuissant.

« Saül et Jonathas, aimables et beaux dans leur vie, n'ont pas été séparés dans la mort ; ils étaient plus rapides que les aigles et plus courageux que les lions...

« Comment sont-ils tombés les forts ? Comment Jonathas a-t-il été tué sur les montagnes ?

« Je pleure sur toi, Jonathas, ô mon frère, toi si beau, toi digne d'un amour au-dessus de l'amour des femmes. Comme une mère aime son fils unique, ainsi je te chérissais.

« Comment sont tombés les forts ? Comment les armes guerrières ont-elles péri ? »

L'histoire des Machabées n'est qu'un long poëme où Dieu bénit et loue ces héros tombés pour les lois de leur patrie, *pro patriis legibus.*

Jésus-Christ lui-même ne s'est-il pas montré grand patriote, quand il a pleuré sur les malheurs de Jérusalem, quand il a tenté de suprêmes efforts pour les conjurer ? Il est mort *pour l'humanité* sans doute, comme le dit le tableau de Weerts, mais il a eu en mourant, nous dit Bossuet, « un regard particulier pour sa patrie. »

En répondant à l'appel de la France, nos soldats répondent donc à l'appel de Dieu. Ils remplissent un devoir de conscience [1], avec ce motif en vue, ils peuvent acquérir un mérite surnaturel. Plusieurs sans doute ne raisonnent pas leur acte, ou ne sont que médiocrement touchés de ses côtés divins, et c'est un malheur pour eux; mais la plupart en perçoivent, au moins confusément, la grandeur religieuse. Beaucoup entendent distinctement la voix de Dieu leur parlant par la voix de la patrie, les voix du ciel se mêlant à celles de la terre pour leur crier : « En avant ! » Et ils sont heureux d'obéir au Maître. Par là ils haussent leur patriotisme à une dignité surnaturelle.

Jeanne d'Arc est ici leur modèle. Elle entendait ces deux sortes de voix. La clameur des batailles perdues, le vent d'ouest chargé des plaintes des mourants, le râle de la plaine déchirée, attendrissaient son cœur; mais ces voix de la terre n'auraient jamais décidé une petite bergère à tirer l'épée. Ce furent les voix du ciel, voix de ses anges et de ses saintes, écho de la voix de Dieu, qui, en lui racontant la grande pitié du royaume, lui firent comprendre et accepter sa mission. Elles ne cessaient de la harceler en lui criant : *Va, fille de Dieu, va, fille au grand cœur !* Et la fille au grand cœur accepta d'autant plus vaillamment de se sacrifier, qu'elle voyait dans sa patrie, non seulement la belle France, la douce France, mais encore la sainte France, le saint et noble royaume, comme elle l'appelait, le fief du Christ et le douaire de Notre-Dame.

Nos soldats ont entendu le même ordre sublime dès l'ouverture de la guerre et, en y répondant comme leur sœur aînée, ils ont montré qu'ils avaient, eux aussi, un grand cœur. Voilà ce qui nous donne déjà une immense espérance de leur salut.

Dieu aime tout ce qui est grand et généreux. C'est même lui qui l'inspire et qui couronne ses dons et qui se couronne lui-même dans nos vertus. Il est, suivant le mot de l'Écriture, le père de la Beauté, *speciei generator*. Mais la vaillance de nos mourants est une beauté, une splendeur morale qui porte son reflet. Il l'aime donc, il la bénit, il la récompense par la grâce, qui prépare les voies à la gloire.

Mais le patriotisme français a eu souvent, au cours des siècles, et il a notamment, dans cette guerre, un autre caractère moral qui ne peut que le rendre agréable à Dieu. L'Esprit-Saint nous dit : *Agonise pour la justice : pro justitia agonizare !* La France réalisait cet idéal dans les croisades ; elle le réalise encore aujourd'hui d'une manière différente. En repoussant l'agression brutale dont elle a été l'objet, elle ne défend pas seulement son droit et son sol ; elle défend encore le droit et la liberté du monde, toutes les terres convoitées par la cupidité allemande, toutes les nations menacées par une nouvelle barbarie. Et pour faire triompher la justice, elle a jeté dans la balance les agonies de ses fils et celles de son cœur. C'est donc une guerre sainte qu'elle a entreprise. Ils sont nombreux ceux de ses enfants qui en ont saisi ce caractère sacré, et qui ont répété le mot de leurs pères : *Dieu le veut !* L'un d'eux écrivait : « *Nous allons à cette guerre comme à une croisade. C'est la cause de Dieu que nous défendons avec la nôtre.* »

Un autre, un séminariste de Rodez, monte encore plus haut. C'est plus qu'une croisade, c'est un sacerdoce qu'il salue, et, en attendant l'autel de ses rêves, il voit comme un premier autel se dresser sur le champ de bataille. « Je suis ravi, s'écrie-t-il, à la pensée que je vais me battre pour sauver la France. *J'estime que l'on doit aller au combat comme on monterait à l'autel.* » O sublimes ascensions de l'âme française! O fleurs de chevalerie écloses au vent des batailles! Chère et belle patrie qui inspire de tels sentiments! Son cœur peut saigner, mais il est immortel!

Aujourd'hui ce n'est plus Jeanne d'Arc qui est ici-bas la Fille de Dieu. C'est toi, noble France, toi qui as tiré ton glaive pour le triomphe du droit divin et humain. Ecoute l'Archange qui te crie : « Va, Fille de Dieu; va, Fille au grand cœur! Ne te chaille de ton martyre! Il finira en une apothéose où le Christ aura la première place et toi la seconde. »

Et non seulement, par cette vue supérieure, le patriotisme de nos soldats acquiert un nouveau mérite, mais il devient un stimulant de vie chrétienne. En effet, on ne va pas à une croisade comme à une guerre ordinaire. Il faut des mains pures pour reprendre l'épée de saint Louis et la bannière de la Pucelle, un cœur pur pour offrir à Dieu le grand calice plein du sang de la France. Et nous allons voir comment, sous l'empire de toutes ces idées, de tous ces sentiments, de toutes ces grâces, nos soldats ont montré une foi digne des Croisés et de Jeanne d'Arc.

VI

ILS PARTENT COMME POUR LA CROISADE

Et d'abord, ils ont tenu, en partant, à mettre ordre à leur conscience. Ils vont mourir bientôt peut-être et ils veulent faire signer leur passe-port pour le ciel par l'officier ministériel du bon Dieu, le confesseur. Ils vont défendre leur patrie, et ils veulent attirer les bénédictions d'en haut sur leurs armes. Des scènes pieuses se sont alors passées dans beaucoup de familles, et c'est pour celles-ci un consolant souvenir.

Les uns sont allés avec leur mère ou leur femme s'agenouiller à la Table sainte et recevoir le pain des forts. Des groupes recueillis remplissaient nos grands sanctuaires nationaux, Montmartre, Notre-Dame des Victoires, Paray-le-Monial, Lourdes, Fourvière, Notre-Dame de la Garde, Notre-Dame du Puy, Notre-Dame de Chartres, le Mont-Saint-Michel, et les plus humbles églises. Les confessionnaux étaient assiégés. Dans les gares, dans les trains, dans les casernes, jusque sur les places publiques, les partants abordaient les prêtres pour leur demander l'absolution. Nous connaissons un capitaine qui dit à ses hommes : « Vous ferez ce que vous voudrez, mes amis ; mais moi, je veux être prêt, si je viens à mourir. » Et il se confessa ostensiblement, et toute sa compagnie fit comme lui. La plupart étaient heureux d'emporter un insigne religieux, un chapelet, un crucifix, ou même d'arborer une médaille.

Un jeune Poitevin écrit, le 2 août, de Lunéville à ses parents : « Le capitaine, qui est un homme tout à fait religieux, nous a distribué des médailles de la sainte Vierge. Tout le monde sans exception dans la compagnie a voulu en avoir... La plupart, avant de partir, nous avons mis notre conscience en règle, moi, tout le premier, chers parents ; je suis content de vous le dire, car je sais que vous serez contents de le savoir. »

Le 19 août 1914, Mgr Baudrillart écrivait :

« Nul ne saura jamais le nombre des retours à Dieu que la déclaration de guerre a opérés. Et sans doute, la crainte, la juste crainte de la mort y est pour quelque chose, mais bien plus encore le besoin de recourir au Maître, au Père, de qui dépendent le sort de chacun et le sort de la patrie. Dès le premier jour de la mobilisation, nos églises furent pleines, nos confessionaux assiégés, les tables de communion plusieurs fois bondées de fidèles. Souvent, d'un côté du confessional, l'homme qui allait partir ; de l'autre côté, la femme qui faisait son sacrifice et implorait la force d'en haut.

« Tel prêtre que je connais a confessé officiers et soldats dans le couloir du wagon, tel dans la rue, tel autre dans la cour des casernes. Hier encore l'un de nous, en habit militaire, traversait la place Maubert ; un camarade l'accoste : « Vous devez être curé ? — Oui. » La conversation s'engage ; on fait le tour de la place sous le regard étonné d'Etienne Dolet, habitué à d'autres manifestations, et le camarade s'en va confessé et absous. »

Le recteur de l'Institut catholique de Paris cite de belles lettres écrites au moment du départ.

« Je ne pars pas sans avoir accompli mon devoir de chrétien, et je communierai demain avec ma femme. Ne croyez pas que je parte avec tristesse. J'accepte tout de tout cœur et je n'ai pas peur. Si je reviens, ce sera à Dieu seul que je le devrai, et, si je tombe, ce sera sans peur et en faisant mon devoir... »

Un autre, porteur d'un des grands noms de France :

« Je pars avec une joie que vous pouvez croire. Quel honneur pour notre génération que de commencer ainsi la vie ! Quelle ère triomphale pour la France et pour le Christ, si nous sommes vainqueurs ! »

Voilà sous quels pieux auspices a commencé la guerre. Comme nous sommes loin de l'indifférence de 1792 et de 1815 ! Quel progrès même accompli depuis 1870 ! Quel chemin parcouru des blasphèmes voltairiens d'autrefois aux communions de nos jours ! Quelle ascension ! Et l'on disait la religion mourante et la France vouée à l'athéisme éternel ! Un prêtre écrivait récemment du front : « *Nos compatriotes sont chrétiens ; il suffit de souffler sur leurs âmes pour voir s'élancer la flamme catholique.* » Oh ! la flamme catholique, comme elle a jailli puissante et splendide le 1er août 1914 ! C'était Dieu lui-même qui soufflait sur des millions de cœurs, et l'incendie sacré n'a cessé d'embraser notre horizon de l'Est, attisé par le vent de la guerre.

VII

« MONSEIGNEUR, BÉNISSEZ MES CANONS »

Souvent, le besoin d'appeler la bénédiction d'en haut sur nos armes a donné lieu à d'imposantes manifestations. A Poitiers, M{sr} Humbrecht se joint à la foule qui va saluer, sur la place de l'Hôtel-de-Ville, le ᵉ bataillon du 125ᵉ régiment. Après le général Guignabaudet, après le préfet de la Vienne et le maire de la ville, avec son cœur d'Alsacien, il adresse une vibrante allocution aux soldats qui l'acclament. Puis le général Pellarin lui crie : « *Monseigneur, bénissez mes canons !* » C'est ainsi qu'au moyen âge le chevalier partant pour la croisade faisait bénir son épée.

Le 19 août, à Lourdes, le commandant Gouttel conduit le ᵉ escadron du ᵉ hussards, désireux de se mettre sous la protection de la Vierge Immaculée et de recevoir la bénédiction de M{sr} Schoepfer, lui aussi un Alsacien. Le 15 septembre, c'est le ᵉ escadron du ᵉ hussards qui défile sur le parvis du Rosaire au milieu d'une foule immense. L'évêque, entouré de son clergé, se tient devant l'église. Le commandant de La Croix-Laval s'avance à cheval, et, après avoir salué le prélat, se tourne vers la Vierge couronnée, vis-à-vis de ses hommes. Tout le monde fait silence. A cet instant, le coup d'œil est merveilleux, dans le cadre des montagnes qu'irradie un soleil éblouissant. D'une voix vibrante, le chef chrétien adresse à ses hommes une merveilleuse allocution souvent applaudie, tandis que tous les yeux se remplissent de larmes. Voici quelques-unes de ces phrases sonores comme des coups de clairon.

« Avant de quitter ces superbes Pyrénées, ce beau pays où nous sommes venus achever notre préparation à la guerre, nous avons voulu, vous et moi, voir ou revoir cette terre bénie des miracles, la cité des apparitions...

« Votre chef compte sur vous, hussards. Entre lui et vous, la confiance est le foyer où se forgera le faisceau de notre commune force. Ayez donc les yeux sur votre chef et donnez-vous à lui.

« Hussards, donnez-moi vos yeux, afin que nos regards se croisent et s'enflamment et qu'un éclair en jaillisse comme éclate une étincelle au cliquetis des épées.

« Hussards, mes hussards, donnez-moi vos bras, afin que, sur les champs de bataille, nous puissions faucher ensemble la gerbe ensanglantée des moissons triomphantes.

« Hussards, mes hussards, donnez-moi le sang de vos veines, afin qu'en empourprant le sol il y fasse germer des lauriers pour les survivants et des palmes pour les morts.

« Donnez-vous tout entiers, hussards! Donnez-moi vos cœurs, afin qu'unis au mien, je les offre en holocauste au Dieu des armées, pour le salut de la patrie!

« Voyez, Seigneur, voyez s'incliner devant vous ceux qui vont combattre et qui sauront mourir pour la patrie! Soyez propice aux fils de votre Fille aînée, car ils ont mis en vous toutes leurs espérances!

« Et maintenant, ministre du Christ toujours vivant, faites descendre sur nous la bénédiction du Tout-Puissant! Qu'elle soit sur nos fronts, sur toutes les têtes qui nous sont chères! Qu'elle soit aussi et surtout sur nos épées, qu'elle y demeure et les rende victorieuses!

« Sabre en main! »

Et le cliquetis de trois cents sabres sortant du fourreau fait courir un frémissement dans l'assistance, tandis que, d'une voix émue et sonore, Mgr Schœpfer entonne le *Sit nomen Domini benedictum*. Et les hussards s'inclinent comme la foule sous la main qui bénit.

Après un tel spectacle, on se demande si, dans notre grand moyen âge, il y eut des manifestations plus belles, des sentiments patriotiques et chrétiens plus splendidement exprimés. On pense à Urbain II haranguant les premiers croisés à Clermont ; on pense à saint Bernard soulevant les foules à Vézelay ; on pense à saint Louis disant à ses compagnons d'armes sur la plage de Damiette : « Si nous mourons, nous serons martyrs ; si nous vainquons, nous couvrirons de gloire Dieu, la France et la chrétienté. » En vérité, il faut remonter aux croisades pour retrouver cette foi. Jamais armée française n'a été plus pieuse. Jamais guerre n'a été plus sainte, Jamais héroïsme n'a été plus religieux et plus beau.

VIII

LA MORT, C'EST LA « PRIMA DONNA »

Voilà nos hommes installés au front. S'ils ne sont pas encore réconciliés avec Dieu, ils ne tardent guère, en général, à remplir ce devoir. Il y a en effet une grâce qui les attend à leur arrivée, un missionnaire qui leur prêche efficacement la conversion. C'est la Mort. C'est elle qui ramène au bien le plus grand nombre de pécheurs. Mais nulle part elle n'est plus éloquente qu'à la guerre. Là, d'ailleurs, ce n'est pas seulement par sa pensée, c'est par sa présence réelle qu'elle agit.

Saint Ignace nous conseille, quand nous voulons méditer sur nos fins dernières, de nous voir nous-mêmes par l'imagination couchés sur notre lit de mort. Cette fiction, cette composition de lieu, comme il dit, n'est pas nécessaire dans les tranchées. N'y est-on pas toujours comme étendu sur un lit de mort ?

L'impression qui ressort d'une infinité de

lettres est celle-ci : « Nous vivons dans la mort, dans sa pensée, son atmosphère, son frôlement perpétuel. A chaque pas, nous heurtons des cadavres. Et chacun de ces cadavres nous dit : « A moi aujourd'hui, à toi demain, *hodie mihi, cras tibi !* »

« *Ici*, écrit un aumônier, *la Mort c'est quelqu'un, c'est le principal personnage du drame, c'est la* prima donna[1] *!* » C'est la reine, et son royaume est immense. Ce royaume, c'est l'air qui jadis lui échappait et où elle se promène aujourd'hui sur un char de feu d'où elle lance la foudre; c'est la terre qu'elle fait trembler sous le grondement des canons; c'est le soussol qu'elle mine et fait sauter avec les membres épars dans de formidables explosions; c'est la plaine ou la montagne qu'elle change en un vaste cimetière. « *Ici*, écrit un soldat, *sur l'Hartmannswillerkopf, il n'y a pas un mètre carré que l'on puisse creuser sans y trouver un cadavre.* »

Sur un front de cinq ou six cents kilomètres elle est partout, l'infatigable faucheuse, poursuivant sa rouge moisson de nuit et de jour, cueillant les épis qui tombent si drus sous ses pas qu'on se demande comment, au bout d'un an, elle en peut trouver encore. Dieu ! que

[1] M. Corvisy, aumônier militaire. Notes publiées par la *Semaine religieuse de Périgueux* (22 mai 1915).

l'homme est petit devant elle! Il ne peut ni lui résister ni lui échapper. Elle peut vous prendre, pauvre petite chose, et vous briser; pauvre petit corps, et vous réduire en miettes; pauvre petite âme, et vous jeter pantelante devant Dieu.

Et cependant, chose admirable, elle n'est pas ce qu'elle paraît. Elle semble l'horrible associée d'une Justice infinie, et elle n'est que la rude ambassadrice de la Miséricorde. Elle semble une ouvrière de colère, ivre de haine, et elle est ouvrière d'amour. Elle semble barbare, et elle est artiste : en broyant les corps, elle sculpte les âmes en des attitudes superbes.

Elle dit au pécheur : « C'est Dieu qui m'envoie vers toi, mais il ne te prend pas en traître, et je ne te prends pas en traîtresse. Par le bruit que je fais, par la terreur que je sème devant moi, je t'avertis pour que tu sois prêt à paraître purifié devant ton juge, pour que tu évites une mort plus terrible que moi, celle que l'Esprit-Saint appelle *la seconde mort*, la damnation éternelle. »

L'homme le plus fort tremble devant la mort. Elle lui ploie les genoux, elle lui joint les mains dans l'attitude de la prière. Ne dites pas qu'elle exploite ainsi notre faiblesse, elle ne fait que nous la révéler. Ne dites pas qu'elle spécule sur notre lâcheté, elle fait appel à notre conscience. Ne dites pas qu'elle obscurcit notre raison, elle projette au contraire le flambeau de la vérité autour de nous sur le temps et sur l'éternité. Ne dites pas que l'homme qui se réfugie en Dieu sous sa menace est un esclave tremblant sous le fouet, c'est un affranchi qui reconquiert courageusement sa liberté en brisant ses chaînes. Un prêtre de Saint-Sulpice écrivait du front, le 5 juin 1915 : « *De tous côtés c'est la mort en perspective. Tant mieux en somme, car la mort, c'est le desserrement de l'étreinte terrestre et la liberté en Dieu.* »

En vérité, ces hommes qui semblent les vaincus de la mort, parce qu'ils courbent le front à son souffle, ce sont les vainqueurs de la mort, car ils la dominent en l'acceptant. Ils ne laissent que leur dépouille terrestre entre ses mains, mais ils lui échappent par leur âme, et ils peuvent lui jeter, comme le Christ ressuscité, l'apostrophe triomphale : « O mort, où est ta victoire? O mort, où est ton aiguillon? »

La Rochefoucauld a écrit qu'il y a deux choses qu'on ne peut regarder en face, le soleil et la mort. Cependant les aigles regardent le soleil et le chrétien regarde la mort, du moins avec les yeux de la foi. Nos hommes la fixent sans sourciller. « C'est un bon exercice de voir passer la mort, écrit un lieutenant combattant dans les Vosges. On voit tout sous un jour différent. » Un autre, un soldat toulousain, la salue comme *une déchirure dans le ciel noir.* Voici ses paroles graves et radieuses :

« Ce matin, j'ai eu la douce satisfaction de faire la sainte communion à un service funèbre pour les morts du ...ᵉ d'artillerie. Jamais, depuis ma première communion, je n'avais été aussi religieusement ému. Tout le monde pleurait au milieu de ces tombes sommairement parées où reposent nos frères d'armes.

« Ce sont des spectacles qu'il est impossible de bien décrire; il faut y avoir assisté. Les chants religieux et la parole du prêtre ponctués par les grondements du canon; ces hommes de tout âge, de toutes armes et de tous grades, les yeux pleins de larmes, se préparant à la mort, en priant pour ceux qui les ont précédés dans la froide terre, pendant que d'autres tombent au même moment pour la patrie, quel spectacle ! *Nous avons des figures qu'on ne peut voir qu'ici : visages amaigris, des yeux attristés par la longue absence, mais fervents vers le ciel et pleins de confiance en la victoire. Tout cela est comme une déchirure dans le ciel noir de notre purgatoire qui nous laisse entrevoir les splendeurs éternelles.* »

Il en est même beaucoup qui voient dans

la mort une amie, la libératrice qui les conduira vers Dieu. Aussi avec quelle suprême élégance ils la saluent! Ils lui sourient, ou plutôt ils sourient au Père qu'ils aperçoivent derrière elle.

Joseph Ollé-Laprune a tout ce qu'il faut pour aimer la vie. Premier secrétaire de l'ambassade de France à Rome, il a déjà rendu des services appréciés à son pays et à l'Eglise, et la plus brillante carrière s'ouvre devant lui. La guerre éclate. Alors qu'il aurait pu servir honorablement la France loin du danger, il demande à partir pour le front. Il quitte le Palais Farnèse, les honneurs, les douceurs d'une grande vie, la jeune femme qu'il a récemment épousée. Lieutenant, adoré de ses hommes, il les entraine magnifiquement en s'exposant à la mort. La mort, quel sourire il a pour elle! Il écrit à sa mère : « *On se sent comme jamais, comme nulle part, dans la main de Dieu. On se dit que théoriquement on peut le voir brusquement face à face, et cela semble une chose absolument naturelle et simple, pas du tout effrayante, parce qu'on ne l'a jamais compris si bon, si tendre, si indulgent... Qu'il semble facile, presque doux de mourir!* »

O Dieu, que vous êtes admirable dans vos saints! O France, que tu es belle dans tes enfants!

IX

LA VIE AU FRONT EST UNE RETRAITE

Ce qu'ils voient par cette déchirure de leur ciel noir, dans les splendeurs éternelles, c'est Dieu qui les doit juger, mais qui, avant d'être leur juge, veut être leur père et leur ouvre ses bras. Ils sont nombreux malheureusement ceux qui, avant la guerre, avaient oublié le chemin de l'église. Mais, pour la plupart, ils se convertissent. Le mot de conversion revient constamment dans leurs lettres, et c'est presque un lieu commun pour beaucoup d'assimiler la vie au front à une *mission* ou à une *retraite*. Le mieux est de leur céder la parole. Ces impressions toutes fraîches, notées au bruit du canon, ont une saveur et une force probante que n'auraient pas nos affirmations.

Un sergent niçois écrit : « *C'est la conversion ou, du moins, le retour en masse à la foi qui sera vraiment le fruit de cette guerre. On se croirait à une immense retraite où chacun se purifie et surtout réfléchit. Le champ de bataille devient un champ de prières où, je le disais hier à quelqu'un, les oraisons jaculatoires crépitent comme des balles.* Si vous saviez comme c'est beau, mon cher Père. On peut maintenant parler du bon Dieu à n'importe qui, on trouve un écho là où l'on ne trouvait qu'un sourire sceptique sinon moqueur, il y a cinq mois. Tout le monde va à confesse, on ne compte plus les communions. Les aumôniers manquent à certains jours pour entendre les peccadilles de ces braves gens qui ne s'étaient peut-être pas confessés depuis vingt ans[1]. »

Un prêtre-ambulancier écrit à Mgr l'évêque du Puy :

« Vous ne sauriez croire, Monseigneur, combien nos soldats sont contents d'avoir des prêtres parmi eux, quelle confiance ils nous témoignent, avec quel respect ils nous parlent. Beaucoup sont revenus à la pratique des devoirs religieux oubliés depuis longtemps ; nous avons eu *de véritables conversions.* Pour ma part, j'ai rencontré un soldat, vaillant et brave d'ailleurs, qui avait abandonné depuis de longues années tout devoir religieux. Un dimanche, il est allé à l'église et en est revenu comme bouleversé.

---

[1] R. M., sergent au 6ᵉ bataillon de chasseurs à pied.

Depuis lors, il assiste tous les jours à la messe, où il passe, dit-il, de très heureux moments. Il écrit des lettres admirables à *sa femme pour la convertir à son tour.* »

Gaston Hubuel, administrateur de la *Jeune Normandie*, mort d'une balle au front, écrivait à un prêtre :

« Vous m'aviez proposé de faire avec vous, à l'expiration de mon service militaire, *une retraite fermée de quelques jours à Mortagne... La guerre m'en a bien tenu lieu,* allez. Tout ce qu'on voit autour de soi et tout ce qu'on ressent, le contact perpétuel avec la mort, le tableau hideux des blessures et des ruines qu'accumule la guerre sont des spectacles tellement saisissants, qu'ils vous amènent tout naturellement à de hautes et profondes pensées. »

Goûtez maintenant ces lignes d'une si belle et si touchante psychologie :

... Aisne, 11 octobre 1914.

« Mon cher Maurice,

« C'est aujourd'hui dimanche. Pauvres dimanches ! nous ne les remarquons guère. Celui-ci est le premier que nous passons tranquillement dans ce minuscule village de Guiry-les-Caudardes (une centaine d'habitants). Je suis allé ce matin entendre la messe. Ah ! quel spectacle offrait cette toute petite église, privée de tout ornement ! Mais combien sa pauvreté était en harmonie avec cette foule de soldats de tous grades qui s'écrasaient silencieusement entre ses murs blanchis à la chaux, et qui s'étendaient loin au dehors. La messe était dite par l'aumônier de la division assisté d'un moine.

« Peut-être imagineras-tu l'immense émotion qui m'a étreint devant ces hommes qui tous avaient le visage marqué du sceau de la souffrance, les uniformes plus ou moins souillés de boue, de poussière, quelques-uns, de sang. Quelle piété ! Quel recueillement sincère et profond ! Que de larmes dans les yeux quand le prêtre, la voix brisée par les sanglots, tourné vers le tabernacle, supplie Dieu de nous aider et de nous protéger !

« Parmi tous ces hommes en proie à une immense espérance, la foi est revenue profonde, entière. Il n'existe plus *un seul de ces esprits forts* pour railler ses camarades, et il faut voir les inquiétudes des pauvres soldats que leur service empêche d'assister à un des offices, ou de ceux qui, n'ayant pu y entrer, se tiennent prêts longtemps à l'avance pour avoir de la place ! Mon cher Maurice, tu l'as bien dit, *il y a dans cette guerre quelque chose de divin qui frappe tout le monde.* C'est un vaste retour à la foi. Dès la première heure chacun s'est tourné vers Dieu, et c'est pour cela qu'il n'y a pas un soldat qui ne porte au moins une médaille.

« Marius C. »

La plupart sont étonnés et joyeux du changement qu'ils constatent autour d'eux. Un père de famille de Castelnaudary écrit à un ami :

« ... Cette guerre aura changé le caractère de beaucoup d'hommes indifférents. C'est ainsi que certains de mes camarades de régiment, qui sont réellement des têtes brûlées, je les ai vus porter leur chapelet, l'un autour du cou, l'autre au poignet ; un autre, une médaille épinglée bien en vue sur la capote. Et beaucoup d'autres, suivant mon exemple, prononçaient le nom de Jésus, en levant les yeux vers le ciel. »

Un mobilisé, jusqu'alors étranger à toute pratique religieuse, écrit à un curé de Versailles : « Je sens au fond de l'âme comme une voix qui me presse de revenir à Dieu... Elle devient plus vive lorsque j'entre dans une église, et lorsque je parcours ces campagnes de la Picardie. Les statues des grands calvaires que je rencontre semblent me tendre les bras... Je me sens si peu de chose auprès de la mort qui passe tout autour de moi. Ah! si je vous avais près de moi, je purifierais ma conscience... »

Quelques jours après, il écrivait à son ami qu'il s'était confessé et qu'il avait retrouvé la paix.

Un jeune homme des environs d'Oran, fils d'un franc-maçon et irréligieux comme son père, écrit de sa tranchée à une tante :

« Je me moquais de toi quand tu priais, quand je te voyais aller à la messe. Aujourd'hui je ne me moque plus, je prie. Prie bien pour moi[1]... »

Un Marseillais écrit à un chanoine de Marseille, le 4 novembre 1914, au sujet d'un de ses camarades : « *C'était un enragé sectaire, il prie maintenant comme un chartreux.* »

Un soldat de l'Aude, entouré de bons chrétiens, avait refusé de suivre leur exemple. L'un d'eux écrit :

« Un jour qu'on allait à l'assaut, couché à plat ventre, sous la rafale de la mitraille, il eut la bonne chance de voir courbé à côté de lui le sergent qui est notre curé. L'heure de la contrition était venue; il s'approcha du prêtre et, tête à tête, lui fit sa confession. Il m'a raconté lui-même sa conversion et le plaisir intime qu'il en ressentait. »

[1] *Semaine religieuse d'Oran*, 17 octobre 1914.

En voici un qui s'élève à de consolantes considérations sur l'avenir que ces conversions promettent à notre pays :

« La guerre fut choisie par Dieu pour permettre dans la douleur la rénovation de la France qui devenait païenne; la France qui agissait comme le peuple d'Israël, qui était prosternée devant des dieux corruptibles, l'or et la chair. Il fallait la verge qui cingle et amène à genoux par la douleur. La France, oh ! j'en étais persuadé, elle ne pouvait périr : elle avait avec elle le Sacré-Cœur et la Vierge immaculée. Les Vandales n'ont pu atteindre Paris, leurs obus auraient touché Montmartre; le Sacré-Cœur ne l'a pas voulu.

« Lorsque je compare le Français que j'ai connu dans la question ouvrière, le Français que j'ai vu pendant deux ans à la caserne et le Français que je vois, admirable d'héroïsme et de courage, dans un trou de terre, à quelques mètres des Boches, je suis tenté de penser au miracle. J'ai vu Lourdes avec ses guérisons surprenantes, mais j'ai vu mieux encore : la guerre avec ses transformations dans la pensée, dans les sentiments, dans l'idéal d'un peuple; il y a là un miracle. C'est l'œuvre du Sacré-Cœur, l'œuvre de la Vierge immaculée. »

Il en est quelques-uns qui ne se convertissent

qu'à l'hôpital. La balle, en entrant dans leur chair, a jeté dans leur âme une semence qui a germé un peu plus tard. Un jour, arrive à l'hôpital de Saint-Cyr de Nevers un brancardier jurant comme un diable. C'était un garçon des pays envahis, socialiste et anticlérical comme son père, lequel n'avait pas fait baptiser ses trois fils, et leur avait donné ces prénoms suggestifs : *Marceau, Kléber* et *Voltaire*. Notre homme était Marceau. Or, quelque temps après son arrivée, ému de certaines choses qu'il avait vues au front et à l'hôpital, il sortait mystérieusement chaque soir. On apprit bientôt qu'il allait chez un prêtre lui demander des leçons de catéchisme ; après quoi il fut baptisé et fit sa première communion.

« Ç'a été, disait-il, la plus grande joie de ma vie... Quand je reverrai ma femme, je lui dirai : « Tu sais, pas de blagues ! Qu'on ne dise plus de mal des curés devant moi ! Il faut vite nous marier à l'église et faire baptiser la petite. »

« Et puis, ajoutait-il, je vais tâcher de convertir aussi Kléber et Voltaire !... »

X.

PLUS DE RESPECT HUMAIN

Rougir d'une faute, d'une faiblesse, c'est très naturel et c'est l'indice d'une âme droite et sensée. Mais rougir d'une bonne action ou d'un titre d'honneur, c'est une folie greffée sur une lâcheté. Et c'est pourtant le péché qui règne en maître, surtout dans les milieux populaires. C'est le plus idiot et le plus vil des sentiments, mais c'est le plus tyrannique. Aussi un des meilleurs signes d'une sérieuse conversion, c'est la victoire sur le respect humain. Or, il nous est tous les jours donné d'observer ce signe parmi nos soldats du front.

Un séminariste sous-officier, du diocèse de Blois, écrit le 11 août 1914 : « *Il n'y a plus ici de respect humain.* Nos réservistes ne craignent plus leurs voisins, mais seulement la colère divine. »

M. Foix, curé de Chéraute, diocèse de Bayonne, écrit d'une ambulance de l'Est :

« Nos soldats sont très bons et acceptent volontiers les petits conseils, réclament avidement des médailles et des images du Sacré-Cœur, qu'ils portent en évidence à leur boutonnière. Ah! nous sommes loin du *respect humain* et de l'indifférence qui régnaient dans nos casernes durant l'active. Il est bien sûr que nos pauvres soldats sont admirables et se rappellent, au moment du danger, les bons principes qu'ils ont reçus au catéchisme. »

M. l'abbé Castelin, aumônier, écrit le 18 septembre 1914 :

« Au milieu de ces douleurs et de ces horreurs, il est des motifs de rendre grâce à Dieu. Que d'âmes converties! Que d'âmes sauvées! *La guerre est une grande mission*, et c'est Dieu qui se charge de la prêcher, laissant à ses prêtres, et en particulier à ses aumôniers militaires, le soin d'en recueillir les fruits.

« C'est à ne pas y croire. Tous les soldats ici ne savent plus ce que c'est que le *respect humain* et ils sont devenus crânement religieux. Ils se confessent dans les rues, sur les routes; ils assistent aux offices, chantent des cantiques, récitent le chapelet. Tous portent des médailles, et non pas seulement au cou ou dans leurs poches, mais au képi ou à la boutonnière.

« C'est un revirement, une conversion à laquelle je ne m'attendais pas du tout... Ce matin, j'ai dû, sur sa demande, porter le bon Dieu à un brave commandant d'artillerie, blessé au champ d'honneur. Il y a quelques jours, un capitaine de dragons a voulu que je le confesse devant ses camarades un peu étonnés... »

M. Couyba, directeur des Missions diocésaines d'Agen, brancardier volontaire sur la ligne de feu, rend le même témoignage à sa division.

« Je reviens de notre messe célébrée pour la e division territoriale par M. Vidal, prêtre de l'Ariège, notre aumônier. *L'église de X... était archicomble :* rien que des officiers et des soldats... A l'Évangile l'aumônier monte en chaire. Il est habituellement éloquent. Aujourd'hui il s'est surpassé. Il a su trouver le chemin de tous les cœurs en évoquant l'image des êtres chéris que les territoriaux ont laissés au foyer familial. Malgré les rhumes, l'attention est soutenue. Souvent des mains calleuses essuient une larme furtive qui coule sur un visage basané. *Ici, il n'y a pas de respect humain. On prie sans se cacher.* Combien j'en vois qui égrènent leur chapelet, restent après la cérémonie devant l'autel de la sainte Vierge ou la statue de Jeanne d'Arc !...

« Ce soir nous avons les vêpres à 2 heures et demie. Il faudra se rendre à l'avance pour avoir une place. Je comprends que les soldats aiment les cérémonies. Outre que, près du danger, les sentiments religieux se réveillent au fond des âmes, les paroles qui leur sont adressées par les aumôniers leur vont droit au cœur. »

Un prêtre-infirmier du diocèse de Toulouse écrit de son côté :

« J'ai pu célébrer tous les matins le saint sacrifice de la messe, assister chaque soir aux exercices du saint Rosaire, être témoin des sentiments chrétiens de nos braves soldats du Midi. Ah ! les pauvres gars, *ils ne mettent plus, comme au pays, le drapeau dans la poche;* ils professent extérieurement leur foi.

« Ils viennent se confesser et communier non pas par entraînement, mais par besoin d'âme, par le saisissement du drame poignant qui se déroule sous leurs yeux et dont ils sont les principaux acteurs.

« J'ai l'impression qu'il y a là des âmes d'élite façonnées par la grâce, travaillées par ce besoin de faire le silence autour de soi aux heures graves, et de se rapprocher du bon Dieu. »

D'une lettre reçue d'un soldat dans les tranchées aux environs de Verdun :

« Ici, cher cousin, *il n'y a plus de crâneurs;* on ne se moque plus de la religion. J'ai un petit chapelet de Lourdes que ma femme bien-aimée avait mis dans la poche de mon gilet à mon départ. J'ai eu cinq ou six médailles bénites d'amis, de prêtres, etc. Je n'ai jamais rougi de les porter, avec ma plaque d'identité, à la boutonnière de mon gilet; et, quand j'ai regardé celle de la Vierge ou de saint Christophe, l'on peut m'envoyer n'importe où. »

O soldat de mon pays, tu es le brave des braves, tu t'es battu comme un lion magnifique dans cette guerre. Les Belges, qui avaient cependant splendidement lutté sur l'Yser, disaient ensuite : « Qui n'a pas vu les fusiliers marins bondir sous le feu n'a rien vu et ne sait pas jusqu'où peut monter l'héroïsme. C'était sublime, éblouissant, surhumain ! »

Eh bien, ami, il est un autre courage moins éblouissant, aussi nécessaire, que le ciel attend de toi, celui qui consiste à braver la mitraille des moqueries et du « qu'en dira-t-on ». Ton pire ennemi, c'est le respect humain. Figure-toi que c'est un Boche. Embroche-le ! Si tu remportes cette première victoire, l'autre, la grande, la belle, la tant désirée, viendra ensuite d'elle-même t'offrir la couronne que tu déposeras sur le front de ta patrie.

XI

« LES ÉGLISES SONT TROP PETITES »

Un fait partout signalé et qui démontre bien l'intensité de la vie religieuse au front, c'est l'empressement avec lequel les soldats assistent aux cérémonies religieuses. Ils n'en ont jamais assez. Ils sont tristes quand ils en sont privés. Les églises sont trop petites pour contenir nos hommes! Telle est la plainte consolante, joyeuse, qui revient dans un grand nombre de lettres de prêtres au feu.

M. l'abbé Ballu écrit à Mgr l'évêque d'Angers (11 octobre 1914) :

« *Les pauvres petites églises de Champagne se trouvent trop petites* pour contenir les nombreux soldats qui viennent à nos réunions. Nous avons confessé beaucoup, M. l'abbé Pineau et moi, ces jours-ci, et nous avons donné de nombreuses communions... C'est une consolation sans égale pour ces braves chrétiens de pouvoir se confesser. »

De M. Mathieu, directeur du grand séminaire de Bayonne :

« ... La veille, on avait demandé qui voulait assister à la messe, et pas un homme n'a refusé. Malheureusement, *l'église du village était deux fois trop petite* et la moitié des soldats a dû rester à la porte. Vous ne sauriez croire la dévotion qui règne au   ᵉ. Plusieurs soldats portent ostensiblement des médailles ou des Sacrés-Cœurs. Nos prêtres-soldats reçoivent beaucoup de confessions... C'est qu'il n'y a rien qui donne le sentiment de la dépendance qui nous relie à Dieu comme un séjour de vingt-quatre heures dans les tranchées. »

Du même, dans une autre lettre :

« Le   ᵉ est un régiment où la religion est pratiquée sans aucun respect humain. La présence des prêtres n'est pas étrangère à cette recrudescence de foi. Je sais des hommes qui récitent leur chapelet dans les tranchées. La plupart portent ostensiblement des médailles... L'un d'eux, qui ne brillait pas par sa piété, s'est transformé en un sérieux chrétien. Le dimanche, quand il ne peut assister à la messe, il récite son chapelet. Que voulez-vous ? *La libre pensée diminue en raison directe de la proximité du feu.* »

Des prêtres et des religieux écrivent qu'à

certains jours leur régiment montre tant de piété et que les cérémonies y sont si édifiantes, qu'ils se croient reportés au temps de leur séminaire ou de leur noviciat. L'un d'eux note ainsi ses impressions [1] :

« J'ai été le témoin édifié de la religion, et je dois dire même de la piété de ces bons camarades. Tous les matins, à ma messe, j'avais une assistance nombreuse et, chaque fois, des communions d'officiers et de soldats. Quelques-uns ne voulaient jamais remonter aux tranchées sans venir chercher à la sainte Table le courage dont ils avaient besoin.

« Tous les soirs, nous faisions des réunions à l'église, présidées tantôt par les aumôniers, tantôt par nous, les prêtres-soldats. Je puis dire, sans craindre d'exagérer, que *la vaste église était toujours trop étroite pour contenir la foule composée uniquement de soldats.* Nous étions obligés de les tasser les uns contre les autres, et toujours un certain nombre restait en dehors, essayant, malgré tout, d'entendre le chant et les paroles du prédicateur et, au moment de la bénédiction du saint Sacrement, se découvrant et même se mettant à genoux par terre. Le jour de Pâques, le régiment

---

[1] *Semaine religieuse d'Agen*, 4 septembre. 1915.

devant partir pour les tranchées vers 3 heures du matin, l'aumônier organisa, de concert avec moi, une messe nocturne à 1 heure. Quelle touchante messe! Une vraie cérémonie de séminaire. Les bancs de l'église étaient entièrement occupés par les soldats qui avaient dû écourter leur sommeil pour accomplir leur devoir pascal. Tous firent la sainte communion. Je dois dire que nous avions eu autant de communiants le jour du Jeudi saint. »

« C'est ici, nous dit l'abbé Vidal, vicaire à Saint-Jude (diocèse de Montpellier), brancardier, la grande fraternité, c'est le retour au bon Dieu, c'est la piété qui se manifeste partout. Tous les soirs, nombreux sont les soldats qui assistent à la prière en commun, et, le dimanche, *les églises sont trop petites pour les contenir*. »

D'un artilleur du camp retranché de Verdun à sa sœur, le 16 août 1915 :

« Hier, fête de l'Assomption, j'ai pu assister à la messe dite à la chapelle de notre cantonnement. *Elle était trop petite, notre chapelle*, et beaucoup ont dû rester dehors. J'y ai bien prié pour vous tous... Que de soldats, chaque soir, au salut! Notre bonne Mère à tous nous récompensera certainement. »

M. le curé d'Hangest-en-Santerre écrit dans

le *Dimanche*, d'Amiens, le 1ᵉʳ juillet 1915 :

« *Église comble* le dimanche à la messe, église devenue vraiment trop petite : des soldats jusque dans les chapelles latérales et debout dans les allées. *Église comble* également, le mardi 17 novembre, à un service funèbre solennel célébré pour les soldats du   ᵉ tombés en si grand nombre à la dernière attaque d'Andechy ; les officiers en tête, et les soldats, tous dans une attitude sérieuse et recueillie. *Église comble* au point qu'il fallut absolument renoncer à faire la quête d'usage : impossible de passer. Comme s'ils avaient prévu cela, les soldats avaient donné généreusement à la quête du dimanche. »

La vie chrétienne n'est pas moins fervente à bord. Parmi les officiers surtout, on trouve des chrétiens d'une piété et d'une ferveur incroyables.

M. L. B..., aumônier du diocèse de Quimper, écrit, le 3 octobre 1914 :

« A bord du *V*..., tout va bien. Les Bretons forment les deux tiers de l'équipage. *Ils sont enchantés d'avoir à bord un prêtre des leurs qui puisse les confesser en breton.*

« Aux messes du dimanche, nous prions pour les vivants et pour les morts, tout comme en Bretagne. *L'amiral, son état-major et presque tous les officiers assistent à la cérémonie.* La musique s'y fait entendre, comme dans la vieille marine. Quelle que soit l'heure, *plusieurs membres de l'équipage communient avec leurs officiers, dont quelques-uns sont de véritables apôtres.* »

« *Mon église est vide ! Comment attirer les indifférents ?* » Que de fois, hélas ! dans des retraites ecclésiastiques, j'ai entendu des prêtres me dire ces mots, les larmes aux yeux ! Dieu lui-même a répondu à cette plainte depuis un an. Il a sonné les cloches de la guerre, et, dans les paroisses en bordure du front, les curés répètent : « *Mon église est trop petite.* »

Puisse cette seconde plainte, si douce, se répercuter bientôt à travers le pays ! Soldats, cela dépend de vous. Quand vous rentrerez au pays avec la croix de guerre, avec vos cicatrices, avec vos glorieuses béquilles, manchots, boiteux, invalides, auréolés de victoire, vous irez, dans la vieille église de votre baptême, chanter le *Credo* avec le *Te Deum*. La gloire y rentrera avec vous, et tout le village suivra.

XII

« LES ORAISONS CRÉPITENT COMME DES BALLES »

Nous avons entendu un petit sergent niçois nous dire, entre autres jolies choses : « Les oraisons jaculatoires crépitent ici comme des balles. » Prêtons l'oreille à ce crépitement qui doit flatter délicieusement les oreilles des anges. Suivons la belle trajectoire de ces prières qui montent constamment *du champ de bataille au ciel* et parmi lesquelles il n'y a pas de balles perdues.

Saint Liguori nous dit, dans un précieux opuscule sur la prière, qu'elle est un gage de prédestination. Il va jusqu'à affirmer que « quiconque prie est sauvé, et quiconque ne prie pas est damné ». Voilà qui doit nous rassurer sur le salut de nos soldats tombés au feu. Nous avons vu avec quel empressement ils fréquentent les églises. Mais, en dehors même des offices religieux, ils continuent à prier. Au fond des tranchées boueuses, par les nuits glaciales, en proie à de terribles souffrances, ils appellent Dieu et Notre-Dame à leur secours.

Ils trompent les heures d'insomnie en récitant le chapelet. Couchés à la belle étoile, sous la splendeur des astres qui, suivant l'image du prophète Baruch, montent la garde autour de Dieu dans leurs guérites d'azur, *in custodiis suis*, ils se croient les soldats du même général céleste ; ils invoquent l'Étoile de la mer, et leur âme se perd dans l'infini.

Mais voici le canon qui gronde, les éclairs, les obus, les balles ; voici l'heure de s'élancer contre l'ennemi. Certes la pensée de la patrie à sauver électrise leur âme. Mais tout de même ils ne peuvent s'empêcher de penser à l'éternité... Acte de contrition ! Acte de charité ! Acte de résignation à l'horrible blessure et à la mort ! Père, Père, ayez pitié de vos enfants qui remettent leur âme entre vos mains !

Pour beaucoup de nos soldats, la vie, au milieu des sanglantes alertes de nuit et de jour, n'est qu'une longue oraison. De retour au front l'un d'eux écrit, le 9 juillet 1915, au prêtre infirmier qui l'a soigné à l'hôpital de L...:

« Quand je suis seul au poste d'écoute, je suis souvent bien triste... Mes deux heures de faction se passent à prier... Je prie pour mes parents et surtout pour la France. Je demande à Dieu de me donner la force et le courage de bien remplir mes devoirs, de consoler ma mère, de protéger ma pauvre Maria, à qui je pense tant. »

Le lieutenant de Lavarène reçoit, le 9 septembre 1914, l'ordre de se porter, avec ses zouaves, à un poste dangereux, au bois de Saint-Mard ; il leur dit : « Notre tâche est dure. Il faut justifier le passé des zouaves. Pensez à vos parents et à la France. J'ai la foi. S'il en est parmi vous qui ont aussi le bonheur de croire, le moment est venu de prier Dieu. Prions... et en avant ! » Bientôt après, s'étant élancé au premier rang pour guider et protéger ses hommes, il tombe criblé de balles.

Un caporal cycliste, qui se bat depuis treize mois, écrit à sa sœur aînée :

« Le bon Dieu soutient notre courage et entretient dans notre cœur la confiance, l'espérance et la foi en l'avenir. Voilà le secret de notre force, l'explication de la magnifique tenue des troupes. Quelquefois, c'est vrai, un sombre nuage voile notre ciel, une ombre de lassitude et de découragement se glisse dans notre esprit, mais vite la sainte espérance et la radieuse vision du bonheur et de la victoire prochaine chassent les idées noires. »

Un autre écrit de son gourbi d'Alsace, au milieu du vacarme des crapouillots : « En voyant éclater les marmites boches, en respirant leur fumée épaisse et âcre, on réfléchit à la brièveté de la vie; elle ne tient qu'à un fil que le bon Dieu coupe quand et comment il lui plaît. Oh! qu'il fait bon penser à Dieu et se rapprocher de lui par l'amour et la prière en ces journées tragiques! Combien consolée est l'âme qui, portée sur les volutes de ces fumées pestilentielles qui symbolisent le mal, la haine, le monde méchant, l'enfer, quoi! s'élève jusqu'à Dieu pour lui demander force et courage! »

Un Provençal écrit de Brabant-en-Argonne:
« Nous avons participé, dimanche dernier, à la prière nationale. Jamais je n'avais vu tant de puissance à la prière. Si tu avais vu cette foule de soldats baissant la tête et priant de toute la force de leur âme, tu aurais pensé, comme je l'ai pensé moi-même, que les hommes seuls peuvent prier, quand ils le veulent, avec autant de ferveur et d'humilité. Je suis sorti tout bouleversé de cette prière. »

Et non seulement ils prient, mais ils réclament les prières de leurs amis. Charles René de Saint-Christophe écrit à sa pieuse mère:
« Priez, maman, priez beaucoup, pour moi. Nous avons tant besoin de prières, surtout ici. »
Ici, c'était le nord d'Arras où il tombait bientôt glorieusement.

Le général de Grandmaison, frère de deux éminents religieux, était un de nos grands chefs d'avenir. Colonel au début de la guerre, il avait vite, grâce à sa brillante conduite, brûlé les étapes jusqu'au grade de commandant de corps d'armée. Il allait monter encore, lorsqu'un éclat d'obus mit fin à sa carrière. Il n'avait qu'un défaut : il était trop brave. Blessé sept fois, pendant la retraite de Morhange, il était vite reparti au feu, à peine cicatrisé.

Lorsqu'il tomba, son officier d'ordonnance, s'agenouillant près de lui, lui dit qu'il allait chercher du secours : « Non, lui répondit le général, restez là. et disons ensemble une prière. » Lui-même commença et récita jusqu'au bout l'*Ave Maria*. Transporté dans une maison voisine, il reçut un prêtre auquel il se confessa de nouveau et demanda l'Extrême-Onction en pleine connaissance. Le prêtre lui demandant ensuite s'il faisait le sacrifice de sa vie, il répondit : « Oh! bien volontiers! » et quand arriva près de lui son général d'armée, il l'accueillit en lui disant : « C'est pour le pays, mon général! » Et durant son agonie, on le vit bien souvent tracer le signe de la croix sur sa poitrine.

Un prêtre brancardier, l'abbé Ferlay, du diocèse de Lyon, raconte que, dans la nuit du

6 au 7 septembre 1914, à la bataille de la Marne, ayant appris que le lieutenant Goutard était tombé grièvement blessé fort en avant, il le chercha vainement sur le champ de bataille.

« La nuit suivante, écrit-il, je partis renouveler ma tentative. J'eus le bonheur de le trouver.

« — Mais, mon lieutenant, lui dis-je, pourquoi ne m'avez-vous pas répondu hier? J'ai tourné tout autour de vous à dix pas au plus?

« — *Je me suis endormi*, me répondit-il, *en faisant ma prière du soir!...* »

S'endormir tranquillement en priant, au milieu des cadavres, sous une pluie de fer et de feu, comme sur un lit de fleurs : quelle sérénité donne la foi !

Un blessé, qui était resté neuf heures sans secours sur le champ de bataille, était dans un hôpital de Lourdes lors d'une visite de M. Louis Barthou. Celui-ci lui ayant demandé, avec bienveillance : « Que faisiez-vous durant ces longues heures? » il répondit simplement : « Je priais, monsieur le Ministre! » Et le ministre s'inclinant légèrement et grave lui dit : « C'est très bien, mon ami. »

Voici, pour terminer, une magnifique prière, composée par le sous-lieutenant Jacques Jacquier, étudiant à la Faculté catholique de Lyon, tué le 16 juin à l'âge de vingt-deux ans, à l'assaut d'une tranchée. Quand on pense qu'elle exprime les sentiments de plusieurs millions de jeunes gens, on a le droit d'être gonflé de fierté et de confiance pour la patrie dont l'amour fait battre leurs cœurs.

« O Jésus, vrai Dieu et vrai homme, notre cœur en ce moment exhale vers le vôtre un long cri de reconnaissance et d'abandon dans la foi et dans l'amour.

« Merci de vous être fait homme, d'avoir vécu, travaillé et souffert, d'être mort pour nous. Merci de nous avoir par le baptême unis à vous comme les membres au corps. Merci de nous avoir faits enfants de la sainte Église, votre épouse immaculée et notre généreuse Mère. Merci de nous avoir donné des parents, des prêtres et des maîtres chrétiens, qui nous ont élevés dans la connaissance de votre Évangile, de votre loi et de vos bienfaits. Merci de nous avoir tant de fois purifiés de votre sang divin et nourris de votre chair adorable. Merci de nous avoir donné pour patrie la France que vos Pontifes romains, les successeurs de Pierre, ont appelée leur Fille aînée, et qu'ils nous ont dit être le nouvel Israël, le peuple chéri entre tous, l'objet de votre prédilection.

« Pendant les dix-huit ou vingt ans de notre première jeunesse, nous avions résolu de servir la France comme vous avez d'abord servi l'humanité par le travail et la vertu au sein de votre vie cachée, puis par l'influence de notre savoir, de notre parole et de nos exemples comme vous l'avez fait pendant les trois années de votre vie publique. Et voilà que vous nous appelez maintenant à la sauver comme vous avez sauvé le monde par la fécondité souveraine de vos douleurs et de votre passion rédemptrice.

« Déjà notre cœur est immolé comme le vôtre à Gethsémani ; il a fallu nous arracher à la tendresse de nos parents, de nos frères, de nos sœurs et de nos amis que nous ne reverrons peut-être jamais ici-bas.

« C'est notre corps que nous allons à présent exposer aux coups de nos adversaires. Peut-être les balles et la mitraille le déchireront-elles bientôt comme les fouets et les clous ont déchiré votre chair sacrée.

« Peut-être notre fierté d'hommes et de Français sera-t-elle humiliée comme la vôtre par les chaînes et les opprobres dont la couvrira un ennemi vainqueur.

« Peut-être même, ô Jésus ! nous demanderez-vous de répandre tout notre sang pour la France comme vous avez répandu tout le vôtre pour l'humanité sur la croix de votre calvaire. Notre humilité accepte pleinement cette mort comme une expiation juste et salutaire de nos fautes.

« Notre foi voit dans une telle mort le dévouement héroïque à la plus belle des causes après celle de la religion, la cause de la patrie, le couronnement le plus glorieux de la vie d'ici-bas, l'entrée au paradis dans la cohorte des saints et des anges protecteurs de la nation française.

« Notre espérance attend de ces douleurs, de ce sang versé, de cette mort joints aux vôtres, une valeur de rédemption qui méritera à notre pays des grâces magnifiques de résurrection et de prospérité religieuse et sociale.

« Notre amour sera enfin heureux de vous rendre ce que vous nous avez donné : vie pour vie. Et ne pouvant mourir pour vous, nous sommes prêts à mourir du moins pour celle que vous aimez et qui vous aime : la France. »

XIII

MÉDAILLES ET MÉDAILLES

Il y a médailles et médailles. Les braves cités à l'ordre du jour sont fiers de leur croix de guerre. La médaille militaire et la croix de la Légion d'honneur les comblent de joie. La médaille religieuse est plus humble. Elle ne suppose pas d'exploits, mais souvent elle en inspire, et il est peu glorieux de la critiquer. On trouve très naturel de porter sur soi un médaillon représentant un être cher ou même un grand personnage. On approuve Énée d'avoir emporté de Troie le *palladium*, la statue protectrice de Pallas. Pourquoi, dès lors, reprocherait-on à un chrétien de porter un crucifix ou une médaille, une image du Christ, de la Vierge, d'un saint? C'est un souvenir d'un être que l'on vénère et que l'on aime. C'est un hommage qu'on lui rend. C'est enfin un gage de sa protection, un talisman, un palladium.

Les chevaliers portaient la croix sur leur armure en partant pour la croisade. Les Vendéens arboraient l'image du Sacré-Cœur que les révolutionnaires appelaient *la livrée du fanatisme*. En 1870, les zouaves du Pape, devenus les volontaires de l'Ouest, les héros de Loigny, reprirent sur ce point la tradition vendéenne.

Nos soldats d'Afrique et ceux de Crimée portaient la médaille miraculeuse. Cette médaille représente Marie étendant ses mains d'où tombent des pluies de grâces, et on y lit cette invocation : « O Marie conçue sans péché, priez pour nous qui avons recours à vous. » Elle avait été donnée par la sainte Vierge elle-même, en 1830, à une fille de saint Vincent de Paul, sœur Catherine Labouré. Elle a fait le tour du monde au cou de la France.

Bugeaud ne voulut jamais la quitter au cours de ses dix-huit campagnes. Un jour, sur le point de livrer bataille, il s'aperçoit qu'il l'a oubliée; il envoie aussitôt une estafette pour la chercher et, quand il l'a reçue, il ne craint plus d'engager le combat d'où il sort vainqueur.

Le maréchal de Saint-Arnaud la porte à l'Alma, La Moricière à Constantine, Pélissier et Canrobert en Crimée. Canrobert, avant de partir pour l'Orient, était allé offrir ses hommages à l'impératrice Eugénie. Celle-ci lui remit une médaille en lui disant : « Général, si vous portez cette médaille avec foi, elle vous protégera. » Or, un peu plus tard, il écrivait à l'Impératrice qu'elle avait été bonne prophétesse. Il avait reçu en pleine poitrine un éclat d'obus qui devait, sinon le tuer, du moins le blesser grièvement; mais l'airain s'était amorti sur le petit bouclier sacré.

Mais jamais nos troupiers n'ont montré plus d'avidité pour ces pieux emblèmes que pendant cette guerre. Ils voulaient tous en avoir au moins un. La plupart en avaient plusieurs. Ils en distribuaient à leurs camarades. Ils les épinglaient ostensiblement sur leur capote ou leur képi.

Au mois de septembre 1914, on voit entrer dans un café de la Guillotière, à Lyon, un colonial, la poitrine constellée de sept décorations. En présence de ces magnifiques états de service, le patron, le garçon, les consommateurs s'approchent familièrement les yeux pleins d'admiration. Bon enfant, le vieux briscard laisse passer ses médailles en revue. Il y en a de toutes les paroisses, du Tonkin, de Madagascar, du Maroc, etc. « Par exemple, ajoute le colonial, la septième n'est pas réglementaire; c'est la médaille de la sainte Vierge, mais elle ne fait de mal à personne. »

Un capitaine commandant dans un régiment de réserve de la Drôme écrit, le 24 octobre 1914, des tranchées de R..., à Mᵍʳ de Gibergues :

« Beaucoup de mes soldats portent sans respect humain une médaille de la sainte Vierge cousue sur leur capote... L'idée m'est venue de vous demander un petit paquet de médailles du Sacré-Cœur que je ferai distribuer par le sergent M... à ceux qui en voudront. »

M. Joseph G., prêtre-brancardier du diocèse de Vannes, écrit :

« Nos Bretons sont merveilleux de foi et de piété. Chaque dimanche, à 8 heures et 9 heures, nous disons des messes en plein air, dans la prairie qui avoisine notre ambulance. Les soldats du régiment de Lorient, qui ont leurs tranchées à quelques centaines de mètres à l'avant, y viennent très nombreux. *Tous portent, au képi ou sur la capote, l'image du Sacré-Cœur, avec une médaille de sainte Anne.* A la messe, tous se tiennent admirablement ; ils prient avec une grande piété, et c'est sans respect humain qu'ils récitent le chapelet qu'on leur a donné avant le départ de la maison. »

Un jeune homme de l'Ardèche blessé affirme que tous les soldats sans exception qu'il a vus au front portent des médailles, y compris les instituteurs laïques.

Évidemment le port d'une médaille n'est pas une condition suffisante pour entrer au ciel ; mais c'est un acte de foi et de piété qui attire la grâce ; c'est un signe de cette bonne volonté religieuse à laquelle les anges de Bethléem ont promis la paix ; et l'on sait quelle est cette paix que Jésus apporte avec lui : *pax hominibus bonæ voluntatis*.

En tout cas, un usage si spontané, si universel, de la part de plusieurs millions de soldats prouve que la foi n'est pas morte en France. Ni les Belges qui ne croyaient guère à la piété des Français et ne se gênaient pas pour nous reprocher « notre irréligion », ni les Anglais, ni les Allemands eux-mêmes ne se sont mépris sur la signification de ces insignes et des actes religieux qu'ils ont observés chez nos hommes.

Vers la mi-août, une brigade de cuirassiers occupe Honnay, près de Namur, en Belgique. La veille de l'Assomption, depuis le matin jusqu'à la nuit, six prêtres entendent les confessions. Le lendemain la communion est générale. Les Belges n'en revenaient pas. Un des prêtres présents, le R. P. Petit, missionnaire du Saint-Esprit d'Aix-en-Provence, les entendit s'exclamer : « On nous avait dit que les Français n'avaient pas de religion ; mais nous voyons bien que c'est faux. Nous les avons vus en manches de chemise, et presque tous portaient ostensiblement médailles et scapulaires. »

Un grand nombre de soldats ont éprouvé la protection de leur chère médaille et sont persuadés qu'elle leur a sauvé la vie. Les faits analogues à celui que Canrobert racontait à l'impératrice abondent. Nos hommes les appellent carrément des miracles. Le mot est un peu fort, et l'Église, sagement sévère, ne l'admettrait pas pour des faits de ce genre dans un procès de canonisation. Mais nous sommes ici à cette limite délicate où il est bien difficile de distinguer la nature et le miracle et où la piété populaire va plus vite que la théologie. Il est du moins bien permis d'y reconnaître le *digitus Dei*, une gracieuse intervention de la Providence, une marque de la protection d'en haut.

Voici quelques-uns de ces faits cueillis au hasard. Dans un hôpital auxiliaire du diocèse de Saint-Brieuc, le major présente un blessé à Mgr Morelle. « Celui-ci, dit-il, offre une particularité; » et, soulevant la capote, il découvre une médaille bénite coupée en deux par une balle prussienne. « Sans ce minuscule bouclier, c'était probablement la mort[1]. »

[1] *Semaine religieuse de Saint-Brieuc*, 16 octobre 1914.

Un soldat écrit qu'il a été miraculeusement préservé au moment où son curé célébrait la messe de la fête de Jeanne d'Arc. « Une balle vient me frapper sur la poitrine à hauteur du sein gauche et, déviant, me perce la main et va s'abîmer contre le mur. A mon idée, la balle a été déviée par un Sacré-Cœur et deux médailles fixés à la place où elle a frappé, car sans cela elle avait assez de force pour pénétrer. C'est bien grâce à Dieu si je suis encore en vie; aussi je ne l'oublierai jamais. »

Un autre écrit de Perpignan, le 14 septembre 1914 :

« J'ai été blessé près d'un bois du côté de Lunéville. Cette blessure est, paraît-il, des plus intéressantes pour les médecins qui la soignent, et les Dames de France ne me nomment que le *Miraculé*. Les médecins sont unanimes à dire comme elles. La balle est entrée sur le devant du cou, frôlant quelques nerfs du bras gauche, et elle est ressortie au-dessous de l'épaule sans toucher ni le poumon ni la gorge. La chaîne de ma chère médaille de la sainte Vierge a été brisée par la balle. Je suis convaincu que je dois la vie à la sainte Vierge[1]. »

---

[1] *Semaine catholique de Toulouse.*

D'une lettre d'un officier :

« Un obus éclate. Un morceau frappe en plein cœur un de mes brigadiers, perce et brûle sa tunique, son livret, sa chemise, sa flanelle et s'arrête, après l'avoir faussée, sur une médaille de la sainte Vierge. »

La franc-maçonnerie s'est émue du spectacle de tant d'hommes armés de médailles. Elle y a vu une arme dangereuse. Pour qui, grand Dieu ! Une circulaire a recommandé de ne point exercer de pression sur les hommes pour leur faire accepter des emblèmes religieux. Rien de plus juste que ce souci, s'il avait été fondé. Mais c'est très spontanément que nos soldats acceptent les médailles; ils les demandent même et sont très ennuyés quand ils n'en peuvent obtenir.

Ici se place un épisode curieux. Des musulmans de passage dans la gare de Paray-le-Monial, où de pieuses dames offraient des scapulaires du Sacré-Cœur à nos soldats, en demandèrent eux aussi. On les leur refusa, pour n'avoir pas l'air d'exercer, même de loin, une pression religieuse sur leur conscience. Les chers mécréants en furent tout attristés, mais trouvèrent bientôt un moyen ingénieux de se procurer l'emblème convoité.

Quelques jours après, en pleine bataille, sous une pluie d'obus, un capitaine donne l'ordre aux turcos de s'emparer d'une position dangereuse. Ils refusent de marcher. L'officier, qui connait de longue date leur discipline et leur courage, n'en croit ni ses yeux ni ses oreilles, lorsque les moricauds lui disent :

« Nous vouloir petits Jésus comme les blancs. Petits Jésus protéger nous et nous marcher au feu ! »

L'officier répond qu'il n'a pas de petits Jésus. Qu'à cela ne tienne ! Les turcos ont tout prévu ; ils font remarquer au chef que chaque blanc en a plusieurs. Vite les blancs se dépouillent de leur surplus en faveur des braves sidis, qui, après avoir épinglé les petits Jésus sur leur poitrine, bondissent comme des gazelles et se battent comme des lions.

Qui sait si le petit Jésus n'a pas eu des miséricordes pour ces pauvres grands enfants, qui lui ont souri avant de mourir?

XIV

LE SACRÉ-CŒUR, JEANNE D'ARC ET SAINT MICHEL

Nous avons eu dans cette guerre la fortune inespérée de voir de vaillants alliés combattre à nos côtés. Nous les avons acclamés ; nous leur devrons beaucoup. Mais nous avons au ciel des alliés encore plus dévoués et plus puissants. Après le Christ, qui, suivant le mot de François Ier, s'est toujours montré « bon Français », après la Vierge, qui est vraiment la Reine de France, ce sont saint Michel, l'ange gardien de notre nation, puis les saints et saintes qui ont vécu chez nous, qui ont protégé notre pays aux heures critiques et ont vraiment mérité, si j'ose dire, un certificat de civisme et de patriotisme français. Ce sont, pour nous en tenir à ceux qui ont obtenu un culte national et populaire, saint Denis avec son oriflamme, saint Martin avec sa chape bleue, saint Remy, saint Louis, sainte Geneviève, sainte Clotilde, la bienheureuse Jeanne d'Arc et la bienheureuse Marguerite-Marie[1]. On pourrait leur adjoindre saint Joseph, qui suit toujours Jésus et Marie et que la France a magnifiquement honoré par la voix de saint Bernard et de Bossuet; saint Pierre, le chef de cette Église dont la France est la fille aînée; le grand empereur que les Allemands nous disputent en vain, mais que Jeanne d'Arc revendiquait comme un protecteur de la France, et appelait saint Charlemagne; saint Vincent de Paul, le héros de la charité française et le patron de la charité universelle; d'autres encore peut-être.

Si ces grands saints aiment notre pays, ils aiment aussi ses défenseurs. Ils demandent à Dieu la victoire pour ceux qui survivent aux combats, et le paradis pour ceux qui tombent au poste d'honneur. On sait quelle tendresse Jeanne d'Arc avait pour ses soldats; elle l'a certainement encore pour ceux de notre temps. Elle ne pouvait voir sans frémir couler le sang de France; aujourd'hui qu'il coule à flots, comme elle doit bénir ceux qui le versent si généreusement!

Le plus grand ami de notre pays, c'est le

---

[1] Dans *Nos alliés du ciel*, j'ai exposé, avec le *patriotisme* de ces saints, les titres qu'ils ont à notre gratitude et à notre confiance nationales. (Paris, Lethielleux, 1915.)

Christ lui-même. Nos pères le reconnaissaient quand ils écrivaient en tête de la loi salique : « Vive le Christ qui aime les Francs ! » Ainsi le cœur aimant de la France ne s'y est pas trompé. C'est le Christ avec son amour, et par conséquent avec son Cœur, qu'elle a d'abord entrevu à travers l'Évangile. C'était comme une divination, une intuition de la grande dévotion qui devait jouer un rôle si considérable dans ses destinées. Le Sacré Cœur nous bénissait à Tolbiac, à Reims, à Vouillé. Le nom n'y est pas sans doute ; l'adorable réalité y transparaît.

Ce divin Cœur a toujours montré une prédilection ou, comme Léon XIII le disait au cardinal Langénieux, *un amour privilégié* pour notre pays. C'est à une vierge française, Marguerite-Marie, qu'il s'est révélé pour être par elle présenté à l'Église et à toutes les nations. Il appelait le roi de France, c'est-à-dire l'homme qui incarnait officiellement la France, *le fils aîné de son Cœur.* Il lui demandait d'être peint sur nos étendards, afin de les rendre victorieux.

De son côté, la France lui a montré une reconnaissance attendrie. Mais jamais sa dévotion n'a joui d'autant de popularité dans une armée française que de nos jours. Les lettres du front abondent où le nom du Sacré-Cœur est prononcé avec confiance, avec piété, dans un cri du cœur. Le premier vendredi du mois, jour qui lui est consacré, est marqué par de nombreuses communions. Sa fête, le 11 juin 1915, a été célébrée avec éclat. Un aumônier franciscain écrit ce jour-là :

« A 6 heures ce matin, j'ai eu le bonheur de distribuer le précieux Corps de Notre-Seigneur à plus de deux cents soldats. Mais ce n'est que le commencement. A 9 heures et demie, nous avons chanté la messe en plein air.

« Une magnifique allée de tilleuls, représentant une basilique à trois nefs, nous a servi d'église. Le colonel, les officiers, une multitude de soldats, caporaux et sous-officiers, en un mot une vraie foule grise, qu'aucune toilette féminine n'égaya ou ne vint distraire, assista pieuse et recueillie au saint sacrifice, pendant lequel un artiste violoniste sut nous faire penser aux heures déjà lointaines où régnait la paix. A la consécration, les clairons sonnèrent aux champs. Nous nous sommes tous consacrés au Sacré-Cœur, priant pour nous, pour nos camarades, nos blessés, nos prisonniers, nos familles et nos morts.

« Ainsi nous avons vécu de sublimes instants, en communion avec les chrétiens, qui, loin du bruit du canon, célèbrent les fêtes du *Corpus*

Christi et du Sacré-Cœur. Cette heure, passée auprès du Cœur de Jésus, nous a plus reposés que de longs mois de loisirs. »

Nous avons vu plus haut avec quelle joie nos soldats arborent le Sacré-Cœur. Voici, à cet égard, un trait d'une énergie et d'une beauté étrange, presque barbare :

« C'était à l'arrière. On distribuait à tous les hommes d'un régiment le petit drapeau portant le Sacré-Cœur de Jésus. Tous acceptaient avec empressement. Un seul cependant, un mécréant, le refusa. Et ils partirent. Quelque temps après, ils se trouvaient dans les tranchées de première ligne ; et, au moment de prendre part à un rude combat, chacun arbora fièrement à son képi ou sur sa poitrine le petit drapeau pieusement gardé.

« A cet instant, où peut-être la mort était proche, notre soldat demanda à un camarade de lui donner son insigne. Mais celui-ci et tous refusèrent. « Eh bien ! dit-il, je l'aurai quand « même ! » *Et, relevant sa manche, il traça sur son bras avec sa baïonnette l'image sanglante du Cœur sacré.* Et bravement il s'élança à l'attaque. »

Combien ont trouvé dans la dévotion à ce divin Cœur un réconfort et une source de grâces à leurs derniers moments ! Un jeune soldat mourant demandait que l'on envoyât à sa mère son image du Sacré-Cœur, derrière laquelle il avait écrit ces mots : « *Ayez une grande reconnaissance envers Celui qui est peint sur ce pauvre papier. Il a donné de grandes consolations à votre enfant*[1] *!* »

La dévotion envers la très sainte Vierge, Notre-Dame de France, Notre-Dame des armées, éclate tellement parmi nos soldats que nous consacrerons un chapitre à part à ses manifestations.

La confiance qu'ils témoignent à Jeanne d'Arc n'est pas moins touchante. Elle est, à leurs yeux, la fleur de notre race, la sainte de la patrie, l'incarnation radieuse du patriotisme, leur sœur aînée, leur protectrice, leur invisible généralissime. Ils ont célébré sa fête, en mai 1915, avec une ferveur enthousiaste.

« D'un bout du front à l'autre, cette année, la fête de Jeanne d'Arc a été la fête de la patrie, la fête de l'armée surtout. Partout les officiers et soldats se sont groupés autour de leurs prêtres, priant à haute voix, chantant des cantiques, heureux de l'éclat inaccoutumé qu'empruntait à cette circonstance la messe dominicale[2]. »

[1] Raconté par un aumônier. (*Semaine religieuse d'Autun.*)
[2] *Semaine religieuse de la Rochelle*, 26 juin 1915.

Un aumônier militaire, M. l'abbé Le Douarec, écrit à M⁰ʳ Morelle :

« Je ne doute pas que Votre Grandeur n'ait vu à Saint-Brieuc, dans la vieille cathédrale, un immense concours de peuple pour la fête de Jeanne d'Arc ; mais je doute qu'elle y ait vu une assistance plus pressée et plus pieuse que celle qui faisait craquer les murs de notre église dévastée. Et des hommes ! rien que des hommes ! Des soldats ! rien que des soldats, de tous grades et de tous costumes ! Ah ! Monseigneur, si vous aviez pu les entendre chanter le refrain de la cantate à la Bienheureuse ! C'était un chœur inoubliable. J'ai vu et entendu les foules de Lourdes ; elles ne m'ont pas fait une impression aussi profonde que les foules militaires[1]. »

Des mineurs de la Loire ont creusé, à six mètres, sous terre, une crypte qu'ils ont appelée « la chapelle de Jeanne d'Arc ». Elle a trois mètres sur sept et peut donner place à vingt soldats. Ils l'ont décorée avec amour d'un mobilier pris, hélas ! aux ruines de l'église voisine ; et, derrière l'autel, on a tendu, en guise de rétable, un magnifique drapeau tricolore en belle soie de Lyon, cadeau d'un officier[2].

[1] *Semaine religieuse de Saint-Brieuc*, 16 juillet 1915.
[2] *Semaine religieuse de Toulouse*. Lettre de l'abbé T. à M⁰ʳ l'évêque d'Angers.

Dans un hôpital de Thionville, un petit soldat meurt de ses blessures en s'écriant : « Jeanne d'Arc, sauvez la France ! »

En même temps que Jeanne la libératrice, on invoque saint Michel. Son nom revient souvent dans des lettres que nous avons eues sous les yeux, toujours invoqué avec une grande foi patriotique. Un capitaine de cavalerie raconte, le 14 avril 1915, qu'au début d'une action très vive il invoqua saint Michel, en lui demandant de protéger *tous ses hommes*. Il enleva une position minée avec sept cents kilos de mélinite, et s'y maintint pendant cinq ou six heures, sans qu'un seul de ses hommes fût tué. Un seul fut légèrement blessé, tandis que la mort fauchait tout autour d'eux ! Explique qui pourra. Le brave capitaine, lui, n'est pas embarrassé et désigne saint Michel comme le sauveur de sa compagnie.

C'est ici le lieu de rappeler un fait extraordinaire arrivé en 1870. Au mois d'octobre de cette année, Mgr Bravard, évêque de Coutances, dit à trente soldats, réunis au Mont-Saint-Michel : « Je me crois autorisé à vous donner rendez-vous ici *à tous*, après la guerre. » Ces hommes furent, pendant des mois, exposés à tous les dangers, notamment aux combats de la forêt d'Orléans et de Beaune-la-Rolande.

Aux heures critiques, tandis que le feu décimait leurs camarades, ils disaient, comme ils l'avaient promis : « A nous, saint Michel ! » Or, pas un ne fut tué ni blessé !

Une vague de confiance a soulevé les cœurs en la fête de saint Michel, 29 septembre 1915. C'est ce jour-là que la grande offensive, déclanchée depuis quatre jours en Artois et en Champagne, atteignit son point culminant et apparut comme le prélude d'une action plus importante encore.

Dans la pénombre de Jeanne d'Arc une autre vierge française apparaît, discrète, mystérieuse, douce comme un sourire du ciel : c'est la petite sœur Thérèse de l'Enfant-Jésus. Le moment n'est pas venu de dire le culte de reconnaissance que lui ont voué nos combattants. Qu'il nous suffise de noter que sa pensée les soutient, et que beaucoup aimeraient à signer cette jolie silhouette que traçait d'elle un soldat breton :

« *Sœur Thérèse de l'Enfant-Jésus et de la Sainte-Face, nouvelle Jeanne d'Arc des temps modernes, s'est plu à me revêtir de sa cuirasse céleste. Je me suis confié à elle. Elle aimait beaucoup la Pucelle ; ses cantiques à l'héroïne prouvent qu'elle était guerrière, elle aussi. Il me semble qu'elle chevauche devant nos troupes.* »

XV

LE CRUCIFIX AUX MAINS DES MOURANTS

Le point culminant de la vie chrétienne, c'est l'amour de Dieu. Il nous transfigure, il nous divinise, il nous élève au-dessus de notre nature et de nos faiblesses. C'est l'aigle que Dante voyait descendre des sphères de feu et emporter les âmes sur ses ailes jusqu'à l'empyrée. C'est lui, en effet, qui nous ouvre le ciel. Or, il y a trois grandes dévotions particulièrement propres à nous inculquer cet amour de Dieu : celles de la Passion, du Sacré-Cœur et de l'Eucharistie. Au dire des maîtres de la vie spirituelle, ce sont les dévotions maîtresses, sanctifiantes par excellence, les gages les plus efficaces de prédestination. Or, elles se sont épanouies pendant cette guerre avec une incroyable magnificence.

La dévotion à la Passion est la dévotion des âmes fortes et profondes. Dans les sombres jours que nous traversons, elle semble particulièrement adaptée à la situation des chers soldats qui ont leur Calvaire à gravir comme le

Christ. Le Crucifix parle à ces crucifiés de la terre. Un rayon émane des plaies divines qui adoucit leurs plaies.

Un brave enfant de l'Armagnac y trouve un réconfort, comme il l'écrit à son oncle :

« Le soldat français n'a pas le droit de se décourager; il n'a même pas le droit d'être triste. Ah! oui, 'l est dur, j'en conviens, d'être privé, — depuis bientôt une année, — des douceurs de la vie civile, de subir jour et nuit toutes les intempéries et, pour les amateurs des plaisirs d'ici-bas, d'être sans cesse talonné par la crainte de la mort. Mais, pour le soldat chrétien, ces peines sont supportables; car il se souvient que, pour lui, le Christ a enduré des souffrances plus cruelles. La mort, il ne la craint pas, car il est prêt à accepter la volonté divine, sachant très bien qu'il sera récompensé des souffrances qu'il endure. »

Ernest Duplessis, de la Nièvre, tombé, le 17 juin, à Notre-Dame-de-Lorette, fait l'admiration de ses camarades par sa charmante piété et sa délicatesse. Lui aussi trouve sa force au pied de la croix. La veille de la Semaine sainte, il écrit à ses parents :

« Enfin, dans nos souffrances, nous pourrons jeter les yeux sur Notre-Seigneur; et, en comparant ses douleurs endurées pour nous, les nôtres sont bien minimes. C'est donc chrétiennement que nous devons supporter les épreuves. »

André C..., de Chalon-sur-Saône, a dix-neuf ans. A force d'instances, il obtient de ses parents la permission de s'engager. Bientôt, envoyé au feu, il a la jambe gauche broyée. Deux fois, on la lui ampute, et il montre tout le temps un courage héroïque. Où le puise-t-il? Dans la contemplation du crucifix. Un jour il prend son Christ et le baise avec ferveur en disant : « Il a bien plus souffert que moi! » Puis il le donne à baiser à sa mère. Pensée délicate! C'était demander à cette vaillante chrétienne de se résigner, elle aussi, en pensant aux souffrances du Sauveur.

Marie-Lucien Gaillard, vingt-deux ans, gît dans son sang sur l'un des grands champs de bataille de la Marne. Il est tombé le 8 septembre au matin, il y est encore le lendemain soir, et voici le mot sublime qu'il écrit alors au crayon à ses parents :

9 septembre 1914, 5 heures du soir.

« Quand vous recevrez cette lettre, votre Daudou sera parti pour le ciel, ou bien c'est que des Allemands charitables l'auront ramassé sur le champ de bataille. Hier matin 8 septembre, vers 6 heures et demie, quand vous étiez à la messe, par une attention de la très sainte Providence, j'ai été atteint, en plein champ de bataille, par une balle qui m'a traversé la cuisse, et je suis tombé ; et à l'endroit même je suis encore, car, *par une ressemblance dont je suis très indigne avec mon doux Sauveur Jésus sur la croix, je suis vraiment cloué à ma croix, n'ayant pu bouger la jambe d'un seul millimètre.* Ma blessure me fait à peine souffrir quand je ne bouge pas, mais je souffre beaucoup de la soif. Mon moral est très bon, je n'ai aucune angoisse. *Mon crucifix devant moi, je prie et j'attends la volonté du bon Dieu. Vous savez qu'avant de partir j'avais fait le sacrifice de ma vie ; je l'ai renouvelé bien des fois depuis hier matin.* Je le renouvelle encore une fois avec tout ce qu'il plaira au bon Dieu d'y ajouter ou d'en retrancher.

« Je ne redoute pas la mort ; je l'ai vue et je la vois encore de trop près en ce moment. Elle n'a rien d'horrible, puisqu'elle apporte le bonheur.

« Vous-mêmes, je vous en prie, que votre chagrin soit silencieux, résigné et presque joyeux. Ma grande peine est de vous quitter, mais je sais vous retrouver bientôt… »

La lettre s'arrête là. Nous ignorons si ce terrible abandon dura longtemps encore. Nous savons seulement que le saint jeune homme put être enfin ramassé et que, transporté dans un train sanitaire, il expira en cours de route, le 13 septembre au matin. On ne trouve dans la vie des saints rien de plus émouvant que cette union intime, humble, amoureuse, d'une âme avec Jésus en croix.

Voici une autre agonie, elle aussi d'une grandeur saisissante, et où le crucifix joue encore le premier rôle.

Le 16 juin 1915 mourait un petit Savoyard de vingt ans, qu'on avait ramené du front de l'Yser couvert d'horribles blessures. Son bras droit et sa cuisse n'étaient qu'une plaie saignante, où l'os était presque partout à nu. Il souffrait atrocement. Au milieu de la nuit, il dit au prêtre infirmier : « Je ne respire plus. J'ai un fer rouge dans le bras; soutiens-le en l'air... Ah! tu es prêtre; eh bien, confesse-moi, donne-moi ton crucifix. » Et il prit le crucifix avec une indicible expression de tendresse. « Tu sais, infirmier, je suis chantre dans mon pays. J'ai chanté pour vous, ô mon Dieu; je vous aime de tout mon cœur. Délivrez-moi de mes souffrances; prenez-moi; je n'en puis plus! »

Il répétait avec ferveur les invocations que lui

suggérait le prêtre. Il voulut recevoir l'Extrême-Onction. Il se confessa avec une rare piété. Parfois la souffrance lui arrachait des cris ; il se les reprochait et disait : « Donne-moi ton crucifix. » Et alors c'étaient des colloques sublimes avec le Sauveur. « J'unis mes souffrances aux tiennes, Jésus, pour la France, pour maman, pour mes péchés. Sauve-moi, Jésus ; abrège ma souffrance, reçois-moi dans ton paradis. Que mon âme repose en paix ! »

Il parla de son père mobilisé, d'un de ses frères tué, d'un autre qui se battait, de sa mère qui n'arriverait pas à temps de la Savoie, et qu'il ne reverrait plus. Puis, tout à coup : « Camarade ! va à la fenêtre. Est-ce le jour ? Ah ! ce sera mon dernier jour ! Vois-tu le soleil ? Reverrai-je le soleil ? » Puis sa figure changea. Son agonie fut extrêmement douloureuse. Mais il ne cessait de répéter en regardant le Christ : « *Pour lui et pour la France !* » Et il s'éteignit doucement[1].

Et voilà encore une âme de petit Français qui monte par la voie douloureuse au plus haut sommet de la sainteté, et qui peut dire avec saint Paul : « Je suis crucifié sur la même

---

[1] Abrégé d'une lettre de M. l'abbé Marc, curé de Saint-Germain-sur-Avre, publiée par la *Vérité religieuse et sociale* de Brezolle (Eure-et-Loir).

croix que le Christ : *Christo confixus sum cruci.* » Et quelle poésie tendre et pure dans ce frais souvenir de son enfance : « *J'ai chanté pour vous, ô mon Dieu!* », et dans cet appel plaintif au soleil qu'il ne reverra plus! Quel Léon Gautier analysera l'âme de ces humbles frères de Roland et de Vivien et chantera cette chevalerie plus radieuse que celle du passé!

Jean-Marie Moaligou, petit Breton de Clohars-Carnoët, à peine âgé de vingt ans, va mourir de ses blessures. Au milieu de ses souffrances, il revient toujours à son crucifix. Un jour il l'élève bien haut dans la salle d'infirmerie et dit à ses compagnons : « C'est le Roi! C'est sur la croix que le Roi est mort, et c'est moi qui le porte. Au revoir, mes amis, soyez toujours de bons Français. »

Un autre jour, il prend encore son cher crucifix, il le baise plusieurs fois avec tendresse, ouvre sa chemise, le place sur son cœur, referme sa chemise et joint ses mains. La sœur, croyant à un acte irréfléchi, lui demande :

« Où est le crucifix?

— Sur mon cœur, » répond-il.

A son dernier moment, il le prend de nouveau, et majestueusement, lentement, le place sur sa tête, puis sur son front, comme pour s'imbiber de sa vertu; enfin il le met sur son oreiller et pose doucement sa tête sur le côté du Sauveur. C'est dans cette position qu'il s'endort, quelques heures après, du sommeil éternel.

C'est vraiment mourir en beauté! Après les morts des martyrs, nous ne connaissons guère de scènes plus émouvantes que ces trois agonies.

Parce que le crucifix est une source de courage, parce qu'il apprend à mépriser la mort, il est digne d'être notre étendard. Il porte ce nom dans le *Vexilla regis*. Il lui est arrivé un jour de remplacer le drapeau de la France et de conduire nos hommes à la victoire. Il s'agissait de prendre une tranchée ennemie. Au commandement : « Baïonnette au canon! » les zouaves bondissent; mais, balayés par un ouragan de balles, les uns tombent et les autres se replient. L'officier répète l'ordre. Pas un ne bouge. Il insiste. Alors un grand zouave s'élance, un crucifix à la main, au plus fort de la mitraille, criant : « En avant, camarades! » Une seconde de stupeur. Un cri terrible. Puis les zouaves électrisés se ruent au galop sur l'ennemi. Mitrailleuses, infanterie, tout est culbuté, la tranchée est prise; et le grand zouave, un prêtre-soldat, qui aurait dû mourir cent fois, est là, rayonnant, superbe, élevant toujours son cher drapeau, son crucifix victorieux, sur les créneaux conquis.

O crux, ave!

Oui, la croix est un signe de victoire. C'est le labarum des combats dont l'enjeu est le ciel. C'est pourquoi l'Église la plante sur les tombes de ses enfants, comme le gage de la paix éternelle qu'elle leur souhaite : *Requiescant in pace!*

Il y en a des milliers et des milliers de ces tombes où se dresse une simple croix sur l'immense cimetière de nos champs de bataille. Une voix en monte vers le Christ, la voix de nos morts qui lui doivent leur salut. Les soldats qui veillent dans les tranchées croient l'entendre dans la nuit, aux rares moments où le canon fait silence. Elle est calme et harmonieuse, à croire qu'elle vient plutôt du ciel :

« Salut, ô Croix, notre unique espérance, d'où découle le baume qui guérit les âmes blessées! Salut, ô signe de victoire qui ombrageas le front de Constantin, et dont nos pères portaient l'image sur leur cotte de mailles en partant pour la croisade! C'est toi qui nous as soutenus dans cette guerre et consolés dans nos souffrances. C'est pour toi que nous sommes morts, ô symbole de justice et d'honneur! »

Et la voix de Jésus leur répond, douce et forte, à faire tressaillir les étoiles :

« Dormez en paix, ô mes soldats! Vous avez bien combattu, en vrais chrétiens, en vrais Français, en vrais fils des croisés. Vous m'aviez offensé, mais vous avez pleuré vos fautes avec des larmes de sang, et je vous ai donné le baiser de paix. Et maintenant, jeunes vainqueurs de la mort et du péché, princes de mon royaume éternel, jouissez de la paix divine qu'aucune guerre ne viendra plus troubler. »

Voix des tombes, voix des croix, voix qui chantez ou sanglotez dans les nuits étoilées après les jours d'orage, vous parlez aussi à nos cœurs, et c'est une musique d'une douceur infinie que vous nous faites entendre:

> Vous qui pleurez, venez à ce Dieu, car il pleure;
> Vous qui souffrez, venez à lui, car il guérit;
> Vous qui tremblez, venez à lui, car il sourit;
> Vous qui passez, venez à lui, car il demeure.

Ce qui passe, c'est la douleur; ce qui demeure, c'est la gloire avec le Christ.

O crux, ave !

XVI

NOTRE-DAME DES TRANCHÉES

Un des gages de prédestination qui doivent nous donner le plus de confiance dans le salut de nos chers soldats, c'est leur dévotion filiale envers la sainte Vierge. Toutes les grâces ont, en somme, pour but final notre bonheur éternel ; or, elles passent toutes par les mains de Marie. On ne va pas au ciel sans Marie, et avec elle on est sûr d'y aller. Aussi, quand un chrétien la prie et lui donne des marques d'amour, elle ne se laisse pas vaincre en générosité. La mère toute miséricordieuse, comme elle s'appelait elle-même à Pellevoisin, fait pleuvoir sur lui les grâces de conversion, s'il en a besoin, et les grâces de sanctification, s'il a déjà rompu avec le péché. Par là, elle l'attire doucement au paradis.

Mais c'est surtout à nos derniers moments que la protection de Marie se fait sentir. Elle veille autour de nous, chassant le démon qui essaye de nous faire tomber dans un dernier piège, et de là en enfer. Aussi, n'est-ce pas sans raison que l'Église met chaque jour sur nos lèvres l'humble et confiante invocation qui termine l'*Ave Maria :* « Sainte Marie, mère de Dieu, priez pour nous, pauvres pécheurs, maintenant et à l'heure de notre mort. »

Or, un instinct filial, surnaturel, qui est déjà une grâce, pousse nos soldats à aimer, à honorer, à prier Marie avec une inébranlable confiance. Sa vue, sa pensée dit mille choses très douces à leur cœur. Ils sont hommes, tristes et faibles dans cette vallée de larmes, et elle est la mère que Jésus a donnée à tous les hommes : *Ecce mater tua!* Ils sont baptisés, et elle est le Secours des chrétiens : *Auxilium christianorum!* Ils souffrent dans leur chair et dans leur cœur, et elle est la Consolatrice des affligés! Ils ont péché, et elle est le Refuge des pécheurs! Ils craignent la Justice éternelle, et elle est la Mère de miséricorde. Ils vont mourir, et elle est la Porte du ciel! Tous ces titres de Marie qu'ils ont entendus dans les litanies reviennent doucement chanter dans leurs mémoires, quand ils s'endorment ou tâchent de s'endormir le soir après une journée de dangers, à la veille d'une journée plus tragique peut-être, et ils répètent tout bas, comme des mots de caresse et d'espoir : Refuge des pécheurs, Consolatrice des affligés, Secours des chrétiens, Mère de miséricorde, Porte du ciel, ô Notre-Dame, veillez sur nous !

Ils ont d'ailleurs des raisons professionnelles de l'invoquer. Ils sont soldats, et elle est la Vierge guerrière, Notre-Dame des armées. Ils combattent pour la France, et elle est la Reine de France. Ils combattent pour la Justice, et elle est le Miroir de justice. Ils ont devant eux un ennemi redoutable, mais elle est terrible comme une armée rangée en bataille. Ils veulent vaincre ou mourir, et elle est Notre-Dame de la Victoire. Ils se rappellent que la plus glorieuse victoire de la première année de la guerre, celle de la Marne, s'est déroulée dans la fête et l'octave de sa Nativité, et ils lui en demandent d'autres plus éclatantes.

En octobre 1914, dans nombre de cantonnements et même de tranchées, ils font leur mois du Rosaire. Un ecclésiastique brancardier de Toulouse leur rend ce témoignage :

« Nos troupiers sont aussi admirables de piété au repos qu'ils sont beaux au combat, où ils se battent comme des lions.

« Jamais les hommes de France n'avaient suivi le mois du Rosaire comme ils le font ici, au son du canon. Tous les soirs nous sommes plusieurs milliers dans l'église de notre village... Lundi, messe pour les soldats du régiment tombés au champ d'honneur. Le général et le colonel se sont avancés vers la table sainte. »

Connaissez-vous Notre-Dame du Bocqueteau? Non, n'est-ce pas? Il est vrai que son pèlerinage est si jeune! En Lorraine, le 11 janvier 1915, un soldat à l'âme poétique découvre dans un bois une gentille petite source limpide. Il en sort un ruisselet qui filtre à travers les cailloux et va se jeter dans un ruisseau, formant une cascatelle à côté d'un saule. L'endroit est délicieux. Le soldat y installe une statue de Notre-Dame dans le creux d'un arbre. Une petite chapelle rustique y est aménagée. Depuis lors, tous les régiments qui passent s'y agenouillent. Les soldats et officiers y mettent leur nom sur un registre, souvent avec des réflexions charmantes. Le fondateur, dans une lettre du 19 septembre 1915 publiée par la *Croix de Saintonge*, exprime le vœu que le joli pèlerinage, où tant de petits soldats ont prié la bonne Vierge avant d'aller mourir, survive au fracas de la guerre.

En mai 1915, le mois de Marie fut partout célébré avec solennité. Beaucoup de sections installèrent une statue de la Vierge dans leurs tranchées. Un jour, des soldats allaient se faire photographier devant la porte de leur souterrain, quand l'un d'eux jeta un cri : *Ah! mais, et notre sainte Vierge!* Il va aussitôt la chercher et la place au milieu du groupe sur un piédestal de sacs et de fusils. *C'est que, voyez-vous,* explique-t-il au photographe, *c'est la protectrice de l'escouade!* Et puis, n'est-ce pas, elle avait été à la peine, il fallait bien qu'elle fût à l'honneur, comme aurait dit Jeanne d'Arc, la grande sœur[1].

Au 21e territorial, des hommes baptisent leur statue du nom de *Notre-Dame des Tranchées*. A trois cents mètres des Allemands, au fond de leur gourbi, ils lui dressent un autel où ils entretiennent pendant trente jours de jolies fleurs cueillies sous les yeux des barbares, et ils font chaque soir l'exercice du mois de Marie à ses pieds[2]. De temps en temps, il en manque un à l'appel. Il est tombé dans la journée. Mais vous pensez bien, et ses camarades n'en doutent pas, que la bonne Vierge a cueilli son âme, pour en orner son autel des cieux.

Notre-Dame des Tranchées, voilà un vocable pittoresque et touchant qui méritait de voler comme un signe de victoire sur tout le front, et je serais bien étonné qu'il n'y eût pas fait for-

[1] D'après une lettre d'un témoin, M. l'abbé Jules de La Celle, du diocèse de Moulins, aumônier au 7e Corps
[2] D'après le récit de M. l'abbé Boudon, aumônier, publié par la *Semaine catholique de Séez*.

tune. M§r Bardel, évêque de Séez, qui a raconté ce pieux épisode dans sa cathédrale, en a éloquemment fait ressortir le caractère et a recommandé aux familles de prier Notre-Dame des Tranchées pour leurs chers absents.

Mais, le plus souvent, c'est Notre-Dame des Armées ou Notre-Dame de France ou Notre-Dame des Victoires ou Notre-Dame de Lourdes que l'on invoque. Avec quel empressement on se rend aux pieux exercices ! Dès qu'on arrive au cantonnement, la première question que l'on pose est celle-ci : « A quelle heure la prière ou le mois de Marie[1] ? » Et, à l'heure dite, les enfants de France se pressent autour de leur Mère du ciel. Avec quel entrain, ils entonnent l'*Ave Maris Stella*, le *Salve regina*, ou les vieux cantiques de leur enfance ! Parfois, ils chantent leur Reine dans un cadre plus grandiose encore. Quelle émouvante poésie dans ce récit publié par la *Croix* !

« A la fin de la messe militaire, nous avons chanté *Notre-Dame de France*, de Gounod, et il n'y avait guère de regards secs dans l'assistance.

« Je l'ai cependant entendu chanter de façon plus impressionnante. C'était une nuit, aux

[1] Lettre de M. l'abbé E. R., infirmier, à Mgr Campistron, évêque d'Annecy.

tranchées. Nous avions été attaqués, et pendant trois quarts d'heure ce fut un bruit épouvantable. Les marmites boches qui éclataient autour des boyaux, les 75 et les 120 courts et longs, les fusils, les grenades à main, les cris des assaillants et les nôtres, tout cela faisait un joli tapage. Puis, l'attaque repoussée, le calme était revenu complet. Alors, dans la nuit, chanté par une voix magnifique, monta le premier couplet :

O vous que Dieu bénit entre toutes les femmes,
Etoile dans la nuit de mon humilité.

« Je défie qui que ce soit de trouver une mise en scène plus impressionnante. Puis ce fut le refrain qui, de toute la tranchée, sur plus d'un kilomètre, *éclata* (le mot n'est pas trop fort) :

Nous avons mis en vous toute notre espérance ;
Daignez nous protéger, Notre-Dame de France.

« Je n'espère jamais rien entendre de plus beau et de plus saisissant. Toute l'âme de nos soldats, toute leur foi en celle qui nous donnera la victoire, se manifestait là, sans contrainte et sans respect humain. »

Par milliers et par milliers, les lettres nous arrivent du front pleines de témoignages d'amour envers Notre-Dame, mêlés aux plus fiers sentiments patriotiques.

« Si je meurs, écrit le sergent G. V., de Mende, soyez sûrs que je tomberai en brave sur le champ de bataille, l'image de Notre-Dame des Victoires et de la médaille miraculeuse sur mon cœur. Si elles ne me protègent pas sur la terre, c'est que la Vierge veut appeler son enfant au ciel pour qu'il veille mieux encore sur les vieux parents quittés.

« Parti en état de grâce, je marcherai sans peur, puisque je serai avec Dieu. La mort ne peut plus m'effrayer. Dès maintenant, j'offre ma vie en esprit de sacrifice.

« Ne pleurez pas ma perte. Quelles joies vous aurait réservées mon existence !

« Je veux mourir en héros, en pensant à Dieu, à la France, à mes chères affections[1]. »

Peu de temps après, il mourait, en effet, en héros et en enfant de Marie. Qui pourrait douter de l'accueil que lui a fait sa Mère ?

Même note de piété mariale dans cette lettre communiquée par Mme Ed. B... à la *Croix* :

« Ma chère tante.

« J'aurais voulu déjà te remercier de la médaille que j'ai bien reçue et que je porte con-

[1] Lettre citée par la *Semaine religieuse de Mende*, 5 juin 1915.

tinuellement sur moi ; j'y ai une très grande foi.

« Chaque soir, j'adresse à la sainte Vierge une prière et chaque soir j'y trouve un réconfort et une source de courage et d'espérance (que j'ignorais jusqu'alors) qui m'aident à supporter toutes les fatigues de la guerre. »

D'un soldat de P... (Hérault), à son frère, territorial :

« J'ai vu sauter des mines. Les sections qui occupent ces emplacements sont parfois à peu près anéanties. Mais je te dirai que je n'en tiens aucun compte. *Je confie mon âme au grand saint Joseph, patron de la bonne mort,* comme si je ne devais plus me réveiller, et puis advienne que pourra !

« Ce terrible gâchis, effrayant pour certains, ne me coupe nullement l'appétit. Pendant ces longues journées et ces nuits sans fin, je fume, je lis et prie notre *bonne Mère* du ciel. »

C'est la Vierge qu'on invoque dans les suprêmes détresses. Deux petits soldats gisent côte à côte blessés, sanglants, sur le champ de bataille. L'un d'eux sent qu'il va mourir ; il dit à son camarade :

« Il n'y a pas de prêtre par ici ?
— Non.
— Je ne veux pourtant pas partir comme ça... Sais tu une prière ?

— Oui, un peu. »

Et il dit lentement les paroles du « Notre Père » et du « Je vous salue, Marie », que l'agonisant répète avec ferveur. Mais la vie s'en va. Le cathéchiste improvisé ajoute : « Dis avec moi : Bonne Vierge, sauvez-moi ! » L'autre murmure cette invocation et il meurt. Qui peut douter que la Bonne Vierge ait regardé avec tendresse ces deux petits mourants qui, abandonnés de tous, se jetaient si naïvement dans ses bras?

Le lieutenant de La Forêt-Divonne a eu la cuisse droite brisée par un obus. Il reste toute la nuit baigné dans son sang sur une gerbe de blé. Mais tout le temps il pense à la sainte Vierge et à la France. Le sergent T., couché à côté de lui, l'entend invoquer Notre-Dame des Victoires. Emporté par les Allemands, il meurt trois jours après, le 26 août 1914.

« C'était un saint, écrit son compagnon. Quel accent profond partait de son cœur quand il parlait de la Vierge, sa mère! Il me disait sur sa gerbe de blé : « La sainte Vierge a permis que je fusse blessé un samedi ; c'est qu'elle veut m'avoir dans son ciel. »

D'autres lui attribuent leur salut. Le capitaine S. écrit à son frère :

« Me voici de nouveau au pays des marmites. Je n'ai pas revu sans émotion les parages où, grâce à la sainte Vierge, ma compagnie a été épargnée. La chapelle de Lorette a été détruite il y a quatre mois par le bombardement boche ; mais la Vierge sainte y est toujours et m'a miraculeusement sauvé. Plus tard, nous viendrons en pèlerinage dans son sanctuaire reconstruit et je te ferai constater qu'il y a eu un vrai miracle. On ne conduit pas deux cents cinquante hommes sous un bombardement en arrosage de 77 et 105, même de 155, sans écoper tant soit peu ; moi, rien. »

Un sous-lieutenant raconte à M. le curé de Boulogne-sur-Gesse comment, cerné avec ses hommes par l'ennemi, il leur recommanda d'invoquer la sainte Vierge, et s'élança avec eux sous une rafale de balles. Arrivé dans la forêt, il les compte. Aucun ne manque. Aucun n'a été touché. Quand il rejoint sa compagnie, il répond à son lieutenant qui le félicite les larmes aux yeux : « Mon lieutenant, c'est la sainte Vierge qui nous a sauvés. » Un sergent lui prit la main et lui dit : « Je n'étais pas croyant, mais désormais je le serai[1]. »

[1] *Semaine catholique de Toulouse*, 25 octobre 1915.

XVII

LE CHAPELET, ARME DE VICTOIRE

L'insigne des enfants de Marie, leur arme de victoire contre le démon et autres ennemis, c'est le chapelet.

Les esprits forts sourient du chapelet : en quoi ils ont cent fois tort. C'est un symbole de notre attachement à la très sainte Vierge, un insigne qui vaut bien pour nous le collier de l'Annonciade ou de la Toison d'or. C'est un instrument régulateur qui rythme notre prière sans gêner son vol. C'est un hommage rendu à la Reine du ciel, un appel prolongé à son Cœur. Par suite, il attire sur nous ses bénédictions. Comme toute prière, c'est une force, une source d'énergie morale, une arme. Simon de Montfort reçut cette arme de saint Dominique et par elle remporta la victoire de Muret sur la barbarie albigeoise.

Ils sont légion ceux qui portent précieusement leur chapelet dans leur poche et qui sont heureux de s'en servir. Écoutez ce qu'ils nous en disent.

Un Aixois, B. A..., caporal au 55e, écrit à un ami :

« Je pense à vous, le chapelet à la main... Le soir, lorsque la faction m'oblige à veiller, je ne suis pas seul. Je passe ainsi dans la prière les heures qui s'écoulent plus rapidement. »

Un soldat du 106e, blessé à Longuyon :

« Dans ma compagnie, nous avions un prêtre-soldat. Tous les jours il disait sa messe, à 3 heures du matin, à l'église du village le plus proche, et c'est notre capitaine qui la lui servait. Quelques camarades y assistaient, heureux d'y recevoir la sainte communion. Les dimanches, la messe se disait un peu plus tard, et l'église était toujours pleine de soldats. Tous ont leur médaille-scapulaire, et beaucoup, avant de s'endormir, ou entre deux alertes, dans les tranchées, tirent leur chapelet. »

Ailleurs, ce sont cinq cents Bretons qui se sont mis au chapelet quotidien. Chaque soir, avec l'autorisation du colonel, ils le disent avec ferveur devant une reproduction de la Grotte de Lourdes.

Pour quelques-uns, le chapelet est plus qu'une arme morale; ils sont persuadés qu'ils lui doivent la victoire ou la vie.

Un sergent décrit une terrible mitraillade à laquelle il a échappé, et il conclut :

« Maintenant, je vais dire un chapelet de remerciement à la très sainte Vierge qui m'a préservé une fois de plus. »

Voici un autre exemple :

« C'était dans la tranchée. On était arrosé copieusement par les obus. Le péril était indéniable, imminent. Malgré la présence d'un officier notoirement incroyant, quelqu'un propose de recourir à la prière. On commence la récitation du chapelet. Elle n'est pas achevée que la pluie d'obus a cessé. Il y eut un vaincu pourtant. Il courbait la tête le lendemain sous la main du prêtre qui l'absolvait. *C'était l'officier incrédule terrassé par la grâce*[1]. »

Bien souvent, parmi les menus objets qu'on renvoie aux familles après la mort d'un des leurs, il y a un chapelet. Avec quelle émotion on le reçoit! Avec quel respect attendri on baise ces humbles grains que les doigts aimés égrenaient peut être encore quelques instants avant la mort.

M. l'abbé A. B., brancardier, donne de vive voix à un soldat des nouvelles de son frère qu'il a vu enterrer :

---

[1] Récit d'un officier blessé. (*Semaine religieuse de Saint-Brieuc*, 16 octobre 1914.)

« Il avait la moitié du crâne emporté... Nous avons trouvé sur lui son chapelet.

— Ah! il avait son chapelet! »

Et il se mit à pleurer silencieusement.

« Oh! je dirai à ma mère que mon frère avait son chapelet et qu'un prêtre a dit des prières sur sa tombe. Ça va adoucir sa peine, à ma pauvre mère! »

Un soldat de vingt-quatre ans ne se contente pas de dire le chapelet, il invite ses camarades à faire comme lui. Bien mieux, il organise parmi eux le Rosaire vivant, une chaîne de prières :

« Je suis heureux en ce moment, écrit-il; mon Rosaire vivant fonctionne bien dans ma section, chacun doit le réciter consciencieusement. J'abandonne de grand cœur le confortable de la grange pour la tente rudimentaire montée dans les prés; cela me procure le bonheur de réciter chaque soir ma prière et mon chapelet avec plusieurs amis avant de nous endormir. »

Au mois d'octobre 1915, il y avait trente mille soldats inscrits dans l'Association du Rosaire vivant et faisant monter chaque jour des millions d'*Ave Maria* vers la sainte Vierge.

---

[1] *Semaine religieuse d'Air*, 11 juillet 1915.

Quelques-uns disent leur chapelet au milieu de la bataille. L'*Action française* cite ce joli trait :

« Note ce fait saisissant dont j'ai été le témoin ému plus que tu ne saurais le croire. Au moment de l'action, — et elle était rude, — nous attendions l'ordre de charger et nous étions bien impatients. Notre colonel, droit sur son cheval, disait son chapelet sans se soucier de personne. Je te jure que c'était beau. C'était d'un fameux exemple. »

Ce colonel n'est pas le seul officier supérieur à donner le bon exemple. Un autre, commandant d'armes d'un village, voit dans les tranchées un de ses hommes qui récite son chapelet.

« Est-ce parce que tu as peur, lui dit-il, que tu dis ton chapelet?

— Non, mon colonel, mais parce que cela m'aide à devenir meilleur.

— Eh bien alors, disons-le ensemble. »

Et le colonel tire aussi son rosaire et se met à l'égrener avec le soldat. L'exemple est contagieux : un à un, chacun des habitants de la tranchée imite ce geste, et bientôt la tranchée tout entière dit le chapelet en commun!

¹ Lettre de l'abbé de Lesquen. *Semaine religieuse de Reims.*

Voici mieux. Il s'agit d'un général. Deux bataillons partent à l'assaut, mais sont fauchés; il n'en revient qu'une moitié. Avec le reste du régiment, le colonel s'élance à son tour, mais tombe mortellement frappé. Le général de brigade de X... bondit alors à cheval, reforme ce qui reste du régiment et, enroulant son chapelet autour de son bras, se précipite en criant : « Hardi, les enfants! nous les aurons! » Et la position est enlevée. Mais quand on s'approcha du général, grièvement blessé, pour l'emmener, il avait un genou en terre et priait[1]. Ce trait ne rappelle-t-il pas le grand Condé mettant un genou en terre sur la plaine de Rocroi pour remercier Dieu de la victoire?

Rien ne montre mieux la bonté et la foi de nos soldats que les intentions pour lesquelles ils disent leurs *Ave Maria*. Un sergent écrit à un chanoine de Grenoble :

« Nous prions dans nos souterrains. Chaque soir nous récitons notre chapelet pour la conversion des pécheurs, pour la victoire de nos armes et pour la paix : trois choses que nous obtiendrons sûrement[2]. »

D'un soldat de Montmahoux (Doubs) :

[1] *La Croix*, 29 novembre 1914.
[2] *Croix de l'Isère*, 31 décembre 1914.

« Pendant ma veillée d'armes, je récite deux fois mon rosaire entier, en union avec les prières qui se disent au pays natal, et trois chapelets pour les morts, un pour mes parents, un pour les âmes délaissées, et le troisième pour les soldats morts dans la journée. Si j'ai du temps, je chante les vêpres à voix basse et *je rêve au pays!* »

Un autre écrit :

« En montant ma faction de minuit à 1 heure et demie, j'ai récité trois chapelets. Chaque dizaine avait son intention : pour moi, pour vous, pour mes enfants, ma femme, mes parents, mes amis, pour notre chère patrie, pour ceux qui meurent en défendant notre sol sacré. Cela fait du bien de prier, cela donne du courage et du sang-froid. Chaque fois que j'ai une mission à remplir, je la mets sous la protection de la sainte Vierge. Le jour où il faudra charger les Boches, la prière bien faite, le chapelet au cou, j'y volerai avec courage[1]. »

Un aumônier militaire écrit que, dans son cantonnement, chaque soir vers 6 heures, l'église est archi-comble de soldats qu'on place sur les degrés de l'autel. « On récite le chapelet. La première dizaine est pour les soldats

[1] *Bulletin paroissial de Saint-Michel de Payrin*, 15 février 1915.

de notre régiment qui viennent de prendre la relève aux tranchées. Il y aura probablement attaque cette nuit : qu'ils soient braves et que Dieu les protège! Seconde dizaine pour nos blessés : puissent-ils bientôt guérir! Troisième pour les morts au champ d'honneur, pour leurs pauvres familles, leurs orphelins! Quatrième pour les mères et les veuves dont la vie est brisée. Cinquième pour la France, plus vénérée que toutes les mères, plus aimée que toutes les femmes, pour la plus grande France, la France immortelle, pour qu'elle soit victorieuse demain. Puis nos sept cents hommes invoquent Jeanne d'Arc dans ce refrain qui va *crescendo* comme un tonnerre :

> Prends de nouveau ta place
> Au front des régiments[1]. »

M. François Veuillot, dans la *Croix* du 22 novembre 1914, cite un aumônier racontant que, bien souvent, là où manquent les chapelets, les soldats s'en fabriquent avec une ficelle.

« Mais oui, une ficelle! Rien de plus facile!... Une corde à nœuds en miniature; cinquante-cinq nœuds solides, assez gros, régulièrement espacés; une brindille de bois serrée dans le nœud qui suit chaque dizaine; et voilà un cha-

[1] *Semaine religieuse de Limoges*, 11 décembre 1914.

pelet tout aussi convenable et plus résistant que beaucoup d'autres. Aussi je me suis donné la joie de rosarier toutes ces pieuses ficelles. Et nos troupiers, tandis que ces nœuds de matière commune glissent entre leurs doigts gourds de fatigue, rugueux de travail et gris de poussière, nos troupiers accumulent dans le ciel, pour eux-mêmes et pour les camarades tombés à côté d'eux, des trésors d'indulgences. Et je suis sûr que la Vierge Marie accueille avec un sourire de bonté les *Ave Maria* qui, du fond des tranchées, parmi la fumée des canons, s'envolent au long de la ficelle! »

Beaucoup égrènent le rosaire en mourant sur le champ de bataille, tel André Demarne, de Montmartre, dont Pierre l'Ermite a raconté la fin édifiante. « Le 7 septembre (1915), écrit un de ses camarades, mon pauvre ami a été très grièvement atteint par un éclat d'obus... Avant de le quitter, je l'embrassai. Il me demanda son chapelet, fit son acte de contrition et, d'un geste inquiet pour moi, me montra les Prussiens qui accouraient de partout. »

Autre fait raconté par M. René Bazin. On emporte un Vendéen mourant sur une civière.

« Mon lieutenant?

— Que voulez-vous, Gelineau? A boire?

— Non, donnez-moi, s'il vous plaît, mon

chapelet, qui est dans ma poche de droite. »

Et, la tête renversée, les yeux fermés, de sa main gauche pendante, le mourant égrène ses *Ave Maria* qu'accompagne un léger mouvement des lèvres. « Halte ! » dit le lieutenant. On dépose le brancard sur la mousse. Le chapelet est tombé. Le Vendéen est mort dans les mêmes sentiments que ses ancêtres qui allaient au feu, le chapelet enroulé autour du cou.

Le capitaine Senot de La Londe et son ordonnance viennent de tomber, atteints par des éclats d'obus.

« François, j'ai mon compte ; donne-moi mon chapelet qui est dans ma poche ; nous allons le dire tous les deux. »

Et tous deux prient dévotement la Vierge, sans s'occuper du canon qui fait gronder la terre.

O Notre-Dame du Rosaire, ô Notre-Dame de l'heure de la mort, combien en avez-vous béni de ces héroïques agonies ! Combien avez-vous cueilli, dans les plis de votre robe d'azur, de ces belles âmes qui vous criaient : « Ma mère ! » Vous leur répondiez : « Mes enfants ! »

Oui, les soldats de France sont tous vos enfants. Ils vous prient pour eux-mêmes, pauvres pécheurs, et pour la patrie bien-aimée. Exaucez-les. Soyez pour eux la Porte du ciel, soyez pour la France Notre-Dame de la Victoire.

XVIII

« L'ABSOLUTION ET NOUS VAINCRONS »

Un aumônier, M. Dubourg, écrivait à Mgr l'archevêque de Besançon, le 28 mars 1915 :

« J'ai vu un régiment faire une attaque très brillante avec un entrain incomparable. Au moment de sortir des tranchées pour se ruer sur l'ennemi, un sergent se jette à mes genoux et me demande pour lui et ses camarades l'absolution, ajoutant :

« — Monsieur l'aumônier, ça ira bien, *nous sommes sûrs de vaincre.* »

« D'autres se confessent n'importe où, même dans une tranchée remplie de cadavres allemands, dont on vient de s'emparer ; d'autres promettent de faire leurs Pâques dès que nous serons au repos. »

Nous sommes sûrs de vaincre ! Cette parole fait penser à la célèbre phrase de Jeanne d'Arc : « C'est le péché qui fait perdre les batailles. »

Il est vrai que le Ciel bénit les cœurs purs et, par conséquent, que la confession attire la victoire. Mais en général ce sont les victoires morales qu'elle fait remporter à l'âme.

Au regard du salut éternel, ce qui importe le plus c'est de recevoir l'absolution avant de mourir. Il est bien difficile pour la masse des jeunes gens, à l'âge où la passion bat son plein, d'éviter tout péché mortel. Or, avec le péché mortel, impossible d'entrer au ciel. Il faut donc purifier son âme soit par la confession sacramentelle, accompagnée de la contrition au moins imparfaite, soit par la contrition parfaite, qui suppose un acte très pur d'amour de Dieu. Lorsqu'une âme de bonne volonté ne peut recourir à la confession, Dieu lui donne sans doute, dans sa miséricorde, une grâce spéciale pour exciter en elle les dispositions nécessaires ; mais le plus sûr est de pouvoir faire un bon aveu de ses péchés.

En ce terrible moment où ils sentent la mort passer dans le vent des obus, nos soldats voient aussi dans un éclair toute leur vie, parfois chargée de fautes graves. Ils ne veulent pas mourir en damnés, et, la grâce aidant, ils regrettent les tristes folies de leur jeunesse : folies de l'esprit, folies de la chair, folies du cœur. Ils demandent pardon à Dieu. Mais ils savent que l'absolution sacerdotale est le véhicule normal de ce pardon ; aussi ils la sollicitent pour la plupart et sont heureux de la recevoir. Jamais, d'ailleurs, ils n'ont eu autant de facilités pour l'obtenir, grâce aux nombreux prêtres qui partagent leur vie dans les tranchées.

Ils apprécient cet avantage spirituel, la présence d'un prêtre au milieu d'eux. Ils la réclament, quand ils en sont privés. Dans une lettre ouverte au ministre de la guerre (27 octobre 1914) Franc, de la *Croix*, s'exprimait ainsi :

« Nous pourrions citer telle formation territoriale qui s'organise en ce moment et où *les soldats font des pieds et des mains pour avoir parmi eux un prêtre-soldat, afin*, disent-ils, *d'avoir l'absolution au moment où ils donneront leur sang pour la patrie.* »

Voici à cet égard un trait bien touchant. Des chasseurs, désolés de n'avoir pas de curé parmi eux, se réunissaient chaque jour pour en demander un à Dieu. Un jour, il leur arriva un capucin, le Père Gérald Fabre, comme aumônier. Transportés de joie, ils prennent une nuit de leur repos pour la passer en adoration et en action de grâces devant le saint Sacrement et ils la terminent par une fervente communion. N'est-ce pas admirable de foi et de générosité?

Un petit soldat de la classe 1915 écrit à Mgr l'évêque de Fréjus :

« Que nous sommes heureux, lorsque le moment d'un combat approche, d'avoir quelqu'un à qui confier nos peines et de demander le pardon de nos fautes! Ils sont nombreux ceux-là, et le nombre ne fait que s'accroître. *Le prêtre à la tranchée est une vraie richesse.* Pas une minute il ne cesse d'encourager les hommes, leur dicte le droit chemin; en un mot, leur apprend à aimer Dieu[1]. »

Du haut en bas de l'échelle militaire au front, on se confesse, des simples troupiers aux grands généraux. Ceux-ci, ainsi que les officiers en très grand nombre, donnent l'exemple, et, naturellement, ils s'agenouillent devant leurs inférieurs; car les prêtres, n'étant pas de la carrière, n'arrivent pour la plupart qu'à des grades fort modestes, quand ils sortent du rang.

Un officier écrit à sa mère :

« Tu peux être tranquille; j'ai un prêtre à côté de moi : c'est mon maréchal des logis. Il est toujours là, et *il confesse non seulement moi, mais toute la batterie.* »

Un religieux, lieutenant et ancien polytechnicien, placé dans une fabrique de munitions, fait des démarches pour aller au front. On demande l'avis du général du corps d'armée

---

[1] *Semaine religieuse de Fréjus*, 3 juillet 1915.

dans lequel il désire entrer. Ce dernier répond : « *Qu'il vienne! J'ai pour confesseur un brigadier; quand j'aurai un lieutenant, ce sera tout de même mieux pour la hiérarchie militaire.* »

Tandis que les obus pleuvent sur nos hommes, une autre pluie, celle-là divine, tombe aussi sur eux. Les nuées du ciel s'ouvrent, et la miséricorde pleut en absolutions sur la terre. Pluie de mort et pluie de vie, qui ont le même but dans la pensée de Dieu : faire germer les repentirs et peupler le ciel d'élus.

Le curé de Saint-Léonard raconte qu'au mois d'août 1914, il ne suffisait pas à confesser les soldats qui traversaient sa paroisse[1]. « Ils se confessaient en masse, dit-il, avec la piété de nos plus édifiants séminaristes, montant la garde à la porte de mon salon et se succédant sans interruption, pendant des matinées entières, sur le prie-Dieu que j'avais mis à leur disposition. »

Pendant un repas, un lieutenant le fait appeler. Il court à l'endroit indiqué, croyant trouver un malade; il y trouve tout un poste d'hommes qui lui demandent de se confesser. Il rentre chez lui. Un Lyonnais est venu en son absence, mais, n'ayant pu attendre, il le fait

---

[1] *Semaine religieuse de Saint-Dié*, du 7 août 1915.

prier de venir, à 10 heures du soir, au bord d'un grand chemin, où il sera en sentinelle. C'est là que le brave soldat se confesse dans la nuit. Quelques jours après, il tombait dans son sang.

Voici maintenant la confession à cheval. Un jour, des chasseurs et des dragons passent à Saint-Léonard et demandent à se confesser. Mais ils n'ont pas le temps de mettre pied à terre. Ils supplient le prêtre de faire quelques pas à côté d'eux. Inclinés sur la selle, ils lui disent leurs péchés, puis se redressent absous en faisant le signe de la croix.

Mais souvent le prêtre n'a pas le temps d'entendre individuellement ceux qui désirent rentrer en grâce avec Dieu. L'action va se déclancher ; des milliers d'hommes vont s'élancer au-devant de la mort. Ils désirent une dernière absolution pour pouvoir paraître sans inquiétude devant le Juge suprême. Alors, usant des pouvoirs qu'il a reçus de Rome, le prêtre leur donne une absolution collective, tandis qu'ils font leur acte de contrition.

L'absolution collective n'est pas une nouveauté. L'archevêque Turpin la donnait à ses compagnons au val de Roncevaux. Il est vrai qu'il leur imposait une pénitence qui ne semble guère canonique, en leur prescrivant de frapper fort sur les mécréants. C'était une manière un peu féodale de leur rappeler leur grand devoir à cet instant suprême, le courage et l'offrande de leur sacrifice à Dieu.

Mais il sous-entendait certainement d'autres dispositions plus nécessaires alors comme aujourd'hui. Les deux plus essentielles sont le repentir uni au ferme propos et l'intention formelle, une fois échappé au danger, de soumettre ses fautes au pouvoir des clefs, c'est-à dire de les accuser à confesse.

L'absolution ainsi donnée est une scène émouvante et bien belle dans sa simplicité!

« Avant-hier soir, écrit un jeune vicaire, avant de se rendre aux tranchées, un jeune lieutenant à la figure vraiment angélique vint me demander de bénir sa compagnie : le capitaine avait été tué la veille. Je me rends devant ces braves qui allaient monter à l'assaut dans deux heures. Je gravis un petit tertre, et là je leur parle de Dieu, de leur âme, de leurs parents, femmes et enfants. Je ne sais si mon émotion les avait gagnés, *mais nous pleurions un peu tous. Ils se mirent ensuite à genoux.* Je leur expliquai que, devant l'impossibilité matérielle de se confesser, ils pouvaient néanmoins obtenir le pardon de leurs fautes en récitant leur acte de contrition. Pieusement ils prièrent, cependant qu'à haute voix je prononçais les paroles sacramentelles de l'absolution. Tant que je vivrai, je n'oublierai jamais le touchant spectacle de ces petits zouaves qui voulaient avoir la conscience pure avant de monter à l'assaut[1]. »

Le commandant de Beaufort, au moment de lancer son bataillon à un assaut dangereux, demande à un prêtre-soldat de sortir des rangs et de donner l'absolution générale. Celui-ci s'avance et dit à ses compagnons : « Que ceux d'entre vous qui veulent recevoir l'absolution mettent un genou à terre et se découvrent. » Tous sans exception se mettent à genoux. Beaufort s'élance alors à la tête de ses hommes en s'écriant : « En avant! mes enfants, c'est pour la France! » Une balle le frappe au front et l'étend mort. A côté de lui tombent également le capitaine de Montesquieu et trois adjudants.

Un prêtre de Marseille, sous-lieutenant aux chasseurs alpins, écrit, le 19 septembre 1915 :

« Je confesse toutes les fois que cela m'est possible. J'ai donné dix fois *l'absolution à tous mes soldats*, au plus fort du danger; et tous, chaque fois, répondaient en chœur : « Merci, « mon lieutenant! »

---

[1] *Semaine religieuse de Rennes*, du 24 juillet 1915. Lettre de M. l'abbé Hamon.

Un capucin de Marseille vient de dire la messe aux soldats, lorsque les balles ennemies commencent à siffler. « Père, lui disent-ils, ça a l'air de vouloir chauffer ici; pourriez-vous nous confesser? » Et l'absolution double leur courage en rendant la mort moins terrible.

Parfois c'est au péril ou même au prix de sa vie que le soldat-prêtre peut absoudre ses compagnons.

Un prêtre, dont la main a été traversée par une balle, écrit : « A plusieurs reprises, j'ai pu donner, avant le combat, l'absolution générale à mes compagnons d'armes, heureux d'avoir un aumônier constamment avec eux; j'ai fréquemment, dans les tranchées, les chemins et les cantonnements, exercé le ministère de la confession; enfin, Monseigneur, j'ai pu assister de braves gars de Bretagne à leurs derniers moments. *Et ce n'est pas sans une émotion profonde que je me rappellerai toute ma vie ces absolutions données dans une journée de novembre, d'une main hachée par le plomb allemand, à des jeunes hommes qui mouraient d'avoir noblement défendu la patrie*[1]. »

Un autre paye de sa vie son dévouement

---

[1] *Semaine religieuse de Saint-Brieuc.* Lettre de M. l'abbé Bertrand, vicaire de Saint-Hélen (14 nov. 1914).

sacerdotal. Sous une effroyable mitraillade allemande, un de nos régiments s'est couché. Un des hommes est prêtre. Les camarades lui disent : « Prêtre, donnez-nous l'absolution. » Il sait que, s'il se lève, c'est la mort certaine, immédiate; d'autre part, il faut qu'il se lève pour être vu de tous ses compagnons. Il n'hésite pas, il se redresse; mais à peine a-t-il prononcé les paroles sacramentelles qu'un obus le coupe en deux.

On peut dire que la plupart de nos soldats se confessent sincèrement quand ils vont au feu et, par conséquent, qu'ils sont réconciliés avec Dieu quand ils paraissent devant lui. Voilà ce qui peut donner de l'espoir aux familles de nombreux jeunes gens qui ne pratiquaient pas. Ils ont laissé à désirer, même au dépôt peut-être, jusqu'au moment d'aller au front; mais, à l'approche de la mort, une main sacerdotale, parfois une main sanglante, s'est levée sur eux et, en les absolvant, leur a rendu l'état de grâce. Sans doute, ils auront à faire un stage d'expiation en purgatoire; mais le purgatoire est le vestibule du paradis : *alleluia!*

XIX

LES MESSES MILITAIRES

Vraiment la religion déborde de toutes parts. Plus nous avançons dans cette visite aux tranchées et aux champs de bataille, plus les manifestations de la foi deviennent belles et touchantes. Dans ce nombre il faut ranger les messes militaires.

Les messes militaires, le sacrifice divin déployant ses mystiques splendeurs au-dessus des sacrifices humains, le sang du Christ offert à Dieu dans un calice d'or sur une terre qui n'est elle-même qu'un immense calice rempli du sang de France, n'est-ce pas impressionnant? Bien souvent c'est un soldat qui offre à Dieu l'holocauste rédempteur, devant des camarades que la mort a déjà marqués de son doigt, et à la veille peut-être d'accomplir lui-même le sacrifice de sa propre vie. Par-dessus son uniforme, ses galons, ses médailles, il a revêtu l'aube et la chasuble; il monte à l'autel et bientôt l'hostie s'élève dans ses mains entre ciel et terre, implorant la pitié de Dieu. Debout ou à genoux autour de l'autel, tous les soldats regardent la blanche petite chose où ils reconnaissent leur Dieu. Toutes ces forces s'inclinent devant cette adorable faiblesse. Salut, hostie, ceux qui vont mourir te saluent : *morituri te salutant*. Bénis-les, ils ont tant souffert ; pardonne-leur, ils pleurent leurs péchés. Sois leur nourriture, ô pain des forts ; sois leur bouclier, ils vont combattre ; sois leur viatique, ils sont en route pour l'éternité.

La messe est l'acte le plus sublime de la religion. Avec la communion qui la complète en ajoutant le sacrement au sacrifice, c'est la source par excellence de toutes les grâces. On peut dire que, durant cette guerre, elle a un rôle moral immense. Nos soldats y assistent avec une pieuse avidité. Ils la réclament à tout prix, sachant la force qu'ils y puisent pour faire face à tous leurs devoirs religieux ou patriotiques.

Mais, pour dire la messe en campagne, il faut un autel portatif et des ornements, aujourd'hui surtout où les églises sont pour la plupart en ruines sur la ligne de feu ; aussi l'idée est-elle venue à quelques âmes d'élite de fournir ces autels à nos prêtres-soldats. L'Association de Notre-Dame du Salut s'en est chargée. Elle a ouvert une souscription, qui atteignait, à la fin d'octobre 1915, la somme de cinq cent mille francs. A la même date, elle avait envoyé plus de trois mille autels au front. En calculant que trois prêtres en moyenne peuvent se servir de chacun, ce sont environ neuf mille messes qui se disent chaque jour rien qu'avec ces autels.

Plusieurs officiers ont tenu à en offrir un à leur aumônier. Non content de communier lui-même, le sous-lieutenant Pierre de Brimont, tombé au champ d'honneur le 25 mai 1915, à Tracy-le-Mont, priait sa mère de lui envoyer un autel pour son régiment, afin que ses hommes, disait-il, pussent communier plus souvent.

Un major, Jean ..., demande à Mgr l'évêque de ... un autel pour avoir chaque jour la messe dans son ambulance. Et, comme il admire le beau calice : « Vous me le rendrez après la guerre, lui dit Sa Grandeur, et je le conserverai comme une relique. »

Sans le divin sacrifice, beaucoup de soldats seraient comme désemparés. Écoutez ce cri du cœur, digne d'un saint : « *Pour nous catholiques, ce n'est plus une vie s'il n'y a pas de messe.* » Cette parole est d'un jeune aspirant-officier, et voici la lettre où cette perle est enchâssée :

« Je suis allé à l'église de... et là, devant le tabernacle, j'ai prié et pleuré. Ah! autrefois, il m'est arrivé de trouver longues des stations à l'église. J'éprouve maintenant du plaisir à me trouver auprès de ce bon Dieu, mon ami, le même que celui de mon église, le même que mes parents reçoivent dans leur cœur et qui me permet ainsi, malgré l'éloignement, de me rapprocher de ceux que j'aime.

« Pour nous catholiques, ce n'est plus une vie s'il n'y a pas de messe, les cloches de l'*Angelus*, le clocher, l'église. Et pourtant, j'ai passé deux dimanches sans messe, sans chants ni prières. Un dimanche dans la tranchée est un jour comme un autre, et il faut faire effort, consulter son calendrier, pour savoir que c'est dimanche. Je récitais bien quelques prières. La nuit, en faisant ma ronde, je disais bien le chapelet dans la tranchée ; mais il manquait l'église, les chants et les prières liturgiques. Il faut y être passé, en avoir été sevré pour se rendre compte de la privation que constitue, pour un cœur un peu religieux, ce manque des cérémonies ordinaires du culte. Aussi combien j'ai été content de pouvoir assister à une messe, d'entendre des chants connus et la voix tant aimée de l'orgue ! Demain, je vais servir la messe au lieutenant X...[1]. »

[1] *Bulletin religieux de Bayonne*, 30 mai 1915.

Écoutez encore ce que dit un aumônier :

« Jusqu'ici, j'ai pu, tantôt dans une église en ruines, au milieu de décombres fumants, tantôt en plein air, au milieu d'un camp, célébrer la messe tous les dimanches, même les jours de grande bataille, comme par exemple à Tourteron, le 30 août. Ce spectacle de soldats debout, le képi à la main, la prière au cœur, chantant à pleins poumons des hymnes au saint Sacrement et des cantiques bretons, accompagnés par le sourd grognement des obusiers allemands et le bruit des rafales du 75, *arrache des larmes aux impies eux-mêmes.* Ce n'est pas sans émotion, je vous l'avoue, que je distribue le Pain des forts à tous ces braves qui, dans un instant, vont faire de leur poitrine où est descendu Jésus-Hostie un rempart contre les balles. La première fois que j'ai célébré la messe en plein champ, un officier supérieur, protestant, est venu me serrer la main en me disant :

« — *Monsieur l'aumônier, cette cérémonie à laquelle je viens d'assister est vraiment belle ; elle fortifie la foi, élève l'âme et la réconforte. Je vous remercie.* »

« Dimanche dernier, dans l'église de Suippes, nous avons organisé une messe militaire en musique. Je n'oublierai jamais cette fête. Le généraux, entourés de leurs états-majors et de sept à huit cents officiers et soldats, priant le Dieu des armées de nous donner la victoire : voilà ce qu'on voit à cinq kilomètres de l'ennemi[1]. »

Écoutez toujours :

« Je suis venu dans ce minuscule village de G... pour entendre la messe... Une immense émotion m'a étreint devant ces hommes au visage marqué du sceau de la souffrance, aux uniformes plus ou moins souillés de poussière, de boue et de sang, qui priaient, le dos courbé. Quelle piété! Quel recueillement profond et sincère! Que de larmes dans les yeux quand le prêtre, la voix brisée par les sanglots, tourné vers le tabernacle, supplie Dieu de nous aider et de nous protéger[2]! »

Un curé écrit : « Une des premières questions des chefs qui nous demandent de les loger est celle-ci : « A quelle heure les messes demain matin? » Et tout s'ensuit : non seulement l'assistance pieuse à la messe, sans l'ombre de respect humain, même aux jours de semaine, mais encore la confession et la communion faites par de vrais croyants. »

[1] Lettre de M. l'abbé Coüasnon, aumônier, à Mgr l'archevêque de Rennes, le 2 octobre 1914.
[2] Lettre du soldat Sigismond Koussotjinski.

Souvent ce sont des officiers qui postulent l'honneur de servir la messe. Un prêtre écrit : « Un matin, vers 7 heures, j'arrivai dans une pauvre église de campagne pour célébrer le saint sacrifice. Or, je trouvai là, agenouillé dans un coin, mon ancien capitaine. Ayant appris, la veille au soir, que je monterais à l'autel ce jour-là, et disposant de quelques heures, *il avait fait six kilomètres pour assister à la messe et la servir.* Il était là depuis 3 heures du matin :

« — Voudriez-vous, me dit-il gentiment, voudriez-vous m'accepter pour votre enfant de chœur ? »

« J'acceptai, tout confus, une offre si aimable que je savais très sincère et très surnaturelle.

« Une semaine plus tard, lors de la fête des Morts, ce même officier insista de nouveau pour avoir, selon son expression, le même avantage et le même honneur. Or, il se trouvait, en cette circonstance, en présence d'autorités militaires et de nombreux soldats; car la messe était dite en plein air pour tout le régiment. Enfin, vers les derniers jours de novembre, il me demanda une fois encore de l'admettre à l'autel pour le même office. Je dus partir quelque temps après, par ordre du médecin chef; mais, pendant mon repos forcé, je pense souvent à mon enfant de chœur aux trois galons[1]. »

Parfois la nature se fait belle autour de l'autel improvisé, comme pour réjouir nos pauvres soldats et jeter un brin de poésie sur les horreurs qui les entourent. Voici une page délicieuse où un sous-lieutenant d'infanterie, élève à l'École normale, décrit une messe en plein bois :

« Avec le gai soleil du printemps, des autels improvisés se dressent partout, au bout d'une tranchée, sous une toile de tente, au milieu des bois. Ah! la délicieuse messe parmi les violettes et les mousses. La forêt, qu'une ondée vient de rafraîchir, exhale un parfum de terre humide et de rosée, comme si elle aussi voulait honorer à sa façon le Créateur. Quelques hussards attardés profilent à travers les futaies leurs silhouettes bleues; ils se hâtent, de crainte de manquer le divin sacrifice qui se consomme sur l'autel de verdure. Les oiseaux, eux aussi, joignent leurs voix à l'universelle harmonie de la forêt qui s'éveille. Après la consécration, les soldats chantent en sourdine, — car l'ennemi est proche, — l'*O Salutaris*; et, la messe finie, après un dernier cantique, plutôt murmuré que

---

[1] *Semaine religieuse de Belley*, 3 septembre 1915.

chanté, chacun s'en retourne, le recueillement au cœur et le réconfort dans l'âme, à sa tâche journalière et monotone.

« Mais quelque chose de divin flotte dans l'air, quelque chose qui vous invite à la réflexion et vous avertit que ce n'est pas un jour comme les autres. Comme elles ont dû monter vers Dieu, ces ferventes prières récitées dans la paix dominicale, troublée seulement de temps à autre par le claquement sec d'une balle à travers la futaie, et comme elle est belle la foi de ces hommes qui, leur devoir accompli, s'en vont, confiants, à leur tâche héroïque et, simplement, font à Dieu et à la France le sacrifice de leur vie et de toutes leurs plus légitimes ambitions ! »

Ces beaux récits rappellent le mot du cardinal Newman : « Je déclare qu'à mes yeux il n'y a rien de si consolant, de si émouvant, rien qui dépasse et accable autant l'imagination, que la messe célébrée comme elle l'est dans nos églises. *Je pourrais sans fatigue entendre des messes durant l'éternité.* » Mais ces messes de guerre sont encore plus touchantes, alors même qu'elles ne sont pas dites « parmi les violettes et les mousses ».

XX

MESSES TRAGIQUES : LES CATACOMBES

La plupart du temps, la messe au front n'a pas cette poésie printanière; mais elle en a une autre d'une beauté tragique. Elle est sonnée par le canon et aspergée de mitraille au lieu d'hysope et d'eau bénite. Le temple est un abri, une tranchée, un souterrain, où les soldats se glissent comme des ombres, ainsi que les premiers chrétiens dans les catacombes. Ce rapprochement des catacombes s'imposait et il revient dans un grand nombre de récits.

D'un séminariste de Moulins :

« La messe a été dite en plein air, derrière les murs d'un château, à l'abri des obus, l'église du village étant devenue un point de repère pour l'artillerie ennemie.

« Tous les officiers disponibles y assistaient ainsi que de nombreux soldats. Ils se sont rendus au lieu de la cérémonie par petits groupes de quatre ou cinq, pour ne pas attirer l'attention de l'ennemi. A les voir se défiler le long des murs, *on se rappelait l'époque des cata-*

combes où les premiers chrétiens se réunissaient en cachette pour le saint sacrifice.

« La messe a été célébrée au milieu du recueillement profond de toute l'assistance. Quel bon moment pour tous, moment de paix intérieure, de prière fervente, de joie intime !

« Et cependant, toujours à l'avant, on entendait la fusillade de nos premières lignes… »

Racontant l'enterrement d'un vaillant artilleur angevin, Charles Jac, glorieusement tombé dans l'Artois, le 21 juin, un de ses amis d'enfance écrit :

« L'aumônier a dit la messe dans le gourbi, *cérémonie émouvante qui évoquait les catacombes*. Une tablette de bois comme autel, deux cierges minuscules ; la voûte en rondins de bois qui a forcé les plus grands à se baisser ; l'obscurité presque complète. Le capitaine servait la messe lui-même et y a communié ; sa sérénité chrétienne était émotionnante et m'a beaucoup touché. J'étais à genoux à côté de lui sur un peu de paille. Autour de nous, ceux qui avaient pu pénétrer dans le gourbi. Puis l'absoute a été donnée dans le boyau. Le commandant a prononcé quelques mots qui ont été au cœur de tous. Tout le monde pleurait. »

Un journaliste, M. Eugène Tardieu, qui a pu visiter une ambulance près du front, raconte dans l'*Echo de Paris* les impressions que lui a laissées une messe de minuit. Lui aussi croit revenir des catacombes :

« Un prêtre est à l'autel. Dans le fond de la salle, un petit harmonium se met à jouer, et, d'une seule voix, mâle, vibrante, d'une voix ardente, que le plafond bas fait plus retentissante, tous les soldats attaquent un cantique : *Je suis chrétien*... Pourquoi avons-nous tous des larmes dans les yeux? *Pourquoi songeons-nous aux premiers chrétiens des catacombes?*... Pourquoi ce sanglot au fond de la salle?... Jamais mon âme n'a plongé dans une atmosphère d'émotion aussi forte. »

« A l'évangile un caporal barbu, prêtre infirmier, dit quelques mots :

« Il parle du drapeau, dont le bleu est à ses yeux la couleur du ciel, un symbole d'idéal et de liberté ; le blanc, la pureté des cœurs, l'égalité de tous devant le même devoir ; le rouge, le sang qu'il faut verser pour la France, l'amour de la Patrie, la fraternité des Français. Je l'observe pendant qu'il parle. Il a les mains croisées sur son ceinturon, il ne fait pas de gestes, pas d'éclats de voix. Que sa figure est grave et douce! Son éloquence vient du cœur ; il parle comme un brave homme à des braves gens. Et quand le caporal achève son sermon d'un geste de bénédiction discret, une noblesse imprévue émane de son humble uniforme, il me semble que sa taille a grandi. Un courant de sympathie fraternelle a passé sur l'assistance. Tous les Français qui sont là sentent qu'ils sont de la même famille, et moi je sens bien que le lien qui les unit dans la même résolution de vaincre ou de mourir a puisé sa force et sa résistance dans la foi catholique. Pratiquants ou non-pratiquants, bon gré, mal gré, la guerre nous fait bien voir que, tous, *nous sentons en catholiques...* »

Le récit se termine par ces mots :

« Jamais messe de minuit ne fut réduite à des accessoires plus rudimentaires, jamais je n'en entendis de plus grande, de plus noble, d'aussi pathétique... Un banc pareil aux autres, mais drapé de tricolore et d'un linge blanc, posé devant la marche de l'autel, remplace la sainte table. Les dames vinrent les premières s'agenouiller sur les dalles et y recevoir la communion, puis les soldats suivirent[1]. »

Le capitaine de cavalerie Joseph de Pesquidoux décrit, lui aussi, une messe militaire dans l'*Opinion* :

« — Que voulez-vous ?

---

[1] *Echo de Paris*, du 29 décembre 1914.

« — Rien. Je suis prêtre ; je repasserai demain dimanche dans la matinée ; je puis vous dire la messe. Je suis autorisé... Je dis la messe pour tous ceux qui veulent, n'importe où. Dimanche dernier, c'était dans une cave, chaude encore des obus reçus.

« — *Dieu redescend dans les catacombes.*

« — Il en sort.

« — A demain donc. »

« ... Le lendemain, la messe fut dite lentement, dans un recueillement attendri, servie par un capitaine d'infanterie. Le vent avait baissé la voix. Les canons adverses, par une coïncidence inattendue, s'étaient tus, et le bruit des versets et des répons montait seul sous les branches dépouillées. Pressés les uns contre les autres et confondus, nous écoutions le colloque émouvant. Beaucoup priaient. Leur calotte à la main, tête nue malgré le froid, ils remuaient les lèvres sans bruit, et leurs visages étaient pleins de souvenirs. Le plus grand nombre restait livré à ses pensées. Pour ceux-là, la tente s'élargissait et se transformait. Des murs surgissaient devant l'œil de leur âme, et des piliers, une voûte, un parvis, un peuple à genoux emplissait l'église natale et, tenant un petit enfant par la main, suivis des leurs, ils entraient à pas assourdis et s'asseyaient à la place accoutumée. On était au *Pater noster*.

« Soudain, très loin, dans le firmament, un ronflement grandissant s'éleva. C'était comme un déplacement d'air, traversé de râles. Trois avions volaient vers nous. Ils s'abaissaient en approchant. Nous attendions le coup de sifflet. Ils nous rasaient presque. Mais, d'un bond, comme des aigles qui reprennent leur direction, ils se relevèrent et s'éloignèrent. Ils portaient une large cocarde tricolore, ils étaient à nous. Ils disparurent, et, de nouveau, le silence gagna les choses et les cœurs, propice aux méditations de cette halte. Elles reprirent. Cela se voyait au frémissement des bouches, à la gravité des regards, à l'immobilité des bras croisés sur la poitrine. »

Un maréchal des logis chef envoie, le 27 mars 1915, ses impressions à sa sœur sur une messe qu'il a entendue le dimanche 14.

« L'aumônier, debout au-dessus des tranchées, célébrait l'office derrière un moulin aux trois quarts détruit par les obus. A côté de lui, un dragon du ...° tenait un drapeau tricolore. Un sergent de brancardiers servait la messe. Dans les boyaux de communication et dans la tranchée, tous les hommes, officiers, sous-officiers, dragons et fantassins, pouvant se caser étaient découverts.

« Après l'Évangile, M. l'aumônier de la division de cavalerie a fait un sermon comme jamais de ma vie je n'en ai entendu. C'était sublime, au point que nous pleurions tous.

« Ah ! cette voix montant dans l'atmosphère sillonnée d'obus par instants, comme elle pénétrait dans nos âmes ! Et ce prêtre, debout à quelques centaines de mètres des fusils allemands, nous prêchant l'honneur du drapeau et la grande dignité d'âme que doit avoir un soldat au champ d'honneur ! Si tu savais, ma chère sœur, ce qu'on ressent en cette minute suprême ! Je crois qu'on irait à l'assaut avec le plus profond mépris de la mort. »

Un jeune soldat de Fayence, diocèse de Fréjus, décrit à ses parents une messe en pleine forêt, célébrée le 11 octobre 1914, et il ajoute :

« Le missionnaire nous a fait un touchant discours. Comme il nous l'a dit, nous n'avons plus ici nos églises restreintes, mais l'immensité des forêts ; nous n'avons pas d'orgues, mais la grosse voix du canon (et, en effet, il tonnait). Tous les officiers, à partir du colonel, jusqu'aux soldats, étaient à genoux et l'on eût pu compter ceux qui n'avaient pas les larmes aux yeux. »

Parfois la cérémonie est troublée par les

bombes ennemies. Un brave Savoyard, G. C..., écrit le 21 juin 1915 :

« L'autel était une table vermoulue. C'est là, pendant que grondait le canon, que Jésus-Christ est venu reposer. Il y avait tout autour deux compagnies presque au complet et aussi les officiers. J'ai communié et un certain nombre avec moi. Je me suis fait un véritable plaisir de servir quatre messes de suite. Pendant la seconde, comme les aéros se dessinaient dans l'air, le commandant donna ordre de se disperser. Il ne put rester qu'un officier et quelques soldats. Au *Domine non sum dignus, ce fut l'éclat d'une marmite boche qui sonna la communion.* En tombant, elle envoya de la terre sur nous et jusque sur l'autel, mais elle ne nous causa aucun mal... Pendant que des milliers d'hommes faisaient le sacrifice de leur vie, les genoux dans l'herbe, j'adorais le grand sacrifice de chaque jour sur la table vermoulue. Je comprenais mieux le sacrifice de la messe et celui du Calvaire. Que n'ai-je toujours assisté à la messe avec la dévotion de ce jour-là !...

« Je demande pardon à Dieu de toutes mes faiblesses, et je remets mon sort entre les mains de la divine Providence. La mort même, si elle est dans les desseins de Dieu, me sera le plus grand bienfait. Je marcherai en avant avec cette pensée que la vie de ce monde n'est rien. Si mon corps reste ici, mon âme, j'en ai la confiance, ira contempler Dieu dans la gloire et chanter les louanges de ma Mère du paradis.

« J'ai, dans ma dernière lettre, demandé pardon à mes parents des peines que j'ai pu leur causer malgré tout l'amour que j'ai eu pour eux. J'ai la douce confiance de les revoir dans la patrie du ciel où peut-être j'entrerai bientôt. *Credo in vitam æternam.* »

Celui qui venait ainsi d'échapper à la mort tombait quelques jours après glorieusement à Souchez.

Un brancardier breton, l'abbé J.-B. Hamon, raconte lui aussi sa messe tragique à Mgr l'archevêque de Rennes :

« Dans l'immense salle d'une brasserie belge, je célébrais la messe devant une trentaine d'assistants. Arrive le moment solennel de la consécration. J'avais élevé la sainte hostie et la reposais sur le corporal, quand un obus allemand de 150 tombe sur le pavé de la cour, à cinq mètres environ de la large fenêtre en face de laquelle était dressé l'autel. La détonation est épouvantable. Tous les carreaux volent en éclats sur les assistants qui courent se réfugier dans les caves. Je crus bien que ma dernière heure était arrivée et que j'allais mourir à l'autel. Instinctivement, — car on ne se maîtrise pas facilement dans des circonstances aussi tragiques! — je jette un coup d'œil rapide sur le lieu de l'explosion, quand j'aperçois, tout près de moi, entouré de plusieurs officiers, notre vieux commandant, qui reste impassible comme le roc de nos côtes bretonnes... C'en est assez pour me rassurer. Je saisis le calice, le consacre et continue la sainte messe... Peu à peu les fuyards sortent de leurs garennes et, tout étonnés de nous trouver encore vivants, unissent leurs prières aux nôtres pour remercier la sainte Vierge de nous avoir ainsi protégés de la mort. Nous devions, en effet, à cette faible distance, en face de cette large ouverture, être littéralement broyés par les éclats de cet obus; personne n'a été touché. Nos Bretons ne cessent de crier « au miracle »; plusieurs sont rentrés en eux-mêmes à la suite de cet incident et m'ont promis de se confesser et de faire une communion d'action de grâces. »

C'est ainsi que la messe élève et réconforte l'âme de nos soldats par l'idée du sacrifice; elle les unit à Notre-Seigneur, elle les prépare à une sainte mort. Béni soit Dieu qui leur a fait cette grâce inestimable de pouvoir entendre tant de messes au seuil de l'éternité!

Ah! le sang de France a coulé par torrents dans cette guerre ; mais il s'est mêlé, aux yeux de Dieu et dans des milliers d'humbles prières, au sang de Jésus, au fleuve mystique qui déborde de l'autel et va baigner les rivages de notre misère. Fleuve sacré, fleuve d'amour, c'est dans ses flots de pourpre que vont s'éteindre les foudres de la Justice infinie! Fleuve fécond, fleuve de vie, c'est de cette source que la France rebaptisée renaîtra immortelle!

XXI

LA COMMUNION : DES MILLIONS D'HOSTIES

Foyer des grâces et des énergies divines, l'Eucharistie est nécessaire à tout chrétien ; mais il semble que le soldat a des raisons particulières d'y recourir.

Il doit être brave, toujours prêt à affronter le danger ; mais l'Eucharistie est le pain des forts. Armé pour défendre sa patrie, il doit remporter pour elle la victoire ; or, comme l'Église le dit dans une oraison de Jeanne d'Arc, l'Eucharistie est l'aliment de la victoire, *beatam Joannam aluit ad victoriam*.

Exposé à chaque instant à mourir d'une mort violente et à paraître devant Dieu, il doit être pur ; mais l'Eucharistie est le pain des anges. Après les tristesses de la terre, il aspire au bonheur éternel ; mais, comme le chante l'Église, l'hostie salutaire ouvre les portes du ciel : *O salutaris hostia, quæ cœli pandis ostium*. Jésus a dit : « Celui qui mange ma chair et qui boit mon sang a la vie éternelle et je le ressusciterai au dernier jour. »

L'Eucharistie est, par conséquent, le gage de prédestination par excellence. Or, nous constatons qu'à aucune époque, ni au temps de saint Louis, ni au temps de Jeanne d'Arc, elle n'a été aussi en honneur dans une armée française que pendant cette guerre; jamais les communions n'ont été si nombreuses ni si fréquentes; jamais des prières aussi enflammées n'ont été adressées à la sainte Hostie. Rien donc ne peut nous donner plus de confiance dans le salut éternel de nos soldats.

.˙.

Sur un vaste front où se déploient près de deux millions d'hommes une question inouïe, mais toute naturelle, s'est posée. Il s'agissait de les ravitailler non seulement en pain et en munitions, mais encore en hosties. Au début de la guerre, elles manquèrent parfois.

« Savez-vous en quoi il y a pénurie? disait récemment un général à un prêtre, ainsi que le rapporte le journal *De Maasbode*, de Rotterdam. Ce n'est ni en cartouches, ni en obus, ni en shrapnells, — nous en avons en quantités énormes, — mais en hosties consacrées. Il arrive que chaque hostie doit être partagée en quatre, tellement grand est le nombre des communiants. »

Et alors on a vu cette chose touchante : grâce à l'Association de Notre-Dame du Salut, et sous les auspices de la gracieuse revue le *Noël*, à côté de l'*Œuvre des autels portatifs* dont nous avons parlé plus haut, il s'est fondé une œuvre complémentaire, l'*Œuvre des hosties pour le front*[1]. Elle envoie chaque mois environ deux cent mille grandes hosties et un million de petites aux prêtres-soldats ou aumôniers. Il faudrait ajouter à ce nombre beaucoup d'autres hosties que les prêtres reçoivent d'initiatives charitables et celles qu'ils trouvent dans les églises où ils passent, pour se faire une idée de la consommation eucharistique extraordinaire qui nourrit, console et fortifie nos chers soldats.

Jamais le monde n'avait vu pareil spectacle ; jamais l'Église n'avait eu pareille consolation ni l'Eucharistie si beau triomphe, puisque la gloire de l'Hostie est de nourrir les âmes pour les sauver. Saint Louis et Jeanne d'Arc en auraient pleuré de joie.

L'Œuvre des hosties ou du pain eucharistique est donc une œuvre admirable, qui prouve

---

[1] Aujourd'hui : *Œuvre du Pain eucharistique pour le front.*

la jeunesse immortelle de l'Église, sa force de renouvellement et d'adaptation, que dis-je? sa vie croissante au sein de l'humanité; œuvre eucharistique, œuvre apostolique, œuvre angélique, si je puis ainsi parler, puisqu'elle fait pleuvoir chaque matin sur nos tranchées la manne de la vie éternelle, le pain des anges, *panis angelorum.*

∴

Des milliers de lettres de soldats nous montrent combien les communions sont nombreuses et ferventes parmi eux. En voici quelques exemples.

« Le jour de la Pentecôte nous étions *plus de mille* à nous agenouiller à la sainte Table. Ah! quelle cérémonie! J'en ai vu de bien belles, mais celle-là était incomparable, non par les ornements, mais par la tenue de tous et par la ferveur avec laquelle nous y avons assisté[1]. »

« Nous avons fêté la Pentecôte, oui; mais c'était aussi la clôture solennelle de notre neuvaine à la Bienheureuse Jeanne d'Arc. Tous les

[1] *Semaine religieuse de Pamiers.*

jours de cette neuvaine, nous avons eu conférence et salut du très saint Sacrement dans un bois où l'on avait dressé un autel. Nous avons chanté là avec un entrain superbe des cantiques à la Bienheureuse et nous avons beaucoup prié pour la France, sans respect humain, oh! certes. Le matin de la Pentecôte, à 5 heures et demie, messe de communion. *Plus de cinq cents soldats* se sont approchés de la Table sainte et ont reçu le Dieu qui fait les braves. C'était si beau, mon Père, si touchant, que j'étais ému jusqu'aux larmes[1]. »

« Hier, fête de l'Assomption, dès 5 heures du matin, l'église était comble. Les communions ont été nombreuses à toutes les messes, principalement à la messe de communion générale. Il a été distribué *près de cinq cents hosties*. Dans un village voisin où est cantonné un de nos bataillons, il y a eu, m'a-t-on dit, *une centaine de communions*[2]. »

Un officier supérieur écrit en octobre 1914 : « Nous avons eu au camp une cérémonie émouvante. Un des prêtres du régiment a célébré la messe sur un autel de verdure... Ce qui est vraiment impressionnant, c'était le nombre

[1] Lettre d'un jeune frère coadjuteur des Missionnaires du Saint-Esprit (*La Croix*).
[2] *Semaine religieuse de Vannes*, 4 septembre 1915.

et surtout l'attitude des hommes. Ils revenaient de l'exercice, qui avait duré cinq heures. La soupe allait être mangée... Je m'attendais à avoir une dizaine de soldats, et c'est une très grande partie de l'effectif qui est accourue. Deux officiers servaient la messe... Pas un bruit. La ferveur peinte sur les visages.

« *Nous pouvions communier en viatique; je croyais être à peu près seul. Les officiers ont suivi presque tous, puis les sous-officiers et les hommes en masse compacte. Les prêtres ont divisé les hosties en fragments aussi petits que possible, pas assez pourtant pour communier tous ceux qui le demandaient.*

« De tout mon cœur, j'ai consacré mon régiment à Dieu, sentant l'écrasante responsabilité qui m'incombe, chargé de milliers de vies, de milliers d'âmes. Et quelle action de grâces pour le spectacle qui m'était donné ! J'avais la gorge serrée. J'ai vécu là une des heures les plus poignantes de ma vie. »

Des prêtres brancardiers écrivent à M⁰ˢ l'évêque d'Angers :

« Le moral des petits soldats de France est excellent. Nous sommes à même de constater leur endurance, leur courage et leur confiance. Chaque unité passe au repos deux ou trois jours. C'est l'occasion du nettoyage, de *tous* les nettoyages, physique et spirituel. Le lendemain de l'arrivée des troupes, une affiche rédigée par l'aumônier et approuvée par l'autorité militaire convoque les soldats à un service célébré pour les morts du régiment. Dès la veille, c'est une affluence à l'église pour la prière et les confessions. Tous les prêtres sont dans l'heureuse nécessité d'apporter leur aide à l'aumônier pour ce consolant ministère. *Les messes du matin donnent le spectacle d'une foule compacte, qui prend véritablement d'assaut la sainte Table, au moment de la communion.*

« Rien d'édifiant et de rassurant pour l'avenir comme de voir ces hommes qui promettent, s'ils reviennent chez eux, de donner sans respect humain l'exemple d'une vertu chrétienne. »

D'un soldat qui chez lui ne pratiquait pas :

« C'est avec un grand plaisir que je puis vous dire que j'ai fait aujourd'hui la sainte communion dans un bois, à huit cents mètres des Boches. *Nous étions plus de trois cents.* C'était une fête. Nous avons chanté et prié le bon Dieu et la sainte Vierge tous en chœur pour délivrer la France et nous donner la paix. Je suis heureux! C'est un des plus beaux jours de ma vie. J'ai pleuré de joie de nous voir tous à genoux, priant malgré les bombes et les balles qui passaient au-dessus de nous[1]. »

« Hier (31 décembre 1914) *plus de trois cents communions*. Le matin, j'ai célébré le saint sacrifice dans un pauvre réduit, au milieu d'officiers et de soldats. Ensemble nous avons prié et communié... *Oh! l'heure délicieuse passée à prier et à aimer!...* Les trois messes de Noël, célébrées aux tranchées, dans les grottes, nous avaient donné des consolations plus grandes encore... J'ose espérer que les deux régiments, les premiers évangélisés, viendront bientôt, *au complet*, recevoir le pain des forts. Nous verrons ensuite les autres. *Dieu dans tous les cœurs, et nous serons victorieux*[2]. »

Les officiers, y compris les généraux, — et les plus illustres d'entre eux, — donnent l'exemple. Fidèles à la loi qu'on ne cesse de leur rappeler, — bien inutilement sans doute, car elle est en parfaite conformité avec les principes de leur religion, — ils n'exercent aucune pression sur leurs hommes; mais leur conduite elle-même est une prédication. Quand des chefs auréolés d'intelligence et couronnés par la victoire s'inclinent devant l'hostie, les subor-

[1] *Semaine religieuse de Toulouse*, 14 août 1915.
[2] D'une lettre de M. l'abbé Narp à Mgr l'évêque de Bayonne, du 1er janvier 1915.

donnés comprennent que c'est là un acte libre, inspiré par les plus nobles motifs à des âmes fières et loyales, et ils en concluent qu'il est beau et bon de communier.

Le lieutenant B... écrit de la route de Verdun à Metz, le 7 octobre 1914, à son beau-père toulousain, le baron R. T... :

« Nous étions près de quatre mille hommes cantonnés dans un petit village et, parmi eux, une quinzaine de prêtres qui ont dit leurs messes sans discontinuer, de 5 à 9 heures, à l'église du village.

« Le confessionnal n'a pas désempli de la matinée, et j'ai eu le grand bonheur de faire la sainte communion au milieu de presque tous les gradés de ma compagnie. Mon ordonnance, le brave A..., a tenu à suivre son lieutenant et à faire ses dévotions avec lui. J'ai voulu servir une messe, mais les places étaient déjà prises au choix. *Tous ceux qui ont assisté à la messe de 5 heures et demie, officiers, sous-officiers et soldats, se sont approchés de la sainte Table, et avec quelle ferveur!* C'était superbe; j'ai pleuré d'émotion. Ah! on le met de côté le respect humain! Tous ces soldats restent à genoux tout le temps de la messe et on sent qu'ils sont tout près de Dieu. »

M. Armand Gellis, soldat colonial, décrit la

fête de Jeanne d'Arc (mai 1915) et ajoute :

« L'état-major au complet assistait à la messe. *Les deux tiers des officiers, y compris le général, ont communié.* Bon nombre de soldats les ont imités. Inutile de vous dire que nous étions du nombre. Devant la terrible épreuve qui nous accable, nous allons puiser à cette source morale qui seule nous donne le courage nécessaire pour accomplir notre devoir. »

M. l'abbé Busson écrit le 28 avril 1915 à Mgr l'évêque de Séez :

« A l'occasion de la Semaine sainte et de Pâques, nous avons eu des offices très suivis. *Nos officiers et notre général lui-même ont tenu à remplir leur devoir.* Pour nous qui sommes les témoins de cet édifiant spectacle, c'est un grand encouragement et une forte raison d'espérer. Le bon Dieu secourra ses serviteurs fidèles. La petite paroisse de trois cents âmes, dans laquelle est établi notre quartier général, est fort peu religieuse. L'état-major du ᵉ corps y donne chaque *dimanche, et même chaque jour, à la sainte messe un exemple qui aura peut-être quelque bon résultat.* »

XXII

COMMUNIONS FERVENTES ET FRÉQUENTES

Ce n'est pas seulement le *nombre* des communions qui doit nous réjouir, c'est leur *qualité*. Elles valent par le désir qu'en témoignent nos soldats, par les sacrifices qu'ils s'imposent pour pouvoir s'approcher de la sainte Table, par la piété et la ferveur qui éclatent dans leur attitude.

M. le curé d'Hangest-en-Santerre, qui a vu passer beaucoup de troupes dans sa paroisse, écrit :

« N'ayant plus, à Arvillers, d'église à leur usage, des soldats n'hésitent pas à faire les trois kilomètres qui nous séparent de ce pays si éprouvé pour venir assister à la messe, même en semaine, se confesser et communier. Plus d'un d'entre eux m'a dit que c'était leur meilleur réconfort quand, après huit jours de tranchées, ils ont quatre jours de repos, de venir, dès les 6 heures du matin, pour assister à une messe[1]. »

« Le 15 août, écrit un prêtre-soldat, il y eut de nombreuses communions, malgré les nécessités du service ; et je connais des soldats qui, pour pouvoir communier, sont restés à jeun jusqu'à des heures très tardives et après avoir fait des exercices très pénibles. »

L'abbé Desalme, curé de Lanfroicourt, diocèse de Nancy, arrêté par les Allemands le 11 septembre 1914 et relâché le 23 décembre, revient dans sa paroisse et, accompagné d'un capitaine français, va vite à son église où il a laissé une petite hostie que l'arrivée de l'ennemi l'a empêché de consommer. Il s'apprête à remplir ce devoir lorsque le capitaine le supplie de n'en rien faire : « Nous ne pouvons avoir demain de messe de minuit dans cette église, où l'ennemi verrait la lumière. Si vous le permettez, monsieur le curé, je vous amènerai un prêtre-soldat ; vous lui remettrez la sainte hostie, et il la portera dans une chambre restée libre de mon habitation. J'ai avec moi un ami très fervent. Nous adorerons le saint Sacrement dans la soirée de Noël. Le prêtre-soldat nous la partagera entre nous trois et nous communierons. »

[1] *Le Dimanche*, semaine religieuse d'Amiens, 1ᵉʳ juillet 1915.

M. le curé, tout heureux de favoriser une telle piété, déposa la petite hostie dans un blanc corporal et la remit au prêtre, qui, la plaçant sous sa tunique, la porta respectueusement dans la demeure du bon capitaine.

Avec sa fière allure de soldat, son regard brillant, sa mâle attitude qui électrisait ses hommes, son intelligence, le commandant de Lagasnerie marchait à grands pas dans la voie des honneurs, quand il est tombé frappé d'une balle au front. Mais le bel officier était doublé d'un grand et fervent chrétien. C'était dans sa tranchée, sur un autel préparé de ses mains, que l'aumônier offrait souvent la messe, et son bonheur était de la servir et d'y communier. Intelligence, héroïsme, bonté, avec la foi eucharistique brochant sur le tout, voilà l'officier catholique de la grande guerre.

La piété n'éteint pas la gaieté, même sous les obus. Un soldat, nouvellement décoré de la Légion d'honneur, écrit :

« J'ai l'insigne chance d'avoir un chef qui est le type accompli du chef vigoureux et du père clément. C'est de plus un lettré et un croyant. *Nous communions ensemble*, aux grands jours. Nous n'avons pas encore manqué la messe dominicale. Quant à moi personnellement, je dis tous les soirs, avant de me coucher, mon chapelet : j'appelle ça — irrespectueusement — payer ma prime d'assurance sur la vie. Au restant, je suis gai, je ris, je chante, je fume, je joue à la manille, je chevauche... »

.˙.

Mais il y a mieux. Beaucoup de soldats sont adonnés à la *communion quotidienne*, quand elle leur est possible. Un prêtre-soldat écrit à son évêque, Mgr de Tarentaise :

« Beaucoup se confessent tous les huit jours et font la communion quotidienne. Quelle agréable surprise pour un vicaire d'... de donner la communion à tant d'hommes! Comme nous sommes au repos dans un bourg intact, la sainte messe est célébrée solennellement chaque dimanche à l'église ou en plein air. A chaque messe, l'église est trop petite ou le pré à peine trop grand. Puis, — détail significatif, — ces gaillards ne craignent pas d'agrafer au képi, à la capote, au tricot, le drapeau du Sacré-Cœur ou la médaille de la Vierge. Chaque soir, à 6 h. et demie, nous nous réunissons pour la prière, le chapelet, le salut. Aucun des assistants ne trouve le programme trop chargé, et vous auriez grande joie à les entendre chanter leurs cantiques populaires. »

Une âme profondément eucharistique est celle du sergent-fourrier Maurice Salé, Angevin. Avant la guerre, c'est un fervent de la communion hebdomadaire. Au front, il se met à la communion quotidienne. Il parle sans cesse dans ses lettres du *bonheur* qu'il éprouve à recevoir Notre-Seigneur. Il écrit, le 2 septembre 1914 :

« Dimanche, j'ai eu le bonheur de faire la sainte communion, en compagnie d'un bon nombre de camarades et d'officiers. Le lendemain, nouvelle messe que j'ai eu l'honneur de servir, et j'y renouvelai la sainte communion. Qu'il est doux de se retrouver à la Table sainte pour y puiser la foi nécessaire, afin de supporter avec courage les souffrances et pour attendre froidement l'heure où il faudra paraître devant le Maître ! »

On peut dire que la mort de ce vaillant chrétien a été, comme sa vie, toute embaumée d'Eucharistie. Il a été frappé d'un obus à Ypres, en sortant de la messe où il venait de communier. Il avait encore sur la lèvre le goût du pain très suave et le Christ dans son cœur[1].

---

[1] M. l'abbé Rulard, de Tours, a consacré une image mortuaire de quatre pages à ce vaillant soldat.

Le commandant Jubault, tué au feu le 10 mars 1915, communie tous les jours. En apprenant sa mort, un prêtre s'écrie : « Il y a un saint de plus au paradis[1]. »

Un simple soldat écrit à sa femme :

« On m'a donné la permission de communier chaque fois que j'irai à la messe, et je suis à même d'y aller tous les jours. Quelle joie ! »

Le sergent Élie Delort est aussi adonné à la communion quotidienne. La *Croix* a cité de lui des lettres touchantes. Il a deux pensées qui le soutiennent, celle du Sauveur qu'il reçoit chaque matin et celle de ses deux petits enfants ; le second qu'il ne verra jamais vient de naître. Une de ses dernières lettres contient ces mots : « Une caresse à mes petits anges. »

André Lerolle, fils du grand Lerolle, l'ancien député de Paris, et frère de Jean Lerolle, le député actuel, aurait pu, comme père de huit enfants, ne pas partir ; mais il veut aller au front par amour pour la France et par charité. « J'ai pu en partant, écrivait-il, laisser au dépôt un soldat chargé de famille et dont la mort aurait laissé les siens sans ressource. » Il a reçu le prénom très rare de Tharcisius, le martyr de

[1] Lettre de M. l'abbé Douarec à Mgr l'évêque de Saint-Brieuc, 25 mars 1915.

l'Eucharistie ; il s'en montre digne par la communion quotidienne. Blessé le 5 octobre 1914, il est fait prisonnier et meurt dans une ambulance à Cologne. On a trouvé ces mots dans son testament : « Que mes enfants chéris continuent à aimer Notre-Seigneur Jésus-Christ comme ils l'aiment. Qu'ils ne perdent pas l'habitude de la communion fréquente ; qu'au contraire ils communient tous les jours, s'ils le peuvent. »

Un jeune soldat du diocèse d'Autun, qui doit tomber le 24 mai près de Notre-Dame de Lorette, communie tous les jours. Il écrit à sa fiancée :

« En ce moment je suis à l'arrière et nous allons avoir un peu de repos. J'en profite pour faire la sainte communion *tous les jours* et pour assister chaque soir à la prière et au salut. Je ne suis vraiment heureux que lorsque j'ai le bonheur de communier le matin et de recevoir des nouvelles de ceux qui me tiennent si fort au cœur. Approche-toi, ma chère R.... chaque matin de la sainte Table. C'est dans la communion que l'âme puise sa force et que nos défauts disparaissent. »

La communion, c'est le pain des forts, c'est la moelle des lions. Elle inspire à nos hommes le mépris de la mort, parfois même le désir de la mort pour Dieu et pour la patrie. Autour d'elle, dans son rayonnement, on se sent en plein infini, infini de la foi, infini des divines espérances, infini de l'amour et du sacrifice. Les ailes de l'héroïsme se déployent, et voyez comme leur vol est ample et leur rythme entraînant.

« Nous étions un millier d'hommes chantant le *Credo*. C'était magnifique, sublime... *Tous nous avons fait la communion, le cœur à Dieu et à la patrie.* Comme orgue, le bruit du canon et de la fusillade. Maintenant à la grâce de Dieu. Si la mort nous surprend, nous tomberons en bons chrétiens et en bons Français. *Munis de la force de ce matin, rien ne nous arrêtera.* »

Ils vont nous dire eux-mêmes l'énergie virile, et les consolations qu'ils puisent dans le repas divin.

Le sergent Georges Burguet vient de communier à Noël, à la messe de minuit. Il raconte à sa famille la joie qu'il a éprouvée :

« Comme l'âme s'élève! écrit-il. Comme, dans ces instants suprêmes, en face du danger, on se rapproche de Dieu! Comme on puise, dans ce contact divin, la force et le courage! Comme on se sent prêt à tous les sacrifices pour la patrie que l'on aime plus fort encore! »

Le 18 février 1915, après s'être battu comme un lion, il meurt aux Éparges.

Victor Soboul, président de la Jeunesse catholique du Gard, est tombé glorieusement à Ypres, le 26 avril 1915. A la déclaration de la guerre, il s'écrie : « Je pars avec l'amour de Dieu dans mon cœur et le regard fixé sur la France. » Il puise un entrain superbe dans la communion fréquente.

« J'ai pu fêter dignement Noël, écrit-il. J'ai eu le bonheur de recevoir dans mon cœur le Sauveur du monde. Que de larmes cette belle fête a fait couler de mes yeux! Quand je peux approcher de la sainte communion, mes peines sont moins dures, et je vole au secours de la patrie avec un véritable enthousiasme! »

Un collaborateur de la *Croix* écrit du front, le 6 juin 1915 :

« C'est aujourd'hui la Fête-Dieu. Je ne pensais pas, dimanche dernier, quand j'étais en pleine bataille, la passer dans un tel calme, au milieu d'une nature si resplendissante de lumière et de paix... Ce matin, lever de bonne heure : je veux recevoir Dieu dans mon cœur. Il est la force, l'énergie, le courage. J'ai besoin de ces vertus. Je viens les lui demander humblement. Je vais à lui.

« Je crois en vous, ô Dieu d'amour et de

pardon, caché sous les voiles eucharistiques. J'accomplirai partout et toujours votre volonté. J'en prends l'engagement solennel... Suis-je donc si près du Bois de la Mort? N'est-ce pas un rêve cette guerre terrible? Ici tout est à la paix, à la joie. »

Un autre consacre à son frère cette petite oraison funèbre :

« Mon frère, qui, dimanche dernier, communiait auprès de moi, a eu le lendemain la plus belle mort que puisse rêver un chrétien et un soldat. Il a été frappé au front d'une balle. Pleurez-le comme je l'ai fait moi-même, car il avait grand cœur, mais remerciez Dieu de lui avoir accordé une mort pure comme un éclair et belle comme une victoire, au lendemain de la résurrection du Christ. Pour moi, je ferai mon devoir. Le jour où Dieu voudra me rappeler à lui, je suis prêt. »

Le 30 mars 1915, le sergent Félix Royère écrit à ses parents : « Quel bonheur! Aujourd'hui j'ai pu faire mes Pâques. Comment voulez-vous ne pas avoir du courage quand on a Jésus dans son cœur? » Quelques jours après, le lendemain de Pâques, ayant encore Jésus dans son cœur, il mourait au bois de Mortmare.

XXIII

COMMUNIONS SUR LE CHAMP DE BATAILLE

C'est surtout à l'heure du péril que l'Eucharistie est nécessaire aux soldats. Elle verse le courage à ceux qui vont combattre; elle est le viatique de ceux qui vont mourir. La communion sur le champ de bataille a une beauté hiératique grandiose, une poésie émouvante.

Un des épisodes les plus admirables de nos Chansons de geste est justement une première communion, celle d'un jouvenceau héroïque, qui eut lieu sur le champ de bataille des Aliscamps en 793. Les Français sont vaincus. Les Sarrasins hurlent de joie et de fureur en massacrant les derniers chrétiens. Mais là tout près, dans un joli vallon solitaire, près d'une claire fontaine, l'enfant Vivien, qui a combattu comme un lion, est étendu raide, tout blanc, les mains en croix. On le croirait mort s'il ne se frappait de temps en temps la poitrine. Son oncle, le duc Guillaume, le cherche en gémissant et finit par le trouver. Il lui adresse doucement la parole :

« Ne voudrais-tu pas manger du pain consacré par le prêtre?

— Je n'en ai jamais goûté, répond le mourant, mais puisque vous êtes là, je sens que Dieu m'a visité. J'ai faim, oui, j'ai faim de ce pain; mais hâtez-vous, je vais mourir. »

Guillaume tire l'hostie de son aumônière, la contemple un instant, l'adore, et la dépose sur les lèvres de l'enfant, dont le visage s'illumine et qui, bientôt après, rend le dernier soupir.

Moins gracieuse peut-être, mais aussi émouvante, cette scène se répète aujourd'hui, à plus de mille ans de distance, sur nos champs de bataille. L'Eglise a donné les plus amples autorisations pour que les combattants puissent communier à toute heure et sans être à jeun quand ils sont en danger de mort, et par conséquent avant de partir pour la tranchée ou pour l'assaut. Nombre de lettres nous disent combien cette communion en viatique leur paraît douce et touchante.

A Honnay, près de Namur, le 14 août 1914, le curé annonce une messe pour le lendemain, fête de l'Assomption, à 3 heures du matin. Mais voici que le soir, à 6 heures, survient une alerte. On donne l'ordre de seller les chevaux et de partir à 1 heure du matin. Grande contrariété pour les chers cavaliers qui se voient obligés de renoncer à la communion. Mais tout s'arrange : on profitera de la permission du Pape. A 8 heures du soir les cloches sonnent, appelant les cuirassiers à l'église, et tous reçoivent la communion en viatique.

D'une lettre du front :

« Je sors d'une touchante cérémonie, à quelques centaines de mètres des tranchées violemment canonnées par l'artillerie allemande. Au poste de secours d'un régiment, l'aumônier vient de sonner la cloche ; car, ce soir, s'en va en première ligne une compagnie au repos depuis trois jours. Allocution de M. l'aumônier, chapelet, cantique, enfin réunion dans la *chapelle souterraine* où le saint Sacrement se trouve en permanence ; et *là, à 4 heures de l'aprèsmidi, l'aumônier distribue la sainte communion aux trois quarts des soldats qui partaient le soir*. J'ai vu les larmes couler sur beaucoup de joues[1]. »

Il est parfois dangereux de porter la communion aux hommes qui sont en première ligne : il faut marcher ou ramper sous une pluie de fer. Mais nos aumôniers et nos prêtres-soldats n'hésitent jamais à s'exposer à la mort pour

[1] *Semaine religieuse du Puy*, 7 août 1915.

aller, comme autrefois saint Tharcisius, donner l'hostie à leurs frères. Le 1ᵉʳ octobre 1914, des soldats font dire à un aumônier qu'ils voudraient bien communier le lendemain, premier vendredi du mois, en l'honneur du Sacré-Cœur de Jésus. Le lendemain matin, au son du canon, un homme s'avance vers eux en rampant. Il leur porte la sainte Eucharistie. Encore le souvenir des catacombes !

M. l'abbé Thellier de Poncheville avait promis aux soldats d'une tranchée de leur porter le bon Dieu le matin de la grande offensive du 25 septembre 1915. Il emporte son autel portatif et, pour le cas où il ne pourrait dire la messe, une custode pleine d'hosties consacrées. Mais, au milieu des derniers préparatifs de combat, impossible de songer au saint sacrifice.

« Un prêtre infirmier, dit-il, survient dans un boyau de communication où il fait plus calme. Nous nous agenouillons l'un près de l'autre, et mutuellement nous nous donnons le viatique divin. Passe un officier qui se découvre devant cette scène à laquelle il nous demande de l'associer. D'autres soldats viennent à moi, heureux de recevoir une absolution et une parcelle d'hostie. »

La *Croix* a cité, le 6 août 1915, plusieurs lettres d'un simple sous-officier, tombé au champ d'honneur, le 21 juin, près de Neuville-Saint-Vaast. Elles sont l'expression spontanée des sentiments de délicatesse chrétienne et patriotique qui faisaient vibrer l'âme de cet enfant du peuple, âme d'élite, affinée au creuset de la guerre. Il y passe d'un bout à l'autre un souffle eucharistique. Le vaillant jeune homme communie chaque fois qu'il le peut et, chaque fois, un cri de joie s'échappe de son cœur. Dans une lettre du 3 juin il note :

« Hier, j'ai eu une bien douce joie : à 11 heures l'aumônier nous apportait la sainte communion. J'ai appelé mes camarades, et là, dans un trou où nous nous blottissons pendant le bombardement, l'on s'est confessé et puis, dans le boyau, à deux mètres de la ligne des tireurs, nous avons communié à une dizaine de la compagnie, tandis qu'à côté de nous d'autres faisaient le coup de feu. »

Un soldat breton écrit :

« Les soldats du bon Dieu sont aussi les meilleurs soldats de France. *La plupart vont au combat avec Jésus dans la poitrine. Les communions quotidiennes sont nombreuses.* « Quand on « porte Dieu dans son cœur, comme disait de « Sonis, on ne capitule jamais. » Ah! qu'il est beau cet élan de la foi dans l'armée, chez les chefs et chez les soldats! Qu'il est beau de les voir tous, avant de partir au combat, s'agenouiller à la Table sainte et courber sous la main du prêtre ce front que la mitraille ne fera point baisser. On se croirait revenu au moyen âge. Cela m'enthousiasme autant que m'irritent les mesquineries des parlementaires vis-à-vis de ceux qui supportent le poids écrasant de la guerre. Oui, la France, la nouvelle France, celle de demain, qui fut celle de Clovis, de Charlemagne, de saint Louis, de Jeanne d'Arc, elle se forme ici par la force de notre foi et de notre amour ; seuls, la foi et l'amour du Cœur de Jésus sauront la garder à l'avenir.

« Devant l'ennemi, l'armée française s'est retrouvée l'armée du Christ Jésus. Elle gardera son titre. »

Ceux qui apportent tant de ferveur à la communion, ceux qui l'ont reçue sous la mitraille, sont bien résolus à s'en montrer dignes. Revenus parfois de très loin, ils renoncent à leurs vieilles habitudes. C'est bien ainsi que l'entendent certain caporal et un simple soldat, tous deux repris de justice d'un bataillon disciplinaire d'Afrique. Un jour, apprenant qu'il y a un prêtre mobilisé à plusieurs kilomètres de leur campement, ils sortent sans bruit pendant la nuit, évitant les sentinelles amies et ennemies, escaladant les haies et les fils de ferronces, et, à 2 heures du matin, tombent comme des bombes chez l'abbé[1]. « Vite, nous voulons faire nos Pâques. » Et l'abbé les entraîne à l'église déserte, les confesse, leur dit la messe et leur donne la communion. Les deux enfants prodigues pleurent de joie en recevant l'hostie, et le bon prêtre lui aussi en la leur donnant. En sortant de l'église, le caporal lui dit en s'assénant un vigoureux coup de poing sur la poitrine : « *Maintenant qu'il est là, il faudra monter la garde et le conserver coûte que coûte.* »

Eh oui, caporal, il faudra veiller, car il y a un vieil ennemi, furieux d'avoir été délogé de la tranchée de ton cœur, et qui va tenter des contre-attaques enragées pour la reprendre et en chasser le Sauveur. Il est là, ton Sauveur, ton chef; il faut le conserver à tout prix! Monte la garde!

[1] M. l'abbé Mabit, curé de Saint-Laurent-de-la-Salle (diocèse de Luçon).

XXIV

AUTOUR DE L'HOSTIE

Et vous comprenez bien que de pareils hommes, en dehors même de la communion, font fête à l'hostie toutes les fois qu'ils la rencontrent ; et, si elle est en danger, ils s'élancent dans les flammes pour la sauver. Au mois de juin 1915, ils célèbrent la Fête-Dieu avec dévotion ; partout où ils le peuvent, ils dressent des reposoirs et organisent des processions. Un jeune séminariste décrit une de ces cérémonies :

« A la place des belles processions du saint Sacrement au milieu des étendards et des fleurs, nous avons eu la procession des différentes compagnies qui sont venues successivement monter leur heure de garde auprès du bon Dieu, exposé toute la journée dans la petite église du village. Quatre drapeaux tricolores et deux bouquets de fleurs sont les seules parures de la maison du bon Dieu. Mais des centaines de cœurs purs, tout embaumés encore du souffle de Jésus qu'ils ont reçu le matin, sont venus célébrer sa gloire et chanter ses bienfaits[1] ! »

Quand, par hasard, ils trouvent une hostie dans une église en ruines, de quel respect ils l'entourent! Un lieutenant de hussards de Marseille entre un matin avec ses hommes dans l'église de Blémerey, en pays lorrain. Un ciboire est là abandonné et qui contient une hostie. Que faire?... Les soldats ont compris ce qui se passe, et tous se sont arrêtés, attentifs. Le lieutenant s'est agenouillé, silencieux, ému, certes, et peut-être hésitant sur ce qu'il doit faire. Peut-il confier une hostie à un de ses hussards? Peut-il même la mettre sur lui, à côté de son revolver?

Puis, se relevant, très calme, il fait longuement le salut militaire, s'incline en prenant l'hostie de ses doigts qui tremblent un peu, et, lentement, se donne à lui-même la communion... L'avant-veille, pour Noël, en effet, n'a-t-il pas communié? Et, comme il est parti tôt dans la nuit, il se trouve à jeun. Ensuite, quelques minutes, il est resté à genoux dans le silence de cette pauvre église morte. Ses hus-

---

[1] *Semaine religieuse de Poitiers*, 27 juin 1915.

sards n'ont pas bougé, le regardant, émus, à genoux eux aussi.

Quand il partit, tous se relevèrent et, d'un geste unanime, portèrent la main à leur shako...

Le 19 septembre 1914, un soldat marseillais rappelle un épisode du combat d'H..., dans la Haute-Meuse :

« L'Église commence à flamber, et j'apprends que le bon Dieu est encore au tabernacle. Je le dis au capitaine. « Emportons-le, » me dit-il aussitôt. Et prenant la nappe de l'autel pour l'entourer, au milieu de la fumée, de la pluie de décombres et d'éclats d'obus de toutes sortes, nous emportons le bon Dieu. Nous l'avons gardé un jour et demi. Le bon curé de campagne est alors arrivé ; il nous l'a pris et l'a emporté à Verdun. »

Dans un vibrant article sur *Les Porte-Christ*, publié par la *Croix* du 12 novembre 1915, M. Henry Reverdy raconte l'exploit d'un officier qui s'expose à la mort pour sauver le saint Sacrement :

« Dans une paroisse, près du front, un dépôt de munitions venait de sauter. On craignait de nouvelles explosions. Tout le village avait été évacué. Cependant le saint Sacrement était demeuré dans l'église. Deux officiers et un aumônier militaire se précipitent pour essayer de le sauver. L'un des officiers ne peut pénétrer dans l'église; l'aumônier, blessé, est renversé près de la porte. L'autre officier finit par entrer.

A la lueur de l'incendie qui fait rage, il arrive au tabernacle. Il cherche en vain la clé; elle a sans doute été cachée dans la sacristie. Fiévreusement, il secoue la serrure, elle résiste. Cependant, le temps presse, l'église tremble et ses murailles sont à la merci d'une nouvelle explosion. Haletant, l'officier redouble ses pesées, mais la porte est solide. Alors il renonce à ouvrir. Dans un mouvement d'énergie surhumaine, il saisit à plein bras le tabernacle lui-même. Il est grand, il est fort, il s'arc-boute. Toute sa vigueur se tend dans un suprême effort, toute l'ardeur de sa foi passe dans une prière... Un craquement se fait entendre, les scellements se déracinent. Nouveau Samson, l'officier emporte sur son épaule le tabernacle entier!

« A peine était-il sorti de l'église que le monument s'effondrait. Les deux officiers ont ensuite porté le tabernacle pendant plus de quinze cents mètres jusqu'à une église voisine. »

Un fait semblable, mais qui a eu une suite peu ordinaire, s'est passé dans un petit village d'Alsace. Un jeune Basque d'Urrugne, le dragon Iruretagoyena, voit le curé se lamenter devant son presbytère incendié par les obus, où il a laissé une hostie dans un ciboire. Le soldat se fait indiquer l'endroit, laisse s'effondrer une poutre enflammée et s'élance dans le brasier. Un instant après, il ressort portant le vase sacré et il le remet au curé en lui disant : « Je voulais faire la grande génuflexion, mais je n'en ai pas eu le temps. J'ai fait quand même la petite. »

Quelques jours après notre Basque était cité à l'ordre de la division de cavalerie avec ce beau motif : « Excellent soldat, qui a toujours fait preuve de beaucoup de courage depuis le début de la campagne. Le 22 mai, étant en vedette, a eu une attitude très crâne pendant un violent bombardement. Le 16 juin, pendant l'incendie de ..., a empêché le curé d'aller chercher le saint Sacrement au milieu des flammes, y est allé lui-même, malgré les débris enflammés qui tombaient de tous côtés et, passant par une fenêtre, l'a rapporté au prêtre. » Qui eût dit, un an plus tôt, qu'un hommage, si héroïque fût-il, rendu à l'Eucharistie serait officiellement offert à l'admiration des armées de la République?

Les aumôniers portent souvent pendue au cou une custode de métal où sont enfermées des hosties consacrées qu'ils peuvent être appelés à donner à des mourants. Plusieurs d'entre eux ont eu une décoration de guerre épinglée sur leur poitrine à l'endroit même où reposait Notre-Seigneur. Ce fait arrivé à M. Lenoir lui suggère cette délicate réflexion :

« Ce matin, j'étais très occupé à confesser mes chers marsouins, quand on m'apporta l'ordre de me rendre immédiatement au quartier, où le général m'attendait pour me remettre devant les troupes la croix de la Légion d'honneur. Ma grande joie est que la décoration s'est trouvée attachée, officiellement, sur le saint Sacrement même, qui, dans l'occurrence, la méritait seul. »

Comme elle est aimée, comme elle est honorée cette petite hostie qui renferme Dieu sous son frêle manteau blanc! Aussi est-ce une douleur pour un jeune prêtre-brancardier qui sert aux Dardanelles de ne pouvoir lui offrir un tabernacle et un luminaire convenables. Mais voici qu'un jour il lui vient une poétique idée.

« Avant-hier, raconte-t-il, je revenais des premières lignes, quand j'aperçus dans un buisson deux petits vers luisants. Je les ai recueillis précieusement, car mon pauvre Jésus n'a jamais de veilleuse dans ma tranchée. Je les ai placés à côté de la custode et ils ont parfaitement accompli leur devoir, car pendant toute la nuit ils brillaient comme des diamants ; ils ont disparu le matin avec les premiers rayons du soleil... J'étais, vous le comprenez, tout heureux de ma trouvaille ; mais les vers luisants sont bien rares ici : on ne voit que ruines et cadavres[1]. »

Vers luisants ! Vers luisants ! Petites gouttes de lumière perdues dans les buissons des Dardanelles, vous êtes l'image de la foi et de la prière, obligées de se cacher encore autour du pauvre Jésus dans son ingrat Orient. Mais quel honneur pour vous d'avoir veillé, d'avoir brillé autour de lui, humbles lampes du sanctuaire, au fond d'une misérable tranchée ! Quand donc viendra le jour, le grand jour, où, escortée par les soldats de France, les descendants des Croisés, les éternels Porte-Christ, l'Hostie sortira de cette Catacombe pour rentrer triomphante à Constantinople et rayonner de nouveau sur l'autel de Sainte-Sophie !

[1] *Semaine religieuse d'Oran*, 11 septembre 1915.

XXV

SONT-ILS MARTYRS?

Le mot de martyr a bien des sens. Dans la langue grecque, d'où il dérive, il signifie témoin ; aussi l'Église catholique l'a-t-elle appliqué à celui qui témoigne de sa foi par le sacrifice de sa vie. Par analogie, toutes les littératures modernes ont donné ce nom à l'homme qui, par des actes héroïques, rend témoignage à un noble sentiment, à un principe, à une cause : c'est ainsi que l'on exalte souvent les martyrs du devoir, de la charité, de la virginité, les martyrs de la science ou de la patrie.

Il s'agit ici du martyre au sens strict ou dogmatique du mot. Dans le but très louable de rassurer les familles chrétiennes qui ont perdu un fils à la guerre, comme aussi d'exalter le patriotisme, on dit parfois que la mort sur le champ de bataille est un martyre ou l'équivalent du martyre et que, par suite, elle ouvre par sa propre vertu les portes du paradis.

Nous avons trouvé cette opinion exprimée avec une touchante naïveté dans les lettres de plusieurs soldats glorieusement tombés à l'ennemi. L'un d'eux écrivait :

« Mon sacrifice est fait. Ma mère m'a dit que, si je meurs, je serai martyr et j'irai au ciel. »

Il ne faisait, le brave enfant, que répéter textuellement une parole de saint Louis. Cependant nous allons voir qu'il y a là une illusion.

Qu'est-ce que le martyre ? Au sens théologique, c'est la mort volontaire patiemment supportée pour la confession de la foi chrétienne. Comme cette mort implique un acte de charité et de contrition héroïque, elle purifie ou justifie l'âme, elle efface ses péchés et lui assure le bonheur éternel immédiat. Mis en demeure de renier le Christ, un homme choisit plutôt la mort, même au milieu des supplices ; puis il reçoit le coup fatal avec sérénité, sans se défendre. Il est martyr, il va droit au ciel.

Il y a donc deux conditions essentielles, qui regardent l'une le motif et l'autre le mode de cet acte héroïque. Le motif, c'est le témoignage rendu à la foi ; le mode, c'est l'acceptation sans résistance du trépas. Or, ces deux conditions manquent au soldat. D'abord, il meurt pour sa patrie et non pas directement pour Dieu ; ensuite il succombe les armes à la main, s'efforçant non seulement d'esquiver la mort, mais de la donner à l'ennemi.

Mgr Delmont dit très justement, dans la *Revue Mariale* du 11 septembre 1915, en parlant de nos soldats :

« Sans doute, ce ne sont pas des martyrs allant tout droit au ciel et pour lesquels l'Église nous défend de prier; car le martyre, c'est la mort subie pour la foi catholique et supportée patiemment, *perpessio mortis propter fidem catholicam patienter tolerata*, tandis que le soldat se défend les armes à la main et ne meurt point pour la foi catholique, sauf dans quelques cas exceptionnels, comme ce curé de Gelrode, en Belgique, que les Allemands ont fusillé parce qu'il n'a pas voulu marcher sur le crucifix. Nos chers morts ne sont que des martyrs de la patrie. »

N'ayant pas le caractère du martyre, le sacrifice pour la patrie ne peut en avoir les effets spécifiques. Il n'a donc pas, par lui-même, une vertu salvifique. Pour pouvoir la lui attribuer, il faudrait, comme le dit le cardinal Billot, *substituer la patrie à Dieu*, et ce serait là *un naturalisme païen*. On ne peut entrer au ciel avec le péché. Mais le péché ne peut être effacé que par la pénitence, « cette pénitence — c'est le même théologien qui parle, — dont l'acte essentiel, indispensable, est la contrition, j'entends la douleur et la formelle rétractation du péché en tant que péché, en tant que contraire à la loi de Dieu, en tant qu'offense de Dieu[1]. »

On aurait donc tort de vouloir consoler une famille en lui disant : « Votre enfant est au ciel, parce qu'il est mort vaillamment pour sa patrie. » Cette consolation ne serait ni bonne, ni digne, puisqu'elle serait fondée sur une erreur. Heureusement, nous en avons d'autres qui s'appuient sur la miséricorde de Dieu et sur les dispositions surnaturelles où nous voyons que sont morts nos chers soldats.

On pourrait peut-être objecter contre cette thèse l'autorité de plusieurs théologiens et de plusieurs saints.

Saint Thomas nous dit que « la cause spécifique du martyre est le bien divin, mais que le bien humain, pouvant devenir divin quand il se rapporte à Dieu, peut être par là même une cause de martyre ». Il dit ailleurs : « Quand on subit la mort pour le bien commun (*par*

---

[1] Le cardinal Billot a traité magistralement cette question dans un discours prononcé le 25 mars 1915 au Séminaire français de Rome. Nous donnons au chapitre xxv et en appendice deux passages de ce discours qui concernent la mort du soldat.

exemple pour sa patrie), sans que ce bien commun se rapporte au Christ, on ne mérite pas l'auréole du martyre. On mérite, au contraire, cette auréole, si le bien commun se rapporte au Christ, et alors on est martyr. Ce cas se vérifierait, par exemple, si l'on mourait en défendant son pays contre l'agression d'ennemis qui se proposeraient d'attenter à la pureté de la foi chrétienne. »

Comme les croisades avaient précisément pour but de défendre la chrétienté et la foi chrétienne contre les agressions de l'Islam, c'était une opinion très répandue au moyen âge que la mort dans la guerre contre les infidèles avait et le caractère et la vertu du martyre.

C'est l'idée qui revient plusieurs fois dans la chanson de Roland. Dans la harangue qu'il adresse aux combattants de Roncevaux, l'archevêque Turpin leur dit : « Confessez vos péchés, criez à Dieu merci, et je vous absoudrai pour le salut de vos âmes. *Si vous mourez, vous serez de saints martyrs; vos places sont prêtes au plus haut paradis.* » Et il leur commande, pour pénitence, de bien frapper.

A l'attaque de Damiette, saint Louis dit à ses compagnons d'armes pour les encourager à bien combattre : « *Vaincus, nous serons martyrs et nous irons au ciel; vainqueurs, nous* couvrirons de gloire Dieu, la France et la chrétienté. » Lorsqu'il enterrait de ses propres mains les cadavres de ses soldats tombés à Saint-Jean-d'Acre, il disait à ses barons qui montraient quelque répugnance pour cette besogne : « *Ce sont des reliques de martyrs.* » Après la mort de son frère, le comte Robert d'Artois, il se consolait en disant que son âme s'était envolée vers Dieu avec la couronne des martyrs. Saint Jean de Capistran donnait, lui aussi, ce titre aux chrétiens qui tombaient dans les combats contre les Turcs.

Mais le pape Benoit XIV, qui cite ces autorités et plusieurs autres, ajoute qu'il s'agit là non du martyre au sens strict du mot, mais d'un martyre d'analogie ou de similitude, *non de vero martyrio, sed quodammodo de martyrio similitudinario.* Si donc l'on ne peut décerner ce titre aux croisés, à plus forte raison ne peut-on l'appliquer à nos vaillants soldats[1].

Mais si nos soldats ne sont pas des martyrs de la foi, beaucoup parmi eux sont des héros chrétiens, martyrs du devoir et du patriotisme, mais d'un patriotisme vivifié, sanctifié par la

---

[1] Le R. P. Rosa, dans la *Civilta Cattolica*, a consacré à la mort des soldats victimes de cette guerre, un substantiel article dont nous donnons un extrait en appendice.

pensée de Dieu. Ils ont accepté la mort pour la France, — d'*innombrables* lettres nous le montrent, — dans un esprit religieux, pour un motif surnaturel, parce qu'ils y voient un ordre de Dieu, un acte agréable à Dieu, donc par amour pour Dieu.

D'autres voient, en outre, dans cette guerre un acte de justice et de charité plus général, un effort pour délivrer non seulement la France, mais d'autres nations et même toute l'humanité, de l'intolérable hégémonie allemande, d'une barbarie qui nous ramènerait au paganisme.

Enfin, il en est un grand nombre qui ont en vue la défense de l'Église et de la chrétienté contre une puissance luthérienne, dont la victoire et la prépondérance leur semblent, non sans raison, menaçantes pour la foi catholique. Ces derniers rentrent évidemment, par leur intention, dans la catégorie de ceux que saint Thomas appelle martyrs. S'il est vrai qu'ils ne le sont, comme l'enseigne Benoît XIV, que par similitude, c'est déjà un beau titre ; et, si ce titre ne leur crée pas un droit au bonheur éternel, il est bien de nature à attirer sur eux la grâce qui y conduit.

Cette grâce ne leur a pas manqué. Elle a produit en eux des dispositions admirables qui éclatent dans leur correspondance comme dans leurs actes. Nous verrons bientôt à quelle hauteur ils se sont élevés dans le sacrifice en union avec le Cœur du Christ. Or, voilà ce qui nous fait espérer pour eux la gloire du ciel : ce n'est pas une mort patriotique si belle, si héroïque soit-elle, c'est cette mort transfigurée par la grâce et par l'amour de Dieu.

« Dans l'acception rigoureuse et théologique du mot, dit le cardinal Mercier, le soldat n'est pas un martyr, car il meurt les armes à la main, tandis que le martyr se livre, sans défense, à la violence de ses bourreaux.

« Mais si vous me demandez ce que je pense du salut éternel d'un brave, qui donne consciencieusement sa vie pour défendre l'honneur de sa patrie et venger la justice, je n'hésite pas à répondre que, sans aucun doute, le Christ couronne la vaillance militaire, et que la mort, chrétiennement acceptée, assure au soldat le salut de son âme.

« Nous n'avons pas, dit Notre-Seigneur, de meilleur moyen de pratiquer la charité que de donner notre vie pour ceux que nous aimons. »

Le vaillant primat de l'héroïque Belgique le dit très bien : « C'est la mort chrétiennement acceptée qui assure le salut de nos soldats. » C'est cette mort que nous allons contempler.

XXVI

ILS MEURENT EN RÈGLE AVEC DIEU

La vie au feu, au milieu des obus, est, comme nous l'avons vu, pour la plupart de nos soldats *une véritable retraite*, où le canon, remplaçant la cloche, règle les exercices. Le principal de ces exercices, c'est la préparation à la mort, la méditation des « années éternelles », l'acceptation de la volonté divine, le sacrifice généreux de la vie. La grâce opère des merveilles dans ces hommes de fer, au cœur généreux, qui se savent exposés à chaque minute à une effroyable catastrophe. Ils s'en vont, le *fiat* sur les lèvres, l'image du ciel dans les yeux, l'amour de Dieu dans le cœur, souriant à la douleur et au trépas. Ils tombent dans le Seigneur. Une pareille mort ne doit pas seulement nous tranquilliser sur leur sort éternel, mais nous rendre saintement jaloux, car c'est la mort des justes : *Moriatur anima mea morte justorum!*

Un prêtre infirmier écrit dans la *Semaine religieuse* d'Évreux (28 août 1915) :

« Vous désirez savoir comment meurent ces

chers enfants de France? Tout comme je voudrais mourir moi-même. Dieu accorde visiblement à ces jeunes gens qui se sont donnés si résolument à la patrie *des grâces de choix, qui les amènent à mourir non seulement chrétiennement, mais saintement.* »

Un prêtre de Nantes, infirmier dans son régiment, a la même impression :

« Les jours et les nuits y passent, écrit-il le 12 octobre 1914 ; à longueur de journée on a les mains teintes de sang, mais c'est de ce sang français qui trace sur notre histoire une si belle page... *Aucun mourant ne nous échappe.* Absolution et derniers sacrements sont toujours acceptés avec empressement et soulagement; deux fois même le Dieu de l'hostie a visité notre maison ! Quelquefois nos blessés trépassent entre nos mains. A quelles morts nous assistons ! *Nos petits soldats souffrent généralement et meurent fréquemment en héros et en saints qui s'ignorent.* Je sais telles et telles morts capables de racheter un peuple, et je ne puis croire à la fin d'un pays où l'on meurt ainsi. »

Je suis en règle avec Dieu! Voilà un mot que nos hommes aiment à répéter avec une joyeuse simplicité. Combien de fois l'avons-nous lu dans leurs lettres!

Pierre du Mesnildot, lieutenant de hussards,

qui mourra prisonnier en Allemagne des suites de ses blessures, écrit au moment de partir :

« *Je suis en règle avec tout le monde et spécialement avec le bon Dieu. J'aime mieux ne pas revenir que de revenir vaincu.* »

Le sergent aixois Firmin F..., un territorial, rapporte, dans une lettre datée du 4 mars 1915, un mot bien touchant d'un sergent de l'active :

« ... Un beau gars plein de courage. Je le félicitais de son courage et de son ardeur. Il avait été lui-même placer des fils de fer de barrage à dix mètres de la tranchée ennemie. Gloire de sa demi-section, tous l'aimaient. Et voici ce qu'il répondait à mes félicitations, croyant peut-être parler à un athée :

« — Mon vieux camarade, si je fais cela, ce n'est pas par bravade, c'est qu'il le faut, c'est que je n'ai pas peur de la mort, vu que je *suis en règle avec Dieu.* »

« Et aussitôt je lui disais qui j'étais, et nous nous embrassions comme des frères. »

Le capitaine de Boisricheux : « Je me suis mis, dès l'annonce de la mobilisation, *en règle avec Dieu*, et je suis prêt à affronter la mort sans crainte. » Plusieurs fois blessé et cité à l'ordre du jour, il meurt sans crainte et sans reproche à Ypres.

Un maître d'école libre, Raphaël Aillaud, fervent chrétien, écrit :

« Nous sommes tous prêts à fournir à la patrie notre effort, notre sang ou notre vie, en soldats, en patriotes et en chrétiens... Je me confesse très souvent, car il faut que le bon Dieu, s'il doit nous prendre, trouve en nous une rançon suffisante. »

L'abbé Vignes, aumônier, écrit à Mgr de Carsalade du Pont :

« L'aumônier est encore peut-être mieux accueilli que le médecin, car si celui ci soigne les plaies physiques, le prêtre seul trouve la parole qui va au cœur du soldat et qui l'aide à supporter ses souffrances...

« *Je n'ai pas encore trouvé un seul soldat qui ait refusé les secours de la religion, et Dieu sait si j'en ai vu.* Et à côté des blessés, il y a le grand nombre des combattants qui viennent se réconcilier avec Dieu avant de partir pour la ligne de feu.

« Ici, plus de respect humain : le colonel s'agenouille sur le sol où vient de se tenir un soldat pour recevoir comme lui l'absolution. »

M. Dubourg, du diocèse de Besançon, écrit le 26 septembre 1914 :

« Les blessés nous accueillent toujours bien. *Il n'y en a pas qui refusent les sacrements.* »

Un prêtre brancardier écrit des Dardanelles à la *Semaine religieuse d'Oran* (11 septembre 1915) : « *Je bénis la divine Providence, car toutes les fois que je me penche sur un brancard, je ramène une âme à Dieu.* »

De M. l'abbé L..., aumônier :

« Comme nos chers soldats sont beaux ! Qu'ils sont bien Français ! Atteints d'un obus ou d'une balle, ils conservent leur entrain. S'ils sentent la mort venir, avec une attitude qui vous arrache des larmes, ils reçoivent les secours de la religion... Jamais une plainte. C'est la rançon de la France. Ils le sentent et le répètent.

« Après une sérieuse opération, j'ai célébré la sainte messe au pied de la croix du cimetière du village. Vous dire l'émotion qui étreignait toutes les poitrines, c'est impossible. Le célébrant lui-même dut, à plus d'une reprise, recommencer les prières liturgiques. Tout l'état-major était là avec deux généraux voisins, tous les officiers libres, tous les hommes. C'était une scène indescriptible.

« *Pas un homme ne refuse les sacrements; tous les réclament comme le ferait le plus pieux séminariste.* J'ai déjà distribué plus de mille médailles-scapulaires. C'est la foi en action, et ces jeunes hommes viennent tout simplement, avant d'exposer leurs mâles poitrines aux balles ennemies, mettre ordre aux choses de leur conscience. »

M. Le Douarec, prêtre de Saint-Brieuc, écrit à son évêque :

« De tous les blessés que j'ai vus, — et combien en ai-je vus ! — un seul jusqu'ici a refusé mon ministère : encore n'est-ce pas, j'espère, un refus définitif. Et parmi les bien portants, combien pour qui la vue de ma soutane a été un rappel au devoir religieux longtemps négligé ! »

D'un prêtre du diocèse de Quimper :

« Sur quinze hommes que j'ai enterrés, depuis trois jours, treize se sont confessés ; les deux autres sont morts presque subitement et peut-être avaient-ils eu les secours de l'aumônier des brancardiers. »

De M. Joseph G., prêtre-brancardier du diocèse de Vannes :

« A l'ambulance, bien rares sont ceux qui refusent les secours de la religion. *Pour ma part, je n'en ai rencontré aucun.* Bien au contraire, tous réclament le prêtre, et quand ils savent que c'est un prêtre qui les soigne, ils en sont tout heureux.

« Vers la mi-novembre, je pris la garde à minuit dans la salle des plus grièvement blessés.

D'un coin, j'entendis sortir de douloureux gémissements ; je m'approchai : c'était un sergent de zouaves.

« — Vous souffrez, mon ami?

« — Atrocement, me répondit-il, mais cela n'est encore rien ; ce qui me peine le plus, c'est que je vais mourir... et mourir sans prêtre.

« — En ce cas, repris-je, vous pouvez vous consoler, vous ne mourrez pas sans prêtre. »

« Vous ne sauriez comprendre quelle fut sa joie et avec quelle effusion il me serra les mains qu'il ne cessait d'embrasser. Je le confessai, puis l'administrai, et vers 4 heures du matin, le voyant faiblir de plus en plus, je lui donnai l'indulgence de la bonne mort qu'il me réclamait lui-même. Quand j'eus achevé, le pauvre enfant me fit promettre d'écrire à sa femme aussitôt qu'il aurait fermé les yeux...

« Et dites-lui bien, me recommanda-t-il, que ma dernière pensée est pour Dieu, pour elle et mon enfant que je n'ai jamais vu... »

« Quelques instants après il rendait sa belle âme à Dieu. »

Ils veulent avoir la conscience pure pour mourir et, souvent, la beauté de leur cœur se reflète dans la beauté de leur attitude extérieure. Il y a je ne sais quelle superbe élégance dans le dernier mot du capitaine Louis Penet. Une heure avant la charge où il doit mourir, il revêt une tunique neuve et s'habille avec recherche comme pour une grande revue, et, comme le lieutenant Bonnaut en paraît étonné, il lui dit : « *C'est aujourd'hui au 1ᵉʳ escadron à marcher. Ce sera dur. Je veux être beau pour paraître devant Dieu.* »

D'un bout à l'autre du front, dans les hôpitaux et les ambulances, chaque jour, chaque nuit, ce sont les morts les plus édifiantes, les plus saintes. Les âmes tombent comme des flocons de neige dans l'éternité, et la plupart dans un grand cri de repentir et d'amour. Où vont-elles, ces âmes si humbles, si contrites, si unies à la Passion de Jésus? Où vont-elles, ces âmes qui se sont offertes à Dieu, en lui disant : Pardon! *Miserere! Fiat!* Où peuvent-elles aller sinon au ciel? Un petit détour, plus ou moins long, par le purgatoire, oui, sans doute; mais pour beaucoup l'horrible blessure, l'horrible douleur, l'horrible agonie, l'horrible mort, ont singulièrement avancé l'expiation. Et puis, au bout, voici les anges de la patrie qui disent au héros chrétien : « Allons, serviteur bon et fidèle, entre dans la joie de ton Seigneur! »

XXVII

ILS MEURENT LE « FIAT » AUX LÈVRES

Les maîtres de la vie spirituelle, saint Alphonse de Liguori entre autres, regardent comme un des signes les plus certains du salut éternel le sacrifice de la vie, le *fiat* prononcé en union avec celui du Sauveur dans sa Passion. Or, l'un des mots qui reviennent le plus souvent sous la plume et sur les lèvres de nos soldats, avant ou pendant leur agonie, est précisément ce *fiat* avec toutes ses pieuses nuances : Mon sacrifice est fait! Que la volonté de Dieu soit faite! Mon Dieu, je remets mon âme entre vos mains!

A sa bonne mère, dont il était le soutien et la joie, le sergent Audiger, de Saint-Nazaire, envoie ce billet :

« Lorsque je me vois en danger, je fais un bon acte de contrition, je récite un *Pater* et un *Ave* et j'ajoute : « Mon Dieu, faites de moi ce que vous voudrez! » Après cela, je ne pense plus du tout à la mort, et je m'en remets complètement à la volonté de Dieu ; faites-en autant de votre côté[1]. »

Un zouave, Eugène T., tué le 20 juin à Notre-Dame de Lorette, terminait son journal de guerre, la veille de sa mort, par cette page digne d'un saint :

« Lutte d'artillerie effroyable toute la journée... Qu'il est bon, réconfortant et encourageant, en ces moments terribles où les minutes semblent des heures, d'élever franchement son âme vers Dieu et à chaque instant lui demander, par une bonne prière, du courage et de la confiance. La prière dans la tranchée est la seule chose qui vraiment nous réconforte et nous aide à souffrir avec résignation pendant de longues heures en attente de la mort, car celle-ci nous suit pas à pas. *Le sacrifice de sa vie fait pour la France et les pécheurs* donne au soldat la confiance et le courage qui lui sont nécessaires. C'est ce que j'ai fait en partant à la guerre et ce que je fais chaque jour en me donnant en entier à Dieu et en disant :

« Mon Dieu, que votre sainte volonté soit
« faite, je suis prêt à tous les sacrifices que
« vous me demanderez. »

---

[1] *Semaine religieuse de Nantes*, 24 juillet 1915.

D'un employé de la maison de la Bonne Presse cette notation dramatique :

« Pendant que je griffonne, le canon tonne terriblement. Les bombes sont effroyables. Les Prussiens sont saisis par la mort dans des positions incroyables. Ils restent debout l'arme à la main. Je t'expliquerai tout cela de vive voix. La Meuse est pleine de cadavres, paraît-il. Ici on ne voit plus d'herbe, les champs sont couverts d'éclats d'obus. Nos vêtements sont maculés de boue et nos mains pleines de sang. Les balles sifflent partout et je passe ! La mort ne veut décidément pas de moi. Allons, je vous dis peut-être adieu ! J'ai passé si près d'elle aujourd'hui. Combien de fois ai-je dit : « Mon « Dieu ! je remets mon âme entre vos mains[1] ! »

Çà et là des mots charmants. Le sous-lieutenant Faller, neveu du vaillant curé de Mars-la-Tour, fait ses adieux à ses amis :

« Réjouissez-vous avec moi, leur dit-il, car je vais à l'avancement... Mais oui, car si je reviens, comme je le désire et comme vous me le souhaitez, je suis sûr de rapporter plusieurs galons sur ma manche ; et si je ne reviens pas... eh bien ! je recevrai le plus bel avancement qui soit : *l'avancement pour l'éternité !...* »

[1] La *Croix*, 10 septembre 1914.

Et comme tous sont émus :

« Allons, ajoute-t-il en serrant les mains qui se tendent, je veux, avant de partir, monter encore une fois à la chapelle et y faire, dans le calme, le *sacrifice de ma vie.* C'est dur, quand on est jeune et qu'on a une femme et des enfants, mais c'est le devoir, et quoi qu'il m'en coûte, c'est de grand cœur que je veux l'accomplir[1]. »

Georges Duclercq écrit à sa jeune femme :

« Je pars dans les meilleures dispositions, la paix dans l'âme, Jésus-Christ en moi. Je pourrai probablement communier encore avant d'aller là-bas! J'ai aussi au cœur la joie que donne l'acceptation du devoir. »

Et voici la petite note poétique qui ne gâte rien et fait penser au Poverello d'Assise :

« Il fait beau, les bois sont frais, et, au milieu des rafales d'obus, les oiseaux chantent.

« Ce matin, vers 2 heures et demie, au moment où nous partions pour venir ici, la fusillade et le bombardement faisaient rage; cela ne les empêchait pas de chanter au Créateur l'hymne matinal. Il y a là une leçon pour nous, celle du complet abandon à la Providence. Le bon Dieu qui les protège nous protège aussi,

---

[1] Note communiquée par M. Flocard, vicaire général de Langres.

nous et nos petits, et nous serions dans l'inquiétude ! Non, ne méritons pas le reproche « hommes de peu de foi » ! Ayons beaucoup de foi, ayons la foi !

« C'est si bon de l'avoir ! Cela rend heureux, même ici. On éprouve une indéfinissable joie, même au milieu des plus grands dangers, en se sentant porté dans les bras du bon Dieu. »

Belles âmes, âmes d'élite, qui se sentent portées dans les bras du bon Dieu ! Qui pourrait avoir la moindre inquiétude sur leur sort dans l'autre vie ? D'où est donc sortie cette génération si pure et si noble : *casta generatio cum claritate !*

« J'ignore ce que l'avenir me réserve, écrit un alpin de vingt ans, P. J...; je suis entièrement soumis à la Providence. Comme d'être chrétien et pratiquant on se sent, en ce moment, fort, calme et confiant! C'est une force immense, la seule. Elle permet de marcher sans peur, d'accepter tous les sacrifices et de mourir sans regrets. *Je ne demande à Dieu que deux choses : que la France soit victorieuse et que je meure en état de grâce*, pour que la mort, en quelque temps ou lieu qu'elle me frappe, me ramène directement à Dieu. »

D'un soldat de la Meuse :

« Mon sacrifice est fait : *mon âme est à Dieu,*

mon corps à la patrie, et je me ferai vaillamment tuer pour les bons Français. Ne vous chagrinez pas si vous apprenez ma mort. Sachez que je suis allé à Dieu. »

Le capitaine Pierre Touvet, tombé glorieusement en Alsace, écrit aux siens :

« J'ai communié... Je serai toujours prêt si une balle m'atteint; car, chaque jour, je me remets entièrement entre les mains de Dieu. Je ne lui demande que le courage... Dites-vous bien, si vous ne me revoyez plus, que Dieu aura pitié de moi, car je serai mort en chrétien et en Français. »

Le caporal Joseph Fourmage, du diocèse de Coutances, tué à Lombaertzyde (Belgique), le 18 décembre 1914, écrit à ses parents :

« Si Dieu voulait que j'y reste, eh bien! je suis prêt, et il y a longtemps que *j'ai fait le sacrifice de moi-même*. Puis j'aurai toujours la consolation d'avoir fait mon devoir de soldat et d'avoir travaillé à la libération de notre pays. »

Engagé volontaire, caporal à dix-neuf ans au 53ᵉ chasseurs à pied, Charles Moret est mort, le 3 mai, en Alsace, des suites d'une blessure. On lit dans sa correspondance :

« Je meurs dans la foi catholique et romaine, sainte religion que j'ai toujours aimée et pratiquée... *Mon sacrifice est fait*. J'attends l'heure de la Providence, vivant au jour le jour et demandant à Dieu de faire tout pour mon plus grand bien, celui de ma famille et celui de la France... Je m'incline devant la volonté absolue de la Providence. Je suis prêt à tout... » Blessé à mort, il se montre héroïque de courage et de douceur. « Mon sacrifice est fait, répète-t-il plusieurs fois en souriant à un ami... *Il est si doux de souffrir !* » Parole de saint[1].

Alcide-Joseph Espritoz, adjudant aux chasseurs alpins, avait toutes facilités pour rester à Annecy : il voulut partir; et, huit jours après son arrivée, il était tué raide d'une balle à la tête. Admirable chrétien, il écrivait à sa femme :

« Pour qu'un sacrifice soit fécond, il faut qu'il soit fait de plein gré et joyeusement consenti. C'est ainsi que je fais le mien; c'est

---

[1] On a pu remarquer que je laisse ordinairement de côté dans ces pages les mots et les traits édifiants des prêtres qui sont au front. Je ne cite d'eux que les témoignages qu'ils rendent à la foi de leurs camarades, parce que mon but est de montrer comment nos simples soldats vont *du champ de bataille au ciel*. Cette démonstration serait superflue pour des prêtres; il semble si naturel qu'ils meurent dans la paix du Seigneur ! Mais on entend bien que les actes sublimes abondent chez eux encore plus que chez les laïques. Que de belles choses il y aurait à dire de leur piété, de leur charité, de leur vaillance ! Tous les témoins de leur vie et de leur mort s'accordent à proclamer qu'ils s'attirent la vénération et l'admiration universelles.

ainsi que tu feras le tien en bonne et vaillante chrétienne. Tu seras la première à être fière d'avoir un mari décidé à faire bravement son devoir, à faire, si besoin est, *le sacrifice d'une vie qui n'appartient qu'à Dieu* et que, tôt ou tard, il nous reprendra[1]. »

Il a les paroles les plus douces pour « ses chers petits ». « Qu'ils n'oublient jamais le dernier désir de leur papa, s'il tombe au champ d'honneur; qu'ils reportent sur leur maman toute l'affection de leur cœur, et qu'ils vivent toujours en bons chrétiens et en bons Français. »

Ces hommes si durs à eux-mêmes sont tendrement attachés à leurs parents, leur femme, leurs enfants; leur cœur se brise à la pensée de laisser ici-bas des êtres si chers; leur sacrifice n'en est que plus beau.

C'est aussi le cas de Jean Brière. Peu de temps avant sa mort, il écrit à sa mère :

« J'ai reçu votre bonne lettre. Inutile de vous dire le plaisir qu'elle m'a causé. *Je l'ai lue dans un coin, bien tranquillement, pour la savourer à l'aise et faire rendre à ce petit morceau de papier tout ce qu'il contenait d'affection...* Si je ne reviens pas, ma bonne mère, il faudra pen-

[1] *Semaine religieuse de Tunisie.*

ser qu'il te reste deux enfants et te dire que Dieu l'a jugé meilleur pour moi. » Peu de temps après, il mourait en brave.

Pierre Grandjean, Berrichon, type accompli de l'officier français, meurt, le 5 avril 1915, dans le bois d'Apremont. Le vendredi saint, il avait écrit une lettre qui devait être remise à sa mère après sa mort, et où il disait :

« Une grande chose ne peut s'obtenir sans de grands sacrifices. Une vie par famille, ce n'est pas payer cher le retour de l'Alsace-Lorraine! Je tâche d'accepter le *sacrifice* de bon cœur. N'est-ce pas aujourd'hui l'anniversaire de la mort de Notre-Seigneur? J'ai la conscience tranquille. Voyez-vous, il serait injuste que vous ne payiez pas votre dette à la patrie comme les autres familles. Tu sais bien, maman, que c'est ma théorie. Je n'ai pas de bien gros crimes à me reprocher dans ma vie. Si j'ai *le bonheur d'aller là-haut* sans trop attendre, je veillerai bien sur vous. Je vous aime bien, papa, maman, grand'mère et mes petits frères. Je vous sentirai près de moi en y allant. Je vous embrasse tous une dernière fois bien tendrement avant la grande réunion définitive!

« Cœur Sacré de Jésus, j'ai confiance en vous! »

Ce qu'il y a peut-être de plus touchant, c'est

de voir le rôle chrétien, et l'on peut dire sacerdotal, que nombre de soldats et d'officiers laïques remplissent auprès de leurs frères mourants. Ils s'efforcent, comme de véritables apôtres, non seulement d'adoucir, mais de sanctifier leurs derniers moments en leur suggérant de pieuses pensées. Tel le capitaine A. D..., qui écrit le 15 février 1915 à un père pour lui raconter la mort de son fils Alexandre B..., chasseur, mort en héros chrétien.

« Voyant que votre fils paraissait beaucoup souffrir (*dans la tranchée où un obus venait de lui ouvrir le ventre*), quoique pas une plainte ne lui échappât, je lui dis :

« — B..., il faut penser au bon Dieu, lui offrir vos souffrances et accepter sa volonté.

« — Oui, mon capitaine, me répondit-il avec force, c'est ce que je fais déjà, car j'ai toujours été bien croyant. »

« Je l'engageai alors à faire le sacrifice de sa vie ; il dit à ce moment :

« — Mon Dieu, j'accepte la mort, si c'est votre volonté ; je vous offre tout ce que je souffre, je vous aime de tout mon cœur. »

« Quelques instants après il me dit :

« — Mon capitaine, c'est fini ; ce n'est pas pour moi que cela me fait de la peine, mais pour mes parents. »

« Quand arrivèrent les brancardiers, il dit en les voyant :

« — Chargez-moi vite, s'il n'y en a pas de plus blessé que moi. »

« Puis je l'ai embrassé de tout mon cœur, en lui demandant de prier pour la compagnie, quand il serait près de Dieu. »

Le sergent Auguste Colin lui aussi est un apôtre. Né à Charmes-sur-Moselle, il est le soutien des œuvres de sa paroisse. Il évangélise les enfants du patronage. Au front, il tressaille de joie quand il voit ses camarades revenir au bon Dieu. Il écrit à sa femme :

« Pourquoi ne pas chercher à monter toujours plus haut et mettre en Dieu tous nos actes, même les plus simples? Quel est celui d'entre nous qui sait ce que demain lui réserve? Alors pourquoi ne pas chercher sans cesse à accéder toujours plus près du Tout-Puissant, afin que, si c'est nécessaire, la transition de la terre au ciel puisse se faire pour ainsi dire sans secousse? Je n'envisage plus la vie que comme une occasion de gagner plus de mérites pour l'éternité. Je t'aime beaucoup, mais cependant après Dieu. Dans mes communions, je demande pour toi la résignation; je demande que tu ne te révoltes pas contre Lui, si je dois rester sur le champ de bataille. »

N'est-ce pas là le langage d'un saint, d'un homme tout pénétré d'esprit surnaturel? Il mourut le 15 mai 1915, frappé d'une balle dans un assaut à Neuville-Saint-Vaast.

Fiat! C'est le mot des grands mystères. C'est le mot de l'Incarnation, car, tombé des lèvres de Marie, il fit descendre le Verbe dans son sein. C'est le mot de la Rédemption, car, tombé des lèvres de Jésus, il décida de notre salut. C'est le mot de la prédestination, car, tombé des lèvres de nos soldats, il exprime le sacrifice total de leur vie, un acte héroïque d'amour de Dieu, qui leur ouvre le ciel.

Oui, *fiat* à la blessure et à la mort! Buvez, amis, buvez ce calice que vous présentent les anges de l'agonie. Il en est un autre que les anges du ciel vous offriront bientôt. Calice de gloire, calice d'amour, calice des ivresses éternelles, oh! comme il est beau! *Calix meus inebrians quam præclarus est !*

XXVIII

CEUX QUI DÉSIRENT LA MORT

Le sacrifice a deux formes bien distinctes, qui constituent deux degrés dans l'héroïsme. Un grand nombre de vaillants offrent leur vie et sont disposés à la donner allègrement, *si c'est nécessaire, pour défendre et glorifier leur patrie*, et ils l'exposent généreusement dans ce but : cependant ils aimeraient beaucoup mieux ne pas mourir et, après avoir bien combattu, assister à la victoire. C'est déjà très beau.

Mais il en est dont l'âme monte plus haut et se perd dans des hauteurs mystiques que le cœur et la foi comprennent mieux que la raison. Ils désirent mourir pour leur patrie, pour lui obtenir de Dieu la victoire, mais plus encore le retour à une vie chrétienne supérieure; ils sont persuadés que cet acte d'amour suprême ne sera pas perdu et qu'il touchera le cœur de Dieu. Ils estiment que le plus bel usage que l'homme puisse faire de sa vie est de la perdre volontairement pour une noble cause. C'est pourquoi ils n'acceptent pas seulement la mort, ils la désirent, ils la demandent à Dieu; ils s'offrent en victimes pour la France.

Ce désir est certainement le plus haut degré du sacrifice patriotique. Or, nous le surprenons dans un grand nombre de ceux qui sont morts pendant cette guerre. C'est là un fait étrange et qui me semble tout à fait nouveau. Je ne crois pas qu'il se soit jamais produit ni dans notre histoire, ni dans celle d'aucun autre peuple. Je n'ai rien trouvé de semblable ni au moyen âge ni dans les temps modernes. Des jeunes gens beaux, forts, joyeux, et qui tombent tout à coup amoureux de la mort dans une grande idée d'immolation, c'est extraordinaire et déconcertant. Quel souffle d'éternité a passé sur la terre de France, emportant l'élite de ses âmes vers le Calvaire !

Et notez bien qu'il n'y a rien là du suicide; rien de ce goût morbide de la mort qui faisait languir René et qu'a chanté Léopardi; rien du désenchantement des blasés. Au contraire, la vie les séduit ces jeunes hommes; ils entendent sa voix frémissante d'amour; mais la voix du sacrifice leur paraît plus belle. Immoler leurs vingt ans à la cause aimée entre toutes leur semble exquis, et ils trempent avidement leurs lèvres dans le calice. Encore une fois nous dépassons ici la limite humaine.

Nous savons un de ces héros, — c'était un enfant, — qui avait obtenu de sa mère la permission de s'engager. Il lui dit en la quittant : « Ma chère maman, vous savez si je vous aime! mais pardonnez-moi de vous le dire : j'ai demandé à Dieu de mourir pour lui et pour la France. Je ne puis mieux employer ma vie. » Est-il plus noble salut à la mort?

Le commandant Guy de Robien n'est pas seulement un chrétien, c'est un ascète à la vie austère. Quand la guerre est déclarée, il est persuadé que Dieu veut des victimes expiatoires pour sauver la France et il s'offre à lui de tout cœur. Mais, dans son humilité, il craint d'être jugé indigne de ce rôle et tremble de n'être pas exaucé. Il s'expose cent fois à la mort qui semble ne pas vouloir de lui. Chaque jour, dans une ardente prière et, quand il le peut, dans la communion, il renouvelle son holocauste. Enfin, ô bonheur, le jour de l'Épiphanie 1915, il est frappé d'un obus qui s'enfonce dans son cœur avec son scapulaire. Il meurt debout, comme il l'avait souhaité, à la tête de ses hommes qui le pleurent à chaudes larmes.

A l'hôpital de Nevers, un petit Saint-Cyrien

lorrain de dix-neuf ans, blessé, demande qu'on lui enlève une côte pour retourner plus vite au front : « *Tout est médiocrité*, disait-il à son infirmière, *en dehors de ces deux aspirations : le ciel et le sacrifice !* »

Marcel Devarrieux a un frère jumeau, André, qu'il aime avec tendresse. Il demande à Dieu de le prendre comme victime et d'épargner son frère. Hélas ! André meurt à Souchez, le 23 juin 1914, victime de son dévouement héroïque à ses camarades. Marcel écrit à sa sœur une admirable lettre dont voici quelques phrases :

« Dieu a imposé à notre cher père et à nous tous un sacrifice ; mais, *malgré ce que je lui avais tant demandé*, il a voulu une victime plus pure, plus belle, et il ne m'a pas accepté.

« Mon frère jumeau tant aimé, André, a été tué cette après-midi de deux balles de shrapnell, l'une au cœur, l'autre à la tempe gauche.

« J'ai le cœur transpercé de douleur, mais Dieu me fait la grâce d'avoir l'âme en paix.

« Ce si bon André est sûrement parti rejoindre notre mère adorée, car il avait toujours la conscience tranquille, et nous avons communié tous les deux il y a dix jours.

« Si vous saviez tous comme sa figure est calme, reposée et légèrement souriante ; c'est une preuve qu'au moment où sa belle âme quittait cette terre pour laquelle elle n'était pas faite, elle entrevoyait déjà le royaume de l'immortel bonheur et de l'éternelle paix.

« Mon bien-aimé papa, Dieu t'a demandé le sacrifice de l'un de tes deux jumeaux que tu aimais tant, et il a voulu que ce fût le meilleur, pour que, la victime ayant plus de valeur, le sacrifice fût plus grand. Eh bien ! mon cher papa, je sais ton amour du Christ et de ses saintes volontés ; tu lui offriras cet immense sacrifice de tout ton cœur, et tous nous nous résignerons à cette sainte volonté.

« L'heure n'est pas venue de pleurer. Il faut que la France du dedans soit aussi forte que la France qui est aux tranchées de première ligne. Quand la victoire aura sonné et que nous compterons nos disparus, alors nous pleurerons nos héros dont le sang aura été si utile à notre belle France. »

Le lieutenant André des Vosseaux apprend la mort de son frère. Il regrette de n'être pas tombé à sa place. « Oh ! quand, hier, agenouillé sur la tombe de mon cher Xavier, je priais longuement, je pleurais aussi, en contemplant la grande plaine baignée de soleil, j'éprouvais une douce consolation, un désir, une aspiration vers cette mort si belle. Que n'est-il resté et que ne suis-je parti comme il est parti ! » Quelque temps après, foudroyé par un obus, il allait rejoindre son frère dans la grande plaine baignée de soleil de là-haut.

M. l'abbé Bourbonnaud, du clergé de Carthage, écrit, le 11 avril 1915 :

« Le bon M. Arrouès n'est plus de ce monde... C'est la plus belle âme que j'aie connue. Il a dû emporter son innocence baptismale. La veille de sa mort, il se confessait, me servait la messe et communiait. Son voisin de tranchée me disait : *« Arrouès était assez croyant pour être heureux de mourir. »* Un caporal ajoutait : *« J'aurais voulu recevoir un obus pour partir avec Lucien ! »*

Pierre C..., brave Lorrain, aîné de dix enfants, écrit du front à son frère cadet qui part avec la classe 15. Voyez encore ce regard d'envie jeté vers la mort et vers le ciel :

« Je ne souhaite pas notre mort, rapport à nos chers bien-aimés que nous laisserions ; mais figure-toi que nous soyons tués tous les deux, quelle joie pour nous et pour notre père de se retrouver ensemble dans le monde des bienheureux ! »

Marc Dorval, de Kerfeunteun, élève de Saint-Vincent à Quimper, passe brusquement du baccalauréat au régiment. Engagé à dix-huit ans dès le mois d'août 1914, il part bientôt pour la fournaise, enthousiaste, heureux de se sacrifier pour Dieu et pour la France. Sa grande joie, c'est de communier et de servir la messe. Après une année de guerre, qui est pour lui une année de sanctification, il tombe en Alsace, le 4 août 1915, le crâne ouvert par un obus, et l'on trouve sur lui une admirable lettre dont voici un fragment :

« Après m'être confessé des fautes de ma vie, le 19 juillet au soir, et vous avoir reçu dans mon cœur par la communion, le 20 juillet au matin, Seigneur, permettez-moi, malgré mon indignité et en considération des mérites de votre divin Fils, de me confier à vous. Veillez sur moi dans la lutte qui commence et préservez-moi de tout mal. Mais que votre sainte volonté soit faite avant tout! Si vous voulez que je retourne sain et sauf, soyez béni. Si vous voulez que je souffre, soyez mille fois béni. Si vous voulez de ma vie, soyez encore béni ; elle est à vous, je vous la rends.

« Pour vous, mes chers parents, dont la seule pensée fut de m'élever chrétiennement et qui n'avez, dans ce but, ménagé ni vos peines ni vos exemples, ô mon père et ma mère, comment vous témoigner ma reconnaissance? Ah! nulle parole n'y suffirait, certes ; mais la pensée que vos efforts n'auront pas été vains et que votre enfant est mort dans les sentiments que vous vouliez lui inspirer saura, j'espère, adoucir votre douleur, si vous veniez à me perdre, et deviendra votre récompense... »

Voilà comment on traite la mort en France, comment on lui sourit et on l'appelle. C'est bien ici qu'on est tenté de s'écrier: « O mort, où est ta victoire? »

Tant de *sérénité* dans l'héroïsme accable l'esprit. On ne raisonne plus; on admire et on pleure. Vraiment la générosité humaine va plus loin que la pensée humaine. Quel séraphin lui prête ses ailes pour monter par delà nos horizons vers la splendeur infinie!

Quand un pays va ainsi au-devant de la mort, la mort ne veut pas de lui. Elle peut bien cueillir sa fleur, mais elle respecte sa sève. A lui l'immortalité!

XXIX

ILS MEURENT LES YEUX AU CIEL

Plus la mort approche, plus la terre disparaît dans ces cœurs frappés de sublimes amours. C'est vers le ciel que se lèvent tous ces beaux yeux déjà inondés de clartés éternelles. Pour beaucoup le ciel est leur perpétuelle pensée. Ils peuvent dire avec l'Apôtre que c'est leur vie, leur conversation ; c'est l'espérance qui les soulève, le cantique qui les berce, l'aube qui les attire. « Le ciel en est le prix, » c'est leur devise, et ils voient tout dans sa lumière.

M. l'abbé Vignes le constate avec émotion dans une lettre à Mgr de Carsalade du Pont :

« Je vous assure que bien souvent les larmes mouillent mes yeux lorsque je vois avec quelle résignation ces pauvres enfants *font le sacrifice de leur vie*. Ils me tendent la main, serrent la mienne avec effusion et reçoivent en vrais chrétiens les secours de la religion. C'est bien sur le champ de bataille qu'on peut juger le Français ; il se bat le sourire aux lèvres, et lorsqu'il est blessé, en lui revit le chrétien. *C'est vers le ciel que se lèvent ses yeux et c'est à Dieu qu'il a recours.* »

Les yeux au ciel ! Ce sont les yeux de ce petit Breton qui, se voyant en danger, dit à un prêtre : « Je veux me confesser pour aller au ciel ; je l'ai promis à ma mère[1]. »

Les yeux au ciel ! Ce sont ceux du lieutenant Jean Triozon. Blessé à mort, il dit : « Appelez un prêtre ! » Il se confesse, puis, se tournant vers ses amis : « Adieu, mes amis. *Je suis certain de monter au ciel. Je prierai pour vous tous et pour que la France soit victorieuse !* »

Les yeux au ciel ! Ce sont les yeux du caporal Louis Rabouin, instituteur libre du diocèse de Nantes, qui, ayant eu les reins et la cuisse fracassés en Champagne, le 23 février 1915, souffre atrocement de ses blessures et du froid dans sa tranchée, et s'écrie : « Je souffre ; oui, je souffre, mais *fiat !* J'offre ma vie pour l'expiation de mes fautes et de celles de la France. » Et un peu plus tard : « Je souffre trop, j'aime

---

D'après une lettre de M. l'abbé Lagut, infirmier. *Semaine religieuse de Valence.*

mieux mourir ! Et puis *le ciel est si beau ! Oh! le ciel! le ciel!...* Je meurs content pour mon Dieu et pour la France ! »

Les yeux au ciel! Ce sont les yeux du commandant Jeanson, tombé, le 23 août 1914, aux portes de Namur à la tête de son bataillon. Au moment où il quitte Laon, sa ville de garnison, des amis lui crient : « Au revoir! » Et lui, tout transfiguré et levant non seulement ses yeux, mais son épée vers le ciel, répond : « Si nous ne revenons pas, il y a l'au-delà ! »

Les yeux au ciel! Ce sont les yeux du sergent Émile Chataignier. Le 31 mars, dans la Woëvre, il est frappé d'une balle, il avance. Deuxième balle, il avance. Troisième balle, il a le bras fracassé, et ne peut plus tirer. Il dit à ses hommes : « Tirez, les gars ! » Les Allemands lui crient : « Rendez-vous! » « Vous allez voir comment on se rend, répond-il. Tirez, les gars ! » Quatrième balle, il tombe mort. Il avait écrit aux siens : « Dites-vous que, si je meurs, c'est pour aller au ciel et que je vous rencontrerai là-haut[1]. »

Les yeux au ciel! Ce sont les yeux de Joseph Georgelin, brave petit rhétoricien de Saint-Vincent de Quimper, qui, après une année de

---

[1] *Semaine religieuse d'Autun*, 24 avril 1915.

travail, veut aller prendre ses vacances au front et s'engage comme volontaire. Noble cœur de Breton! Écoutez cet air de bravoure : « Ne pleurez pas, mes chers parents : *si je meurs, j'irai droit au ciel ; et puisque c'est le but, plutôt aujourd'hui que demain !* » Quel Gounod chantera ce « salut à mon dernier matin »! Joseph eut le crâne fracassé, le 26 février 1915, à Saint-Jean-sur-Tourbe (Marne). On trouva sur lui un carnet rempli de notes et de poésies. La dernière ligne, tracée au crayon, était : « Bienheureux ceux qui meurent dans le Seigneur! »

Les yeux au ciel! Ce sont les yeux de cet humble tailleur de pierre, François Chabrier, du village de Saint-Edmond, qui envoie, le 21 décembre 1914, à ses parents cet adieu, digne d'un confesseur de la foi et d'un apôtre :

« D'un moment à l'autre je m'attends à être tué ou blessé. Je vous écris cette lettre dans le cas où je viendrais à mourir. Je vous assure que je suis bien résigné à cette pensée ; j'ai fait le sacrifice de ma vie. Ce qui me fait le plus de peine, c'est de songer au chagrin que vous pourrez avoir. Je vous en supplie, consolez-vous : la vie de ce monde est bien peu de chose !... La guerre est une chose terrible ; *mais que c'est sublime aussi !...*

« Je me rappelle avoir lu dans un livre ce

passage : « *Mourir pour sa patrie, c'est mourir pour Dieu.* » *J'ai la ferme foi en Dieu et en sa bonté. Je lui ai offert ma vie. J'ai la ferme espérance qu'il m'acceptera dans son paradis où on ne connaît plus la tristesse et la douleur. Allons, chers parents, consolez-vous. Continuez à vivre en très bons chrétiens jusqu'au jour où, à votre tour, le bon Dieu vous appellera pour venir au paradis, où nous nous retrouverons tous. Alors, ce sera le bonheur éternel.*

« *Vous ferez part de ma lettre à mon frère (jeune soldat de la classe 1915). Dites-lui bien de se tenir prêt à mourir en bon chrétien...*[1] »

Les yeux au ciel ! Ce sont les yeux de ce modeste ouvrier cordier de Châteaudun, Henri Pardessus, de la classe 15. Il est hanté par l'idée de la paix... Oh ! de la paix du paradis. Le jour de son départ pour le feu, il écrit à sa maman : « *Ne te fais pas de bile, car je pars comme à une fête qui a pour but la victoire ou la paix éternelle.* »

Une fête, la mort ! Oh ! le brave enfant !

Un peu plus tard, il écrit encore : « *Il faut avoir du sang français dans les veines pour aller là-haut, car on ne peut se faire une idée de ce que c'est ; il faut le voir... Demain, c'est mon*

[1] *Semaine religieuse d'Autun*, 12 juin 1915.

tour, et tu sais, à la vie à la mort, il faut les démolir ! » Quelques jours avant de tomber (juin 1915), il écrit à sa sœur. « Je pars avec l'espoir de vous revoir ; *si ce n'est pas sur cette terre, ce sera là-haut, où la paix est encore plus belle.* » Il dort maintenant dans cette paix qu'il rêvait, le vaillant enfant, comme ses frères de jadis, les héros des catacombes : *requiem æternam !*

Les yeux au ciel ! Ce sont les yeux de Claude Chardigny, mort à vingt ans, le 8 juin 1915, à Commercy, des blessures reçues dans une tranchée. Quand ce n'était pas le ciel, c'était le crucifix ou l'hostie qu'il fixait avec une foi ardente. Comme il avait soif et que le médecin avait défendu de lui donner à boire, la sœur qui le soignait lui dit un jour :

« Notre-Seigneur sur la croix a voulu souffrir de la soif pour vous apprendre à supporter la vôtre.

— C'est vrai, ma sœur... Quand il nous envoie une croix, comme nous la portons mal ! »

Le 6 il communie, et comme il souffre beaucoup, il se rappelle ses joyeuses communions du temps passé. « Si vous saviez, ma sœur, quelles belles journées je passais autrefois quand je le recevais ! Quelles belles journées ! » Et il souriait, et c'était, dit la sœur, *un sourire d'au-*

delà! Il disait encore : « Mourir, qu'est-ce que c'est ? *On quitte toutes les misères de la terre, et le ciel est si beau !* »

Les yeux au ciel! Ce sont les yeux d'un maréchal des logis de cuirassiers, qui mourra, le 12 juin 1915, à Sainte-Menehould et qui écrit en prévision de sa mort, le 2 juin, de Ville-sur-Tourbe à sa femme une lettre d'adieux :

« Ne pleure pas, ma bien chère M... ; j'ai conquis la gloire et le bonheur du ciel. Une grande charge te reste, une grande mission t'échoit : élever notre cher petit... Offre ton sacrifice au Seigneur. Ces longs jours que nous aurions pu passer ensemble ne seront pour ainsi dire pas abrégés en comparaison de l'éternité bienheureuse, où, je l'espère, nous nous retrouverons. »

Les yeux au ciel! Ce sont les yeux de cet autre cuirassier qui dit à ses parents :

« *Au revoir et non adieu, car j'ai la ferme espérance de vous revoir ; si ce n'est sur la terre, ce sera au ciel.* Mais si je ne reviens pas, vous aurez la consolation de vous dire que votre grand garçon est mort en faisant son devoir en vrai chrétien. En avant pour Dieu et la patrie ! »

Les yeux au ciel! Ce sont les yeux de Charles Chanoz, qui écrit, le 6 août 1915, de la presqu'île de Gallipoli à son curé :

« ... Merci pour les galons que vous me souhaitez. Mais vous savez, les galons, les lauriers comme le reste, s'enterrent. Je vous remercie bien plus des prières que vous faites à mon intention. On est heureux, lorsque marmites pleuvent et balles sifflent, de savoir qu'il y en a au delà de la *grande bleue* qui prient pour vous...

« Je suis désigné pour faire transporter cette nuit dans la première ligne des échelles. Vous en devinez l'utilité? *Pour monter au ciel peut-être!* Mais aussi pour aller plus vivement vers la tranchée turque...

« **Si je suis frappé mortellement**, *Dieu l'aura voulu pour mon bonheur*, et j'espère qu'il me mettra à côté de ses amis sans trop me faire rester au purgatoire. »

Le lendemain, frappé mortellement, Charles montait au ciel sur l'échelle des ces belles pensées.

Les yeux au ciel! Ce sont les yeux du sous-lieutenant Pierre Darrouy, qui apprenant la mort de son héroïque frère Henri, tué le 27 août 1914 à Beaucourt, élève son cœur brisé vers Dieu, en attendant qu'il meure lui-même dans l'Argonne d'un éclat d'obus, le 30 juin 1915.

« Ma tristesse est de la désolation... Ah! j'ai pleuré, bien pleuré, hier. Aujourd'hui, je suis résigné... Je ne veux voir dans la mort d'Henri que la fin glorieuse du soldat mort pour sa patrie de la plus belle des morts... Je puise mon courage dans la force de mes sentiments chrétiens. Je sens ma foi plus vive. Je crois plus que jamais à l'immortalité de l'âme, à la résurrection des corps, à la vie éternelle ; je crois au royaume des cieux où toutes les bonnes âmes se trouveront réunies... Nous sommes à la merci de Dieu. Que sa volonté soit faite ! Courage, vous tous ! Ne pleurez pas ! Vivez pour la France ! »

Les yeux au ciel ! Ce sont les yeux de ces deux vaillants frères, les sergents Gaston et Paul Amouroux. Quelle élévation de pensées dans cette page que Gaston adresse à sa femme la veille de sa mort, arrivée, le 16 février, à Perthes-les-Hurlus :

« Si je tombais, tu n'aurais pas à te lamenter sur les souffrances de mon agonie, car une fois blessé mortellement l'on ne peut pas souffrir, si l'on a marché résolument sous l'inspiration du devoir à accomplir et tout abandonné à la Providence, qui règle tout et à qui rien n'échappe. La beauté et le prix du sacrifice accepté deviennent alors tellement sensibles au cœur qu'ils béatifient les dernières heures ou les dernières minutes de la vie ; et puis, pour le croyant, ces minutes ou ces heures apparaissent si insignifiantes à l'égard de l'éternité qui va s'ouvrir! On a de tels réconforts à cette heure dernière, sans parler même de celui qui nous promet la compassion toute-puissante de la Vierge que nous avons si souvent priée de nous assister à notre dernière heure ! »

Paul est digne de son frère. En apprenant sa mort, il écrit : « *J'en viens à envier une telle mort qui m'ouvrirait immédiatement les portes du ciel...* Si, à mon tour, je dois trouver la mort sur les champs de bataille, en mourant en bon Français, je mourrai aussi en bon chrétien. »

16 juin. — « La lutte est très chaude, les combats très meurtriers; mais, avec la protection de Dieu et de la sainte Vierge, j'espère sortir sain et sauf de cette fournaise. Ici on est près de Dieu, un rien nous sépare de l'au-delà et, plus que partout ailleurs, on sent la nécessité de prier.

Et le 5 juillet, veille de sa mort. — « Je vais vous dire ce que je demande à Dieu dans mes prières : Que sa volonté soit faite et que, s'il lui plaît de me choisir comme victime, je puisse à tout instant paraître devant lui la tête haute et la conscience tranquille. »

Le lendemain, il tombait pour ne plus se relever, à Saint-Nicolas près d'Arras.

Les yeux au ciel! Ce sont les yeux du bon

Claude, simple commerçant de la banlieue parisienne. Pour qui le ciel est-il fait si ce n'est pour les âmes pures et naïves comme celle qui transparaît à travers ces lignes?

Boulogne, 2 août 1914.

« Ma bien, bien chère maman,
« Ma femme chérie,
« Mon fils bien-aimé,

« Soyez courageux, soyez forts et réjouissez-vous en Dieu. Plus de larmes, de l'action en cœurs bien français. Dieu est avec ceux qu'il aime, il ne nous abandonnera pas, pas plus que la France. Prions, prions et soyons calmes...

« Mon sacrifice est fait de la plus entière façon. J'ai toutes les joies et suis confus de toutes les faveurs que ce bon Jésus m'accorde. Combien sont peu de chose toutes les douleurs, toutes les souffrances morales endurées, après les satisfactions que je viens d'avoir!

« Je me suis confessé samedi, confession dont je garderai, ma vie durant, un souvenir ému et reconnaissant. Je sors purifié de toutes mes fautes. J'ai la conscience d'avoir l'âme pure, oh! toute pure, et je me sens meilleur. Je ne veux pas en tirer vanité. Dieu m'a choyé.

Comme je veux le servir ! Comme je vais l'aimer !...

« Et maintenant, ma chère maman, je suis prêt à tout, résolu et plein de courage. S'il faut me battre, je me battrai comme un lion et reviendrai, soyez-en sûre, avec l'*Alsace-Lorraine dans ma poche*. Vive Dieu ! Vive la France !

« Et si, de par sa très sainte volonté, je ne devais plus revenir, soyez assurés que vous aurez tous un protecteur au ciel. Vous songerez alors à la grande grâce qu'il m'aura faite en me permettant de bien me préparer à la mort...

« Au revoir, maman ; au revoir, ma Jeanne chérie, mon épouse tant aimée ; au revoir, mon beau petit ange, au revoir et à bientôt... Tous mes baisers et tout mon cœur vous restent.

« Vive Dieu ! Vive Notre-Dame de Lourdes ! Vive la France !

« Votre très affectueux,

« CLAUDE. »

Et le bon Claude allait voir bientôt le bon Jésus qu'il aimait tant.

Les yeux au ciel ! Ce sont les yeux du capitaine de hussards de Montaigu, brillant officier, tué en chargeant l'ennemi le 30 août 1914, au moment, dit sa citation à l'ordre du jour, où, levant son képi, il criait à ses cavaliers : « *Allons,* « *hardi, mes enfants, pour Dieu et pour la* « *France ! Là-haut, dans le grand ciel bleu, il y* « *a place pour les héros !* » Quelque temps après, la croix de guerre qu'il avait méritée était épinglée, à Blois, sur la poitrine de son fils Hubert, âgé de dix ans.

La mort semble les avoir fermés, ces beaux yeux chrétiens qui reflétaient le ciel. Sans doute les éclairs de la terre ne brillent plus dans leurs profondeurs, mais d'autres éclairs s'y sont allumés. Ne craignons pas pour eux ; ils voient le Roi dans sa gloire. C'est à eux surtout que s'appliquent ces vers de Sully-Prudhomme :

Bleus ou noirs, tous aimés, tous beaux,
Ouverts à quelque immense aurore,
De l'autre côté des tombeaux,
Les yeux qu'on ferme voient encore.

XXX

CEUX QUI NE PRATIQUAIENT PAS

Des nombreux témoignages que nous avons apportés jusqu'ici, il suit, croyons-nous, que nos soldats tombés au champ d'honneur meurent pour la plupart réconciliés avec Dieu, et c'est là pour leurs chrétiennes familles la plus grande consolation qu'elles puissent désirer. Mais j'entends des voix désolées : « Mon enfant, mon mari, ne pratiquait pas, et je n'ai aucun indice me permettant de croire qu'il se soit repenti de ses fautes. C'est là mon grand désespoir ! » Eh bien, non, ne désespérez pas.

D'abord, il en est beaucoup parmi nos soldats qui, dans les derniers jours, avant l'assaut ou la charge, se sont régulièrement confessés et n'ont pas eu le temps ou l'idée de l'écrire à qui que ce fût.

Il y en a ensuite un grand nombre qui ont reçu au moins l'absolution collective donnée par un prêtre-soldat au commencement de l'action. Cette scène émouvante s'est renouvelée souvent, comme nous l'avons vu[1]. Ils ont donc pu faire l'acte de contrition auquel le geste sacerdotal les conviait, avec l'intention de soumettre plus tard, s'ils revenaient, leurs péchés au pouvoir des clefs. Plusieurs ont ainsi agi, comme ils l'ont dit et prouvé à leur retour.

Mais supposons même que votre cher soldat n'ait pas eu de prêtre auprès de lui à sa dernière heure. Même alors vous devez espérer et prier pour lui.

Écoutez saint Jean Chrysostome qui a prévu et formulé votre objection. On lui disait, comme on le dit de nos jours : « Je pleure ce cher défunt, parce qu'il est mort en pécheur : *propter hoc ipsum plango, quod peccator excessit.* » Or, il répond qu'il faut quand même prier pour son salut, parce que ce salut est possible. « Il faut aller à son secours autant que vous le pouvez, non par des larmes, mais par des prières, des supplications, des aumônes et des sacrifices. Toutes ces choses ne sont point de folles inventions. Ce n'est pas en vain que, dans les divins mystères, nous faisons mémoire des morts ; ce n'est pas sans fruit que nous

---

[1] Chapitre XVIII.

approchons de l'autel, et que nous prions pour eux l'Agneau qui efface les péchés du monde; mais il leur en revient quelque consolation... Montrons-nous donc empressés à secourir nos chers défunts et offrons pour eux nos prières... Il peut même se faire que nous leur obtenions un pardon complet : *fieri potest ut veniam eis omni ex parte conciliemus.* Pourquoi donc êtes-vous encore dans l'angoisse? Pourquoi cette tristesse et ces lamentations? Une si grande grâce ne peut-elle s'obtenir pour celui que vous avez perdu[1]? »

Nous ne pouvons mieux faire que de citer ici l'opinion du cardinal Billot, soit à cause de l'autorité de ce savant théologien, soit parce que ses paroles ont été prononcées précisément à l'occasion des soldats dont nous parlons.

« ... La mort sur le champ de bataille pour la cause juste de la patrie, oh! elle est belle, assurément, elle est glorieuse. Je trouve dans le cantique de Débora cette apostrophe par deux fois répétée : *Qui sponte obtulistis de Israel animas vestras ad periculum,* et encore : *Qui propria sponte obtulistis vos discrimini, benedicite Domino*[2]; bénissez le Seigneur Dieu des armées,

---

[1] Saint Jean Chrysostome. *In I ad Cor. hom.* XLI, n° 4.
[2] *Judic.* v, 2-9.

car c'est lui qui vous a fait une part si magnifique.

« Et non seulement elle est glorieuse, cette mort devant les hommes, mais n'est-on pas fondé à espérer qu'elle a aussi quelque privilège au regard de la vie éternelle? En effet, je lis au livre des Machabées[1], qu'après la bataille d'Odollam, Judas et les siens étant venus relever les corps de ceux qui avaient été tués, ils trouvèrent sous les tuniques de chacun des morts des objets consacrés au culte idolâtrique de Jamnia, chose que la loi interdisait sévèrement aux Juifs. Et l'écrivain sacré observe qu'il devint alors évident à tous que leur mort avait été la punition de ce péché; car c'était un péché, et un péché des plus graves.

« Mais Judas Machabée va-t-il pour cela désespérer de leur salut? Non pas. Il a la confiance que, malgré tout, Dieu n'avait pas refusé à ces braves, qui s'étaient volontairement offerts pour le combat, la grâce suprême de la pénitence et du repentir; il s'est empressé de penser qu'ils s'étaient endormis, eux aussi, dans la piété, *quod cum pietate dormitionem acceperant*, et ayant fait une collecte où il recueillit la somme de deux mille drachmes, il l'envoya à

---

[1] II Mach. xii, 33 seq.

Jérusalem afin qu'elle fût employée à un sacrifice pour l'expiation de leurs péchés et la délivrance de leurs âmes des peines du purgatoire. Or, l'Écriture, en rapportant ce fait avec éloges, n'y donne-t-elle pas par là même sa pleine approbation?

« Donc, il semble bien que s'il y a toujours, oui toujours, une place possible à la visite de Dieu au moment suprême qui précède immédiatement la mort, même pour les pécheurs qui n'auraient donné jusque-là aucun signe de résipiscence, il y en aura une bien plus large encore dans les circonstances particulièrement propres à émouvoir la divine miséricorde, de la mort sur le champ de bataille. Il semble, par conséquent aussi, que nous soyons autorisés à accueillir cette consolante pensée, que nos frères, nos fils, nos neveux, nos concitoyens, nos petits soldats, tous ces êtres aimés qui sont notre chair et notre sang, qui tombent pour nous défendre contre l'invasion de l'ennemi, que nous ne pouvons, hélas! ni assister, ni aider, ni consoler en ces cruels et terribles instants, sont alors l'objet d'une providence spéciale de Jésus notre divin Sauveur; que des éclairs de grâce traversent ces âmes et les incitent à faire ces actes de foi, d'espérance, de charité, de contrition, qui, suppléant au défaut des sacrements de l'Église, les disposent à la grâce de la réconciliation et du pardon¹. »

Ainsi donc, bien que la mort du soldat ne soit pas un martyre et n'ouvre pas le ciel par sa propre vertu, comme nous l'avons vu, elle est, par ses souffrances et sa générosité, bien propre à toucher le cœur de Dieu et à provoquer une abondante effusion de sa grâce salvatrice; elle fait, selon l'éminent théologien que nous venons de citer, « la place plus large à la visite de Dieu, même pour les pécheurs ».

Une des raisons qui doivent nous exciter à prier pour eux, c'est que Dieu exauce à l'avance les prières qui lui seront faites un jour. De même que, en prévision de la mort de son divin Fils, il a préservé Marie du péché originel, *ex morte ejusdem Filii lui præviso*, de même, en prévision des sacrifices et des supplications que nous lui offrons aujourd'hui, il a pu envoyer à nos chers mourants des grâces extraordinaires de conversion. Notre-Seigneur a révélé à sainte Gertrude qu'il en avait agi ainsi en faveur d'un pécheur de son temps. Elle craignait que cet homme ne fût mort en état de péché, cependant elle priait pour lui, et Dieu lui dit : « *Ma lumière divine, qui pénètre dans l'avenir, m'ayant fait connaître que tu me*

¹ Voir en Appendice la suite de ce discours.

ferais pour lui cette prière, je mis en lui de bonnes dispositions pour le préparer à jouir des fruits de la charité[1]. »

On lit dans la vie du Père de Ravignan par le Père de Ponlevoy :

« Le Père de Ravignan aimait à parler des mystères de la grâce, qu'il croyait se passer au moment de la mort, et son sentiment paraît avoir été qu'un grand nombre de pécheurs se convertissent à leurs derniers instants et expirent réconciliés avec Dieu. Il y a, dans certaines morts, des mystères cachés de miséricorde et des coups de grâce où l'œil de l'homme ne voit que des coups de justice. A la lueur d'un dernier éclair, Dieu quelquefois se révèle à des âmes dont le plus grand malheur avait été de l'ignorer; et le dernier soupir, compris de Celui qui sonde les cœurs, peut être un gémissement qui appelle le pardon. »

Le même Père de Ravignan écrivait à la reine Amélie, très affligée de la mort tragique de son fils, le duc d'Orléans, qui ne pratiquait pas :

« Aucune borne, aucune impossibilité n'est placée ici-bas entre la grâce et l'âme, tant qu'il reste un souffle de vie. Il faut donc toujours espérer et adresser au Seigneur d'humbles et

---

[1] *Les insinuations de la divine piété*, liv. V, chap. xix. Edition Oudin, 1875, p. 561.

persévérantes instances. On ne saurait dire jusqu'à quel point elles peuvent être exaucées. De grands saints et de grands docteurs ont été bien loin, en parlant de cette efficacité puissante des prières pour des âmes chéries, quelle qu'ait été leur fin. Nous connaîtrons un jour ces ineffables merveilles de la miséricorde divine ; il ne faut jamais cesser de l'implorer avec une profonde confiance. »

Un homme s'était suicidé en se jetant du haut d'un pont dans une rivière. Une sainte hésitait à prier pour lui, le croyant damné. Mais Notre-Seigneur lui dit : « Il faut prier ; *entre le pont et la rivière, il y a place pour un acte de repentir et pour ma miséricorde.* »

Jetez-vous donc, pauvres parents, entre les bras du Sauveur; dites-lui votre peine qu'il comprend si bien, mais dites-lui aussi votre confiance. Il a aimé votre fils, votre mari, votre frère, votre ami. Il a désiré plus que vous son salut; il est mort pour le lui obtenir. Il a prévu vos larmes, et il s'est dit : « Elles ne couleront pas en vain. » Il a prévu vos prières, et il s'est dit : « Elles sont saintes. » Mais redoublez-les. Offrez pour celui que vous désirez tant revoir le sang précieux de Jésus à la sainte messe; offrez pour lui de ferventes communions et répétez : « Cœur de Jésus, j'ai confiance en vous ! »

XXXI

A QUI PENSENT-ILS EN MOURANT?

Ils sont partis, mais leur dernière pensée s'est envolée vers vous, oh! combien tendre, combien émue! Des larmes sont tombées de leurs yeux au souvenir de tous les bien-aimés qu'ils laissaient sur la terre et dont ils se représentaient la douleur. Ils ont demandé à Dieu, en retour de leur sacrifice, de vous bénir et de vous réunir un jour à eux dans le ciel.

Quelques-uns ont écrit pour vous de touchants adieux, *novissima verba*, testament du cœur où les richesses que l'on partage sont des affections, des espérances chrétiennes, de magnifiques *sursum corda*. On a trouvé à côté d'eux des mots émouvants, crayonnés à la hâte sur le champ de bataille, tachés de leurs larmes ou de leur sang. Plus souvent, ils les avaient écrits à l'avance en prévision du dénouement tragique.

Parfois, c'est un adieu très simple comme celui-ci :

« Chers parents, je suis mort en bon chrétien, et ma dernière pensée a été pour vous. Consolez-vous ; il y aura une autre vie et, tous, nous nous y retrouverons[1]. »

Quelques-uns de ces adieux sont d'une poignante beauté, merveilleuses effusions d'amour, traversées par des éclairs de foi, vibrantes de pensées patriotiques et chrétiennes, et parfois d'un lyrisme d'autant plus touchant qu'il s'ignore. Il est difficile de les lire sans pleurer. Ah ! si vous en avez de ces lettres sublimes, gardez-les jalousement, relisez-les avec respect, obéissez aux recommandations qu'elles vous jettent du haut du ciel. Laissez-moi vous en citer quelques-unes.

« Quand tu recevras cette lettre, ma bien bonne chérie, je ne serai plus de ce monde. Je te conjure et te supplie de te soumettre à la volonté de Dieu. Nous avons été trop heureux ensemble pendant ces trois ans qui se terminent le 25 avril. Notre affection était si grande que mon cœur éclate en pensant à toi et à notre petit Charlot, qui ne connaîtra pas son père ; mais courage ! nous nous retrouverons au ciel. Fais comme moi, *accepte la volonté de Dieu* ; il te bénira, ainsi que notre cher enfant ; et moi, là-haut, je veillerai sur vous deux, mes bien-

---

[1] D'Amédée Collin, tombé glorieusement à la tête de sa section le 23 mai 1915, à Notre-Dame de Lorette.

aimés. Ce sera en criant : « Vive la France! » que je monterai à l'assaut, le premier, en donnant à ma 12ᵉ compagnie l'exemple du courage, du devoir et du dévouement[1]. »

Et celle-ci qui n'est pas moins belle.

« Ma chérie, j'écris à tout hasard cette lettre, car on ne sait pas... Si elle t'arrive, c'est que la France aura eu besoin de moi jusqu'au bout. Il ne faudra pas pleurer, car, je te le jure, je mourrai heureux s'il me faut donner ma vie pour elle.

« Tu embrasseras pour leur papa les chères petites ; tu leur diras qu'il est parti pour un long, très long voyage, sans cesser de les aimer, de penser à elles, et de les protéger de loin.

« Je voudrais que Cotte au moins se souvînt de moi... Il y aura aussi un petit bébé, tout petit, que je n'aurai pas connu. Si c'est un fils, mon vœu c'est qu'il soit un jour médecin, à moins cependant qu'après cette guerre la France n'ait encore besoin d'officiers. Tu lui diras, lorsqu'il aura l'âge de comprendre, que son papa a donné sa vie pour un grand idéal, celui de notre patrie reconstituée et forte.

« Je crois que j'ai dit l'essentiel. Au revoir,

[1] Lettre du capitaine de Gorsse à sa jeune femme, Mᵐᵉ la comtesse de Gorsse. Notice de la *Croix*.

ma chérie, mon amour. Promets-moi de n'en pas vouloir à la France, si elle m'a voulu tout entier. Promets-moi aussi de consoler maman et papa, et dis bien aux petites filles que leur père, si loin soit-il, ne cessera jamais de veiller sur elles et de les aimer. Nous nous retrouverons un jour réunis, je l'espère, auprès de Celui qui guide nos existences et qui m'a donné auprès de toi et par toi un tel bonheur. Pauvre chérie, je n'ai même pas le temps de longuement penser à notre amour, si grand cependant et si fort! Au revoir, au grand revoir, le vrai. Sois forte.

« Ton JEAN[1]. »

Voici une lettre étrange, écrite à un enfant de trois mois, qu'on m'excusera de citer tout entière. Elle est trop belle, trop touchante pour qu'il soit permis de la déflorer. Quelle âme transpire dans ces lignes! L'antiquité a-t-elle jamais entendu de pareils accents? Le soldat qui en est l'auteur a été mortellement frappé le 15 juin 1915. C'est huit jours avant qu'il a écrit ces lignes sublimes, destinées à être remises un jour à son petit bébé. Je vous défie de les lire sans pleurer.

[1] Du lieutenant réserviste Chatanay, tué à Vermelle, Lettre publiée par l'*Union démocratique d'Auch*.

Le 7 juin 1915, 11 heures du matin.

« Mon bien-aimé Paul,

« C'est pour toi que j'écris cette lettre, bien que tu n'aies que trois mois et dix jours. Cette lettre, tu la liras un jour, si Dieu te prête vie.

« En ce moment, moi, je suis plein d'ardeur et de courage, surtout en face de l'ennemi. Je suis là pour te défendre et chasser ceux qui veulent envahir notre chère France. Aujourd'hui, ton papa est en face de Souchez et Carency, dans le département du Pas-de-Calais, et j'attends de jour en jour pour sortir une seconde fois des tranchées et prendre à l'assaut ces cotes qui nous dominent.

« Dans ce combat laisserai-je ma vie? Dieu seul le sait. Malgré que j'aie la ferme confiance de revenir près de toi, cela n'empêche pas de prévoir toutes choses et de t'adresser ces quelques lignes.

« Mon bien-aimé Paul, tu as déjà eu le malheur de perdre ta maman chérie bien jeune encore. Elle qui ne t'a chéri que quelques instants, combien elle était heureuse et fière de toi! Malheureusement la mort nous l'a ravie. Tu n'as que ton papa, mon petit aimé, qui est là-bas sur le front, bien loin de toi. A cette distance, combien il t'aime ! Et combien encore il voudrait être près de toi, veiller sur toi, te voir grandir en force et en sagesse ! Oui, ce serait bien mon plus grand bonheur ici-bas ; mais si Dieu veut une seconde victime, que sa sainte volonté soit faite !

« Au ciel, je serai avec ta maman ; nous veillerons sur toi, nous prierons pour toi et nos parents jusqu'à ce que tu viennes prendre place près de nous. En attendant ce jour, je veux t'exprimer tous mes sentiments d'amour.

« Toi, mon petit Paul, tu es aujourd'hui ma force, mon courage et ma consolation ; tu es le seul qui peux me donner ces trois sentiments. Il ne faut pas seulement contenter ton papa et tes parents. Il y a aussi ton Dieu à contenter. Pour y arriver, il faut l'aimer, le servir et nourrir ton âme en t'approchant souvent de la sainte Eucharistie.

« Ici ma plume s'arrête, mon âme te chérit, te contemple. Elle serait heureuse de te voir travailler au ministère des autels. Cette pensée est ma plus grande consolation.

« Enfin, mon bien-aimé Paul, la vie qui s'ouvre devant toi sera peut-être épineuse, quelquefois douce. N'importe comment, marche toujours la tête haute, sois loyal et franc, aime tes bons parents, ton prochain comme toi-même.

C'est par ces moyens que tu honoreras ton Dieu et ta famille. Suis les conseils de ta marraine, de tes tantes, de tes oncles, afin qu'un jour nous puissions nous retrouver tous ensemble dans l'éternelle vie.

« Je charge ta marraine, qui est ta seconde mère, de veiller sur toi. Tu la respecteras, tu lui obéiras.

« Du front, ton cher papa t'envoie sa bénédiction paternelle. Pendant toute ta vie, tu prieras pour ton papa et ta maman. Au ciel, nous t'attendons. Au revoir.

« Louis Cadoux. »

Oh! oui, elles seront fécondes les bénédictions paternelles comme celle-ci, tombées de ces grands cœurs de chrétiens qui se sont révélés durant cette guerre. Ames d'enfants, fleurs écloses au milieu de l'orage et baignées de cette rosée de sang, vous vous épanouirez en beauté et vous nous donnerez une France superbe. Le sang des héros n'est-il pas une semence d'héroïsme?

La lettre suivante est d'un ouvrier qui a été tué le Jeudi saint, au bois Le Prêtre. Elle est datée du 2 février 1915; mais ne dirait-on pas qu'elle a été écrite dans un coin du ciel?

« Je n'expédie pas cette lettre, je la laisse

dans ma cantine; et, comme c'est mon dernier adieu, vous y trouverez tout mon cœur.

« J'ai demandé à partir sur le front simplement pour faire mon devoir comme tous les bons Français et pour que vous n'ayez jamais à rougir de moi. Il m'a fallu beaucoup de courage pour quitter, sans y être forcé, ceux que j'aimais; mais la foi m'a aidé, car mon sacrifice a été agréable à Dieu, et, en retour, il vous protégera et vous bénira.

« Quel que soit l'endroit où je tomberai, laissez-y mon pauvre corps. Venez seulement, lorsque tout danger sera conjuré, c'est-à-dire après cette horrible guerre, y déposer la petite fleur du souvenir.

« Considère mes parents comme les tiens, courageuse petite femme. Tu as de grands devoirs à remplir envers tes parents et les miens. Tu as un fils à élever; fais en sorte qu'il fasse la joie de tous et que, du ciel où je vais aller, j'aie le bonheur de contempler une famille unie.

« Te souviens-tu, ma chère petite aimée, lorsqu'il y a un an, le petit André nous fut ravi, notre pensée se fixait vers le ciel où il nous semblait le voir s'ébattre joyeusement avec les petits anges. Regarde-le toujours, ma bien-aimée, ce beau ciel où un jour tu nous retrouveras. Notre corps est séparé, mais notre pensée ne nous quitte pas. Reste vaillante, courageuse. Pense à ton fils, et pour moi console mes parents; continue, chère mignonne, à rester l'ange du foyer.

« Lorsque, sur ce champ de bataille, les balles sifflent aux oreilles, lorsque la mitraille fauche impitoyablement les rangs, une sainte image fixe l'esprit du soldat. Il revoit son enfance et celle qui en a fait le charme, celle que le mourant appelle dans son agonie : il revoit sa mère.

« Merci, ma bien chère maman, merci, mon cher papa, des joies que vous m'avez procurées. Vous savez que, de mon côté, j'ai fait tout ce qu'il a dépendu de moi pour vous rendre heureux. Que le cher petit Jean soit pour vous mon souvenir vivant, que ma bien-aimée Maria me remplace près de vous, et puissiez-vous enfin sentir, dans ces quelques lignes, toute l'étreinte de mon cœur.

« Et toi, cher petit, écoute bien les recommandations de ton père. Enfant, sois la joie, l'espoir et l'orgueil de ta vaillante et chère mère et de tes grands-parents. Jeune homme, sois sage, rangé, laborieux. Tu as un nom qui a été noblement porté par tes ancêtres, conserve-le intact ; et, lorsque pour toi viendra l'heure de choisir une vocation, rappelle-toi que tout passe ici-bas. Ne te laisse pas entraîner par ton imagination et crains les illusions de ta jeunesse. Si tes facultés te le permettent, fais-toi l'apôtre des grandes vérités éternelles. Je voudrais te voir vivant avec ta mère, avec tes vieux grands-parents, et semant autour de toi les idées de paix, de fraternité contenues dans l'Evangile. Cher petit Jean, si tu le peux, fais-toi prêtre, et quand Dieu appellera ceux qui t'aiment et qui maintenant ne vivent que pour toi, reçois leurs dernières pensées, afin qu'ils aillent sûrement là-haut retrouver ton papa et ton petit frère.

« Avant de clore mes lèvres, mon cœur s'envole vers vous pour vous embrasser une dernière fois de toute sa force et vous dire : paix, union.

« Au revoir, chère petite mignonne aimée; au revoir, bonne maman chérie; au revoir, cher papa; au revoir, bien chère marraine; au revoir, cher parrain; au revoir, cher petit Jean.

« MARCEL E. »

Le sergent Marcel Maynadié, d'Azille (Aude), a tout ce qui embellit la vie, intelligence, fortune, grande situation. Ame d'élite, d'une exquise délicatesse, il est chéri des malheureux dont il est le bienfaiteur. Mais il ne regrette ici-bas que la pieuse mère qui a fait de lui ce qu'il est, un grand chrétien, l'apôtre et l'ange de son pays : on l'appelle l'*angélique Marcel*. Gisant dans son sang sur un champ de bataille de Lorraine, au mois de septembre 1914, il récite le chapelet sous une pluie de mitraille avec un camarade, puis il dit à celui-ci: *Je regrette seulement la douleur que ma mort causera à ma mère... Tu lui diras que son Marcel meurt en bon chrétien et en bon soldat, et que je fais bien généreusement le sacrifice de ma vie pour l'Église et pour la France.* »

On le voit, nos mourants pensent aussi à la France. « Tout pour la France!... Mon Dieu, sauvez la France... Vive la France! » Telles sont, avec d'autres variantes d'une délicatesse infinie, les paroles qu'ils murmurent au soir de leur vie, comme nous l'allons voir. Leur main fait un suprême effort pour lever bien haut une dernière fois le drapeau tricolore ou pour le presser sur leurs lèvres dans un dernier baiser qui est une prière. N'en soyez pas jaloux, parents et amis, c'est encore vous, votre race, votre foi, votre âme, qu'ils saluent dans l'âme de la patrie.

XXXII

ILS OFFRENT LEUR VIE POUR LA FRANCE

Si nos soldats pensent à leur famille en mourant, ils n'oublient pas non plus leur patrie. La plupart du temps une de leurs dernières paroles est celle de leur grand frère de Roncevaux : « Douce France ! » où chacun met l'intonation particulière de son dévouement et de son amour.

Un pauvre soldat meurt dans un trou. Blotti contre lui, sans se soucier des obus qui pleuvent, un petit caporal écrit sous sa dictée une lettre à sa mère. A la fin il lui dit : « Dis donc, mon vieux, comment ça s'appelle ton pays ? »

La face pâlie du mourant se colore d'un flux de sang ; une lueur indicible, un éclair de joie, passe dans ses yeux agrandis. Un instant, il paraît rêver, puis, doucement, pieusement, il murmure le nom de son village.

Son village, comme il l'aime, ce trésor de tous ses souvenirs et de tous ses amours ! Mais sa patrie, ah ! sa patrie, il la voit passer la belle, la douce, la sainte, la bien-aimée, et, se raidissant dans un dernier effort, il veut lui adresser un dernier salut et dit au caporal : « *Au bas de la page, il faut aussi écrire en grosses lettres : Vive la France !* »

Nous avons vu plus haut comment cette pensée les occupe du premier au dernier moment[1]. Mais alors elle s'épanouit en une généreuse prière; beaucoup demandent pour la France deux grâces, la victoire et son retour à Dieu, et, pour les obtenir, ils offrent leur vie.

Ils disent à Dieu : « Seigneur, sauvez la terre de France. Cette terre que vous avez tant aimée, cette terre où tant d'églises portent votre nom jusqu'aux nues et où tant de cloches sonnent vos *angelus* et vos *alleluias;* cette terre que vous avez faite si belle et si enchanteresse, qu'ont foulée les pieds de milliers de saints et qu'ont sanctifiée vos pieds sacrés et ceux de votre Mère en des apparitions célèbres; cette terre que Jeanne d'Arc appelait sainte et qu'elle voulait inviolable : elle est aujourd'hui ravagée par un cruel ennemi. Blessée, sanglante, haletante, elle crie vers vous. Délivrez-la, Seigneur, non seulement de l'invasion actuelle, mais de toutes les menaces futures. Pour cela, donnez-

---

[1] Chapitre IV.

lui une victoire éclatante, qui assure son avenir, et, s'il le faut, prenez notre sang comme rançon!

« Mais sauvez aussi l'âme de la France! Cette âme que vous avez baptisée dans votre sang et avec qui vous avez conclu le pacte sacré de Reims; cette âme que vous avez comblée de vos tendresses et honorée de glorieux privilèges; cette âme que vous avez faite noble, chevaleresque, frémissante d'amour pour la justice et frémissante de colère contre l'iniquité: l'esprit du mal a cherché à vous l'arracher, à la charger de chaînes, à la précipiter dans l'impiété. Faible et légère, elle vous a souvent oublié, mais elle vous crie aujourd'hui : Pitié! *Parce, Domine, parce populo tuo!* Pardonnez-lui, ô Christ, rendez-lui l'innocence de son baptême et la foi des anciens jours. Délivrez-la de la tyrannie du péché. Faites refleurir chez elle la sainte liberté des enfants de Dieu, pour que votre France, ô Christ, redevienne votre soldat, le porte-glaive de votre justice, le porte-drapeau de votre honneur, le porte-flambeau de votre foi dans le monde; pour qu'elle puisse bientôt, dans ses cathédrales illuminées, vous chanter le *Te Deum* d'une double victoire, victoire sur les ennemis de son sol, victoire sur les ennemis de son âme! Et pour cela, Seigneur, et pour cela surtout, acceptez la rançon de notre sang ! »

La rançon du sang ? Hélas ! le sang humain, même celui du juste Abel, n'a pas par lui-même de vertu impétratoire ; mais, uni au sang du Christ, il participe de son éloquence, *melius loquentem quam Abel.* Nos héros le savent, et, dans leur humilité, ils offrent à Dieu leur prière par les mérites du Sauveur, leur sacrifice avec celui du Calvaire et de l'autel.

C'est la belle pensée qu'exprimait récemment un prêtre infirmier :

« Que de nuits sans sommeil passées auprès de ces chers enfants de la France dont les habits sont souillés de sang ! Ce sang, il ne me répugne point de le voir ; et, plusieurs fois, j'aurais voulu le porter à mes lèvres, car il a été versé pour défendre notre beau pays...

« Je n'oublierai jamais la première messe célébrée dans mon wagon. Mon wagon est notre église ; nous avons le nécessaire, mais pas de table. Le premier jour, en effet, nout n'avions pas prévu de posséder une chapelle et nous voulions célébrer. La table donc manquait. Un brancard taché de sang nous servis de table. *Alors, pendant que le sang du Christ coulait sur cet autel improvisé, je n'ai pas pu m'empêcher de réunir par la pensée le sang du*

Christ et le sang répandu par cet enfant de France et de les offrir à Dieu pour le succès de nos armes. Le sang français coule en abondance, et il faut espérer que ce sang sera la semence d'une nouvelle France chrétienne[1]. »

C'est la France elle-même, prêtresse d'un terrible sacrifice, qui monte à l'autel de ses champs de bataille et, levant vers le ciel la coupe écumante du sang de ses enfants, supplie Dieu de vouloir bien l'accepter en union avec le sang du Sauveur.

Cette espérance grandit jusqu'à la certitude, quand on relit les lettres qui nous viennent du front. Il y en a que les saints du ciel seraient fiers de signer. Feuilletons encore ces livres vivants, feuilletons ces cœurs où nous avons déjà lu tant de belles choses. Nous allons voir le double idéal auquel ils se sont sacrifiés, la victoire et la conversion de la France.

C'est A. de Cornulier-Lucinière, tombé à Dixmude, qui s'écrie : « La France a besoin qu'on meure pour elle. Elle renaîtra dans le sang des victimes. Si Dieu veut que je sois du nombre, je bénis sa volonté. » Admirable !

C'est Louis Cottancin, modeste paysan du Rhône, issu d'une famille patriarcale de fer-

[1] De M. l'abbé Rouanet, curé de Montpeyroux-le-Barry, diocèse de Montpellier.

miers, mort le 4 août 1915, en Alsace. Il aime tendrement sa terre, sa femme, sa famille, ses deux bébés. Il écrit cette jolie phrase digne de Mme de Sévigné : « *D'ici, de ma tranchée, j'entends tousser mon pauvre père.* » Mais, devant l'image sacrée de la patrie, tout autre amour s'incline dans son cœur. « Si je meurs, écrit-il, je ne veux pas que vous versiez des larmes. Si c'est ainsi, c'est qu'il le faut pour sauver notre chère France. » Admirable!

C'est Maurice Varvat, de Clelles, aspirant officier de vingt ans, qui, tombé en héros dans une charge à la baïonnette, n'a que le temps de crayonner ces mots : « A celui qui trouvera mon corps : je vous en supplie, faites savoir à ma maman, Mme Varvat, à Clelles, que je suis mort pour Dieu et mon pays. » Admirable!

C'est Gaston Hubuel, qui se fait l'apôtre de ses camarades et qui écrit :

« Pour que la France puisse vaincre, que de sacrifices il lui faut, que d'holocaustes volontaires! Et ces holocaustes ne peuvent être que ceux de chrétiens. Lorsque les obus éclataient près de moi et que tombaient mes camarades, je disais : « Mon Dieu, s'il vous faut ma vie pour le salut de la France, prenez-la. » Admirable!

Et pour le cas où il survivrait, il lui vient

une idée généreuse : ce sera un autre sacrifice. La vocation sacerdotale lui pousse sur le champ de bataille.

« Hélas! dans cette guerre où les prêtres sont soldats, combien vont tomber! Il faudra les remplacer. A ceux donc qui se sont sentis un jour appelés à prendre leur poste, cette relève des prêtres tombés me paraît d'autant plus importante que je crois, avec la résurrection patriotique et nationale de la France, à sa résurrection religieuse, et à cette œuvre il faut des artisans. »

« Je meurs, s'écrie dans son agonie le lieutenant de Monti de Rezé, content d'avoir contribué un peu à sauver la France et je ne regrette rien. » Admirable!

Ferdinand Bellanger, de Saint-Aignan-sur-Roë, diocèse de Laval, grièvement blessé et sur le point de mourir, cherche à rassurer ses parents : « On espère bien me guérir; mais, comme il faut être prudent, je me suis confessé et j'ai offert ma vie au bon Dieu pour vous et pour la France. » Admirable!

Georges Duclerc écrit à sa femme : « Ne perds pas de vue que la mort d'un soldat sur le champ de bataille n'est pas une vision d'horreur, mais une vision de beauté, quels que soient les déchirements qu'elle entraîne.

Oui, mourir pour la patrie, surtout dans la guerre actuelle, où nous luttons pour la justice, est le sort le plus beau. Si la Providence me marquait un jour pour tomber ainsi, ma dernière volonté serait que tu en éprouves plus de fierté, pour toi et nos enfants, que de douleur, et que, par le souvenir de leur père, tu formes leurs âmes au sacrifice et à l'héroïsme qui conduisent à l'éternité. » Admirable[1] !

François Gasc, Aveyronnais, va mourir, le 26 septembre 1914, à Perpignan, les yeux fixés sur son crucifix : « J'offre, dit-il, toutes mes souffrances au Cœur Sacré de Jésus pour la rémission de mes péchés, pour la délivrance de la France et pour ma famille. »

Quand la douleur devient plus vive, il murmure : « Oh! pour la France et pour ma famille! » Admirable!

Ennemond Fayard de Mille expire, le 15 novembre 1914, en répétant : « Tout ce que le bon Dieu voudra : c'est toujours pour la France. » Admirable!

André Lerolle, dont nous avons déjà admiré l'amour pour l'Eucharistie, est un grand chrétien, avide de sacrifice. On trouve ces lignes dans ses notes : « Mon Dieu, faites-moi aimer

---

[1] *Dimanche d'Amiens*, 5 septembre 1915.

la souffrance ; que non seulement je m'y résigne et que je l'accepte, mais que je l'aime comme vous l'avez aimée. Voilà mon corps, voilà mon cœur, brisez-les, broyez-les, Seigneur, si vous le jugez bon. Je puis vous le demander sans crainte, sachant que votre aide sera proportionnée à la souffrance que vous m'enverrez. »

Une si belle âme devait faire son sacrifice pour la patrie. Il écrit en effet : « J'offre volontiers ma vie pour que Dieu me pardonne mes fautes et que la France soit victorieuse et redevienne chrétienne. » Admirable !

Jean-Marie Moaligou, le petit Breton de Clohars-Carnoët, dont nous avons déjà parlé[1], a fait une mort d'une étrange beauté et toute illuminée, semble-t-il, de clartés extatiques. Il n'espère pas seulement la victoire de la France, il en est sûr. Dieu la lui a révélée. « Vive la France ! s'écrie-t-il. Elle sera victorieuse ! »

Quelques instants avant sa fin, il ouvre tout à coup les yeux et s'écrie : « *Sauvée ! J'ai vu le Seigneur, je lui ai parlé. Il m'a dit que la France serait victorieuse !* »

Même en admettant que bon petit Jean-Marie n'a vu le Seigneur que dans son imagination, quelle lumière une pareille scène ne jette-t-elle

---

[1] Chapitre xv, sur le Crucifix.

pas sur l'ardent désir qu'ont nos soldats du triomphe de la France et sur les prières et les sacrifices qu'ils font pour l'obtenir !

Les nobles victimes dont nous venons d'entendre la voix, en offrant à Dieu leur sang pour la France, ne séparent pas le salut de son âme de la victoire. Mais en voici d'autres qui envisagent surtout son retour à Dieu.

C'est d'abord le capitaine Cassignol, admirable chrétien, tué à la reprise de Mulhouse, le 19 août 1914 :

« Ne prie pas, dit-il à sa femme en la quittant, pour que je revienne ; prie pour que je fasse mon devoir. »

Ardemment attaché à son pays, il aimait non seulement la terre, mais l'âme de la France, et il a offert sa vie, moins pour la gloire de cette France si aimée que pour obtenir sa conversion.

« Il faudra beaucoup de sang innocent pour laver les fautes de la France, disait-il à un prêtre de ses amis. J'ai peur que le mien ne soit pas assez pur ; mais si le bon Dieu veut bien l'accepter, je le lui offre de grand cœur. » Admirable !

Un prêtre écrivait de lui : « Parmi tous les beaux sons d'âme que cette guerre a fait rendre à nos chers soldats, je ne pense pas qu'il y en ait beaucoup d'aussi vibrants et d'aussi purs. »

Joseph Georgelin, de Lannilis, meurt lui aussi pour le même but : « *Si, avec notre victoire finale, nous pouvons constater le retour définitif de la France à Dieu, je donnerai bien volontiers ma pauvre carcasse pour la réalisation de ce souhait.* »

Et, sur une petite feuille volante, trouvée sur lui après sa mort, on retrouve ce même souhait d'un héros et d'un saint : « De tout mon cœur j'offre ma vie pour la victoire définitive de la France et pour son retour à Dieu. » Admirable !

Un fils aîné apprend au feu qu'un de ses frères est mort et un autre grièvement blessé ; il écrit à ses parents une lettre sublime, où je cueille cette phrase : « Vous aussi, cher père, soyez courageux, surtout soyez fier d'avoir donné de tels fils à la patrie. Ils n'ont jamais failli devant le devoir et n'ont pas craint de donner leur vie pour conserver à Dieu une France plus noble et surtout plus croyante ; car, soyez-en convaincu, ce seul désir les a conduits au combat. » Admirable !

Un autre vaillant, le capitaine de chasseurs alpins Adolphe Nourrit, qui mourra bientôt après, écrit à sa femme : « Je crois fermement à la victoire de la France et je veux que tous soient fiers que je sois mort en soldat. C'est ce que j'aurai fait de mieux. A la grâce de Dieu en qui je crois et pour la France! » Blessé le 11 septembre 1915, décoré de la Croix de guerre et nommé Chevalier de la Légion d'honneur, il meurt le 26 septembre avec les noms de Dieu et de France sur les lèvres.

L'abbé Deléry, dans la lettre où il annonce la mort du capitaine, écrit : « Je me rappellerai toujours cette voix grave et convaincue qui récitait, dans une de nos chapelles improvisées au milieu des bois, la prière pour les armées, et les douces conversations que j'ai eues avec lui dans les sapes à quelques mètres de l'ennemi... Une fois, je le dis à ma honte, je semblais un peu désespérer du salut de la France, quand il me répondit énergiquement : « Comment pouvez-« vous ne pas espérer? Ne connaissez-vous pas « le prix du sacrifice? »

Le prix du sacrifice ! C'est parce qu'il le connaissait bien qu'il acceptait généreusement la souffrance. Quand il fut blessé, le major qui s'apprêtait à lui extraire la balle lui dit : « Ce ne sera pas douloureux. — Et quand ce le serait, répondit-il, je le supporterai; il faut bien souffrir un peu. » Admirable!

C'est aussi le beau son du sacrifice patriotique que rend l'âme du vaillant petit caporal

Pierre Lethielleux, glorieusement mort aux Islettes à vingt et un ans, le 1ᵉʳ septembre 1915. Il puise dans ses communions le courage qui le fait citer à l'ordre du jour et lui mérite la Croix de guerre. « Notre vie, écrit-il, ne nous appartient plus ; le sacrifice en est fait... Que Dieu en dispose à son gré, ce sera pour le mieux. » Et voici le magnifique testament de son cœur, où vibre toute la foi généreuse de sa famille et de sa race, et qu'illumine un rayon d'amour pour le Sacré-Cœur: « Si je tombe, ô ma mère, ne pleurez pas, je vous en supplie: dites-vous que j'ai fait mon devoir jusqu'au bout, et, comme moi, offrez ce sacrifice sur l'autel du Sacré-Cœur, afin que notre France, au jour de la victoire finale, redevienne la Fille aînée de l'Eglise... Dès maintenant nos prêtres me considèrent comme à l'article de la mort ; j'accepte dans leur plénitude les décisions de Dieu. » Admirable !

Une France plus chrétienne, une France publiquement consacrée au Sacré-Cœur, c'est aussi ce que désire le capitaine André Gallois, un homme d'une piété splendide. Il le demande à Dieu dans ses communions quotidiennes. Il écrit le 4 août 1914 à sa mère: « *J'ai consacré mon escadron et moi-même au Sacré-Cœur, et je l'ai mis sous la protection des protecteurs de*

la France, saint Michel, saint Louis et Jeanne d'Arc. Et maintenant que la volonté de Dieu soit faite !... Gloire à Dieu et vive la France ! »
Admirable !

Oui, voilà le grand désir qui anime nos chers soldats quand ils vont au feu. Ils demandent tous à Dieu la victoire de la France, et beaucoup parmi eux ajoutent à ce vœu celui de sa conversion. Cette double prière qu'ils ont scellée de leur sang n'est pas morte avec le dernier mouvement de leurs lèvres et le dernier battement de leur cœur ; elle se continue par delà la mort, et il me semble qu'elle monte, dans le silence de la nuit, de milliers de tombes, criant vers Dieu comme la voix des Innocents : « Seigneur, vengez notre sang ! » Elle se continue au ciel, et il semble que Dieu commence à l'exaucer. Leur sacrifice aura des répercussions profondes sur notre vie nationale, leur sang des éclaboussures lointaines et fécondes qui atteindront les âmes les plus égarées.

Nous leur devrons d'abord la victoire : nous la devrons à la puissance de leur prière, à la force de leur souvenir, à l'entraînement de leur exemple, à la continuation de leur action guerrière. Les morts sont aussi bons soldats que les vivants ; sur les champs de bataille ils forment des bataillons invisibles. Ils chevauchent à la tête de nos combattants; ils les excitent de la voix. Ils montent la garde autour de la citadelle.

Écoutez ce testament d'une allure épique superbe, trouvé sur le corps d'un brillant officier, le lieutenant Ernest Bertault, tué aux Éparges.

« Ma dernière pensée sera pour tous ceux qui me sont chers et pour mon pays, *qui sera bientôt le plus grand et le plus fier de tous.*

« A mes camarades, je demande de croire avec quelle fierté je me suis trouvé parmi eux et quelle affection j'avais vouée à notre cher régiment. *Qu'ils pensent à moi quand on sonnera au drapeau.*

« Je demande, — et ceci est ma dernière volonté, — qu'on ne pleure pas ma mort. C'est un honneur de pouvoir donner sa vie pour une cause aussi belle que la nôtre; et mes enfants se souviendront, je l'espère, que leur père est mort au champ d'honneur.

« On doit envier ceux qui sont tombés comme moi, en soldats, face à l'ennemi. *Nous monterons, nous autres morts, la garde éternelle*, et notre souvenir rappellera aux vivants qu'on ne doit jamais désespérer et que le droit primera toujours la force un jour ou l'autre.

« Je prie Dieu qu'il m'accorde, si telle est

sa volonté, *de tomber au delà de la frontière, la vraie, celle d'au delà le Rhin!*

« Je laisse ma femme libre de disposer de mon corps comme elle l'entendra. J'aurais voulu reposer parmi mes hommes ; mais je n'ose lui demander ce dernier sacrifice et la laisse libre de me faire inhumer à Reims, dans notre caveau.

« Vive la France! »

« Nous monterons, nous autres morts, la garde éternelle! » Qui ne frémirait en entendant ce fier langage à la Corneille! Ah! nous n'en doutons pas, ô soldats, et voilà ce qui nous rassure. Oui, la France dort en paix à l'ombre de votre épée; elle sait que vous montez la garde autour de son sol, de son honneur, de sa liberté.

XXXIII

PÈRES ET MÈRES : DOULEURS SUBLIMES

Il n'y a pas de douleur comparable à celle des parents qui ont perdu leur enfant, parce qu'il n'y a pas d'amour comparable à leur amour. Pendant des années, ils se sont dévoués pour lui, ils ont veillé sur son berceau, sur son âme, avec une sollicitude de tous les instants. En le voyant croître en force et en beauté, ils se réjouissaient et ils étaient fiers. C'était leur chef-d'œuvre. Et voilà qu'une balle vient brutalement détruire en une minute un travail de vingt ans, blêmir à tout jamais ce cher visage, fermer ces yeux qui reflétaient pour eux tout un ciel, broyer ce corps qu'ils berçaient jadis sur leur cœur avec tant de délicatesse, et en chasser l'âme bénie à laquelle leur âme semblait rivée pour toujours.

La douleur des pères, pour être parfois plus muette, n'en est que plus sombre. J'en ai connu qui, privés de leur fils, n'ont pu lui survivre et s'en sont allés, lentement ou rapidement, pauvres ombres écroulées, vers le cimetière.

C'est à vous que je pense en écrivant ces lignes, mon cher de Briche, noble et généreux ami, qui aviez mis tant de dévouement dans notre belle Œuvre d'*Honneur et Conscience*, et de si tendres espérances sur votre bien-aimé Jean. La balle qui l'a tué vous a touché. La vie sans lui était trop décolorée, et vous avez écouté la voix qui vous appelait du fond de sa tombe.

D'autres n'en meurent pas ; ils n'en ont pas le droit : ils doivent se conserver pour ceux qui restent. Ils se raidissent contre leur douleur, et s'attachent à une existence qui n'a pour eux plus de charme. Il en est qui veulent suivre leur enfant au champ d'honneur et combattre pour deux : ils s'engagent pour le remplacer et le venger.

Parfois c'est la patrie qui leur demande de rester debout, comme si rien n'était changé autour d'eux, et de faire taire la plainte de leur cœur. Le silence du devoir s'ajoutant au silence de la douleur, c'est terrible et sublime. Et tel est le spectacle que nous donnent un grand nombre de chefs, Foch, de Maud'huy, d'Amade, Ebener qui ont perdu chacun un fils; de Pouydraguin qui en a perdu deux.

Mais que dire de Castelnau? Cet homme dont la France murmure le nom avec admiration et reconnaissance, comme celui d'un sauveur, a vu tomber trois fils qui étaient sa gloire; et, chaque fois, après avoir baisé en silence le front radieux du héros, il a détourné de lui ses yeux, refoulé ses larmes, et recommencé à dicter les ordres qui sauvent les armées. Organiser la victoire avec sa douleur, élever la patrie sur les ruines de sa maison, la magnanimité humaine peut-elle monter plus haut?

La douleur des mères semble encore plus déchirante. On dirait que, par leur chair elle-même comme par leur cœur, elles sont plus passionnément unies à leur enfant. La maternité commence par un arrachement douloureux; mais bien souvent, au soir de la vie, elle s'achève dans un arrachement plus affreux.

L'antiquité grecque a incarné la douleur dans sa Niobé; l'antiquité judaïque, dans sa Rachel; le christianisme, dans Marie pleurant au pied de la croix, *mater dolorosa. Dolorosa*, cette épithète reste incrustée dans le nom de mère, comme un glaive planté dans un cœur.

La douleur maternelle est immense comme la mer, suivant la parole biblique. Elle est navrante quand elle se répand en plaintes et en sanglots; elle est effrayante quand elle se tait, les yeux fixés sur le cadavre de l'enfant bien-aimé, et parfois la raison y sombre avec le cœur.

Il ne faut pas chercher à l'adoucir par des paroles humaines. Rachel ne veut pas les entendre, parce qu'elles ne peuvent lui rendre celui qui n'est plus : *quia non sunt*. Je ne chercherai donc pas à vous leurrer par de vaines consolations, ô mères; je respecte trop votre douleur. Il n'y a que les pensées et les espérances chrétiennes qui soient dignes d'elle.

C'est du côté du ciel que vous viendra le rayon. Ce qui doit vous consoler tout d'abord, c'est le souvenir des sentiments admirables dans lesquels votre fils a vécu ses derniers jours. C'est ensuite la pensée qu'il vous les devait et que, par conséquent, il vous devra son bonheur céleste. Ce n'est pas là de l'orgueil, mais la simple constatation de la vérité.

Le rôle de la mère chrétienne est sublime. Après avoir enfanté son fils à la vie physique, elle l'enfante à la vie morale et, par-là même, à la vie du ciel. Elle forme son cœur et l'oriente doucement vers le devoir. Elle le donne à Dieu et à la patrie. Elle le convertit quand c'est nécessaire, comme sainte Monique convertit saint Augustin. Elle le sanctifie, comme Blanche de Castille sanctifia saint Louis. Elle l'encourage au sacrifice ou au martyre, comme la mère des Macchabées.

Vous vous reconnaîtrez toutes, ô femmes chrétiennes, dans ces conseils que l'une de vous adressait à son fils :

17 octobre 1914.

« Mon bien cher enfant,

« ... Va vers le devoir et le sacrifice ! Tu emporteras mon sourire et ma bénédiction.

« Sois brave, soumis, patient, malgré toute épreuve. C'est pour notre France : ne lui ménage pas tes forces. Sois bon pour tes camarades, dévoué à tes chefs, pitoyable même à l'ennemi désarmé : c'est un devoir d'humanité.

« Souviens-toi de Dieu que je vais tant prier pour toi ! Lui seul est le juste Juge, et sa miséricorde est acquise à quiconque la cherche avec droiture. Si je te savais dans sa pleine grâce, avec la foi et la pureté de ta première communion, mon cœur serait moins brisé en te disant au revoir, parce que ce revoir, quoi qu'il arrive, resterait mon espoir sans nuages.

« Garde ces lignes, mon cher enfant, comme le testament de ma tendresse. Pose-les sur ton cœur, et partout tu y trouveras, à l'heure de l'isolement, le baiser que j'y dépose.

« Oui, en cette heure solennelle, je te bénis du meilleur de mon âme, et je te demande, comme je l'ai demandé à Dieu à ta naissance, à ta première communion, aujourd'hui, comme je le lui demanderai toujours, que tu sois fidèle à la devise de ma jeunesse et de toute ma vie : « Dieu, patrie, famille, devoir!

« Ta mère qui t'aime tant[1]. »

Les fils ont répondu à cet appel des mères. Combien parmi celles-ci pourraient signer ces lignes de l'une d'elles :

M... 3 janvier 1915.

« Le don de nos trois aînés à la patrie, quelle source d'angoisses, quel martyre! Et cependant, au milieu de tant d'épreuves, une consolation, la plus grande, la seule véritable, nous est donnée. Nos fils ont fait leur devoir. Avant de partir, ils se sont confessés, ils ont communié. Ils nous écrivent des lettres admirables de foi, de résignation, de courage chrétien. Jamais ils ne m'avaient donné tant de joie. Je suis fière d'eux. Ils se sont tournés avec ardeur vers Dieu, vers la sainte Vierge. C'est

[1] *Semaine religieuse de Bourges.*

le miracle de la grâce et de la prière. C'est le fruit de la croix ! Que le bon Dieu soit béni ! »

Comment les fils n'auraient-ils pas marché quand les mères volaient devant eux dans la voie divine ? Un amiral, qui venait de passer une nuit en adoration avec vingt-neuf de ses officiers devant le saint Sacrement, causait ensuite familièrement avec eux ; remarquant que la plupart, en parlant de leur foi, l'attribuaient à leurs mères, il s'écria avec émotion : « *Les mères ont donné ! La France est sauvée !* »

Combien de soldats font honneur à leur mère de leurs sentiments religieux ! M. l'abbé F. Villa, curé de Graissessac, diocèse de Montpellier, cite les paroles que lui adressait un charmant petit soldat, mort le sourire aux lèvres, en parlant du bon Dieu et de sa mère, une sainte dont il avait la piété.

« — J'aime le bon Dieu, me disait-il un jour, parce que ma mère m'a appris à l'aimer, et aussi parce que je sais qu'il faut qu'il en soit ainsi. Avant la guerre, mes camarades me blaguaient quand ils me voyaient dérouler mon chapelet. Dès qu'ils ont vu le danger bien en face, ils ont changé de langage, ont revêtu comme moi des scapulaires et des médailles

---

[1] *Messager du Cœur de Jésus*, février 1915.

et m'ont prié d'excuser leurs propos inconsidérés. »

« En voyant, sous son enveloppe tricolore, ce charmant enfant franchir pour la dernière fois la grille de l'hôpital, je ne puis retenir mes larmes, et je songe à celles qu'à cette heure répandent des milliers de mères. Mais Dieu ouvre ses bras, pour presser contre son cœur ceux de ses enfants à qui les hasards des combats meurtriers ouvrent les portes de sa glorieuse éternité ! »

Les mères ont formé non seulement des chrétiens, mais des soldats. Combien d'entre eux pourraient répéter le mot magnifique qu'Antoine de Vesins écrivait en 1870, la veille de sa mort : « *Ma mère a été mon premier colonel.* »

La douleur n'en est que plus vive quand tombe un de ces vaillants. Mais la pensée de leur vie pieuse et de leur sainte mort est le suprême réconfort des parents. Là est le baume de votre blessure, pères et mères. Que vouliez-vous, en effet, pour vos enfants? Pourquoi avez-vous travaillé et souffert ? Pour leur donner un peu de bonheur. Eh bien, ils l'ont ce bonheur, et tel que vous ne l'avez jamais rêvé pour eux.

C'est cette pensée de foi qui soutenait le vaillant député catholique, M. de Gailhard-Bancel. Après la mort de deux enfants frappés dans leur rayonnante jeunesse, il nous écrivait :

« Je vous remercie de votre sympathie et de vos prières. Je me console de la perte de mes fils en me disant qu'*ils ont bien vite conquis un bonheur dont je n'aurais pu leur donner l'ombre !* »

Le père de Gaston et de Paul Amouroux se console aussi par la même pensée.

« Oui, écrit-il, nous sommes brisés par la pensée qu'à nos côtés nous ne les retrouverons plus pour soulager les maux de notre vieillesse, mais qu'importe ! Pour Dieu nous les avions élevés, à Dieu nous les avions donnés ! La foi nous dit qu'il les a élevés à lui, les trouvant prêts à occuper leur place au ciel. Aussi nous disons que si nos larmes sont de regret, elles sont aussi de joie, ne pouvant désirer mieux que ce que la foi nous dit : ils sont auprès de Dieu. Notre sacrifice va tout à Dieu. Nous nous pénétrons du sacrifice de son divin Fils au Calvaire, et *fièrement nous porterons notre croix !* »

L'abbé Maurice Pinget, ordonné prêtre en juillet 1914, part presque aussitôt pour le front. Frappé d'une balle au cœur au Lingekopf, il expire en souriant au ciel, et sa mère écrit à Mgr de Gibergues :

« Notre douleur, si vive soit-elle, n'enlève rien à notre résignation... Avant sa naissance, j'avais consacré Maurice au divin Maître. Je le voyais déjà prêtre à l'autel. Après bien des sacrifices, j'ai eu la joie éphémère de le voir célébrer la messe. Mes vœux étaient réalisés. Hélas! nous n'avons pu que l'entrevoir. Je tombe au pied de la croix, le cœur brisé, et j'implore la Mère des douleurs d'adoucir les miennes. »

Un jeune séminariste vient de mourir en brave, face à l'ennemi. Sa mère répond à l'évêque de Nîmes qui lui avait envoyé ses condoléances :

« Mon Dieu, que vos miséricordes sont impénétrables et que c'est déchirant pour mon pauvre cœur de mère! Nous l'avions donné au bon Dieu, ce cher enfant, et nous étions fiers en pensant qu'un jour il monterait à l'autel du Seigneur; mais la divine Providence en a jugé autrement et a voulu sans doute en faire un saint et un petit martyr. Que son saint nom soit béni! Malgré tout notre déchirement, mon mari et moi, nous le bénirons encore!! »

Un petit blessé de dix-neuf ans agonisait à

[1] L'abbé Théodore Lambert, de Remoulins, glorieusement frappé près de Metzeral, en Alsace (*Semaine religieuse de Nîmes*).

l'hôpital. L'aumônier posa sur ses lèvres une petite croix qui reçut son dernier souffle, et il l'envoya à sa mère. Celle-ci lui répondit :

« J'ai déjà perdu un fils et un gendre. Il ne me restait plus que ce pauvre enfant. Je sais ce qui s'est passé entre vous et lui. Je vais mourir aussi, je le sens. Mais ce baiser de mon fils sur cette croix aura été ma dernière joie. J'ai tout donné à mon pays. Je ne lui demande rien, mais je le remercie quand même d'avoir donné à mon fils un prêtre pour lui fermer les yeux et à moi, sa mère mourante, la joie de pouvoir rencontrer sur une croix son dernier baiser. »

Elles parlent de joie, ces pauvres mamans en voiles noirs ; elles disent qu'elles bénissent Dieu. Il y a des sourires sur leurs traits pâlis, des rayons dans leurs yeux brûlés par les larmes, qui cherchent quelqu'un et qui ne le trouvent que là-haut par delà les nuages, au milieu des anges. En voici une qui *sent profondément la grâce immense que Dieu lui a faite.* Écoutez ses paroles :

« C'est à la ferme de Toutvent, près d'Hébuterne que Jean a été frappé. Il a été cité à l'ordre du jour pour sa conduite héroïque, et ses chefs m'ont écrit de belles lettres émouvantes. Vous comprendrez que celle qui m'a été la plus précieuse vient de l'aumônier du régiment, qui m'écrit :

Vienne, 8 juillet 1915.

« — Ce cher enfant était venu me trouver le matin de l'action, m'avait demandé l'absolution et la communion, et m'avait dit ces paroles, que j'ai fidèlement retenues : « Mon Père, je « viens de renouveler le sacrifice de ma vie. « Je l'avais fait déjà. Mais le cours de la vie « vous entraîne. On se reprend petit à petit. « J'avais besoin de me redonner : c'est fait ! »

« Et l'aumônier ajoute :

« — Cette fois, Dieu a daigné agréer le précieux don, et notre héros jouit dès à présent de son immortelle récompense; vous pouvez être fière de lui. »

« Vous le comprendrez, rien ne peut me consoler de la perte de mon enfant; mais je sens profondément la grâce immense que Dieu nous a faite en lui accordant une telle mort...[1] »

Le marquis d'Elbée, sur les sept fils qu'il a donnés à la France, en a trois au front, trois disparus et un mort; et lui aussi il bénit et il remercie Dieu : « Je m'incline, dit-il, devant le choix de Dieu, et je ne puis que remercier et

[1] *Semaine religieuse de Grenoble*, 22 juillet 1915.

bénir le grand dessein : le sacrifice pour la France. »

La plupart du temps, la pensée de la patrie s'ajoute ainsi à celle de Dieu pour soutenir les mères. L'une d'elles rappelle dans une lettre les admirables sentiments de piété de son enfant, le sergent Henri Audiger, de Saint-Nazaire, et elle ajoute, la brave femme : « Aussi nous avons confiance que Dieu aura pitié de lui, qu'il est maintenant au ciel et qu'il prie pour la France et pour nous. »

Il est des mères qui sont allées plus loin dans la voie du sacrifice et du patriotisme. L'une d'elles voyait son fils mourir à l'ambulance. Comme l'aumônier essayait de lui rendre quelque espoir :

« Oh ! non, répondit-elle, ne dites pas cela, mon fils est perdu. Dernièrement une dame me disait que nous n'aurions pas la victoire malgré le sacrifice de tant de mères chrétiennes.

« — Eh ! bien, madame, lui répondis-je, que Dieu prenne mon fils, mais qu'il nous donne la victoire ! »

« Quelques jours après, je recevais la nouvelle que mon fils était blessé. Le bon Dieu a agréé mon sacrifice, qu'il soit béni ! »

En voici une qui vient de perdre son aîné, Pierre Grandjean, glorieusement tué, le 5 avril

1915, au bois d'Apremont. Elle offre le second à Dieu pour la France. Dans une lettre au colonel du régiment de Pierre, elle lui demande comme une faveur de recevoir Serge, élève officier, de la classe de 1916. Il faut citer ces paroles d'un héroïsme surhumain que le cœur a peine à suivre à une telle hauteur.

« Il est juste, dit-elle, qu'il prenne dans ce régiment la place de son frère. J'ai le pressentiment que celui-là aussi est perdu pour moi. Il est trop courageux et trop brave pour ne pas y succomber. Pierre est au ciel. Serge, j'en ai la confiance, l'y suivra. Nous les y retrouverons tous un jour. Et ce n'est pas trop de sacrifier, si Dieu le demande, deux de mes fils pour que la France soit sauvée. »

Le 24 septembre 1915, le petit boulanger Victor Caye, originaire de Sexey-aux-Forges (Meurthe-et-Moselle), pressentant sa fin prochaine, écrivait à ses parents une lettre admirable qui ne devait leur être remise qu'après sa mort : « Je suis mort, parents bien-aimés, en pensant à Dieu, en pensant à vous, en pensant à ma patrie. De là-haut, je prie pour vous. Pas adieu, mais au revoir ! » Il mourait bientôt glorieusement. Ses parents, accourus à l'hôpital, regardaient longuement son cadavre. Muet de douleur, le pauvre père versait des larmes cuisantes, quand la mère, une paysanne chrétienne, une vraie Française, lui prit doucement la main et lui dit : « *Faut avoir du courage, mon homme ! Tu vois bien que le petit en avait !* »

Ah ! oui certes, *le petit en avait*, du courage ! Pensez-y bien, pauvres parents, et imitez-le. Dans une page immortelle de *Çà et là*, Louis Veuillot fait dire à la Jagouine, qui avait perdu huit enfants : « *J'ai mes huit cercueils sur les épaules et, dès que je suis seule, je m'assieds et je pleure !* » Vous avez, vous aussi, un cercueil ou plusieurs peut-être à porter sur votre cœur, et vous ne pouvez pas vous asseoir pour pleurer. Mais dites-vous bien que l'âme du petit n'est pas dans ce cercueil ; que, parce qu'elle avait du courage, elle est montée au ciel, et que vous devez en avoir vous aussi, si vous voulez aller la rejoindre là-haut.

On raconte que la mère du bienheureux Jean de Britto, apprenant la mort de son glorieux fils, martyrisé au Maduré, monta avec tout le peuple à l'église et eut la force de chanter le *Te Deum*. Ne croit-on pas entendre un hymne semblable quand on voit ces admirables chrétiennes bénir Dieu d'avoir repris et couronné leur enfant !

Mère française, mère chrétienne, regarde ton fils dans la gloire ; il te sourit, il te remercie.

Jadis c'était la mère des Macchabées qui disait à son enfant : « Lève tes yeux au ciel. » Aujourd'hui, c'est l'enfant qui dit ce mot à sa mère. « Mère, je te dois tout : mon enfance chrétienne, ce fut ton œuvre; ma conversion, ton œuvre; ma foi, mon courage dans la mort, ton œuvre. Et maintenant, mon éternité bienheureuse, c'est ton œuvre. Sois bénie, ô mère! Bientôt tu viendras occuper un trône près de moi. Comme ce sera bon d'aimer Dieu ensemble, et quel *Te Deum* nous lui chanterons! »

Sainte Thérèse disait, comme nous le verrons plus loin, que, dans l'éternité, la vue du bonheur de leur fils et la conscience qu'elles en sont la cause seront pour les mères un redoublement de félicité. Mère française, ta douleur est grande, mais ta gloire l'est aussi! Ta gloire, ce sont tes enfants; mais ce qu'il y a de plus doux pour toi, c'est de les entendre eux-mêmes te proclamer bienheureuse : *surrexerunt filii ejus et beatissimam prædicaverunt!*

XXXIV

LE CULTE DÛ A NOS MORTS

Ceux qui meurent pour la patrie méritent certes la gloire humaine; mais combien peu l'obtiennent! L'honneur, c'est autre chose. Il ne dépend pas des hommes; il naît du cœur et rayonne d'abord dans la conscience, comme dans sa véritable sphère. S'il est parfois environné de l'estime ou de l'admiration, c'est comme une émanation de sa beauté interne; mais il peut s'en passer sans rien perdre de sa valeur. Et parce qu'il est ainsi personnel et intime, il est inaliénable. La gloire, au contraire, tient souvent à des circonstances fortuites. Aussi il arrive qu'elle s'attache à ceux qui ne la méritent pas et fuit ceux qui en sont dignes.

Nos héros tombent tous au champ d'honneur; mais celui-ci est, pour la plupart, le champ de l'oubli. Ils le savent, et cette perspective n'assombrit pas leurs derniers jours; ils n'ont pas l'idée d'accuser d'ingratitude la postérité qui ne s'occupera pas d'eux. Ils ne songent guère ou pas du tout à elle, et ne lui demandent rien. Ils vont pleins d'entrain vers ce gouffre d'oubli et de silence où, depuis les aurores primitives, tombent à chaque génération des milliards d'hommes et d'animaux. Quelques-uns plus affinés s'arrêtent un instant interdits devant ce mystère d'anéantissement terrestre; mais ils en prennent leur parti avec une superbe sérénité. Seuls le corps et le nom sont atteints. L'âme plane au-dessus des justices et des injustices d'ici-bas.

Écoutez ces mots d'une beauté mélancolique, mais si fière : « *L'oubli descendra sur notre héroïsme, comme les corbeaux du soir sur les cadavres; et jamais un poète ne dira le geste des séminaristes de France. Il n'y a d'épopée que de la légende, et notre mort sera trop vraie pour être jamais chantée. Notre âme sera seule au monde à savoir le ravin où nous aurons roulé.* »

Ainsi parlait dans une conférence, avant de partir pour la guerre où il allait mourir à la fin d'octobre 1914, un jeune dominicain de vingt ans, Ambroise Soudé.

Ils sont rares, croyons-nous, les hommes que le grand anonymat des prochaines hécatombes attriste. Pendant la vie, le jeune poète rêve les palmes et le jeune officier les étoiles, et l'on dit que le premier sourire de la gloire est plus doux que le premier sourire d'une fiancée. Mais, au seuil de l'au-delà, les sourires s'éteignent. Nu et tremblant devant la pelletée de terre qui va recouvrir son corps, l'homme est saisi par des pensées plus hautes. La survie éternelle lui apparaît plus importante que celle de l'histoire. Le mirage s'évanouit. L'amour de la gloriole se dissipe, comme une légère ivresse, à l'air frais des tombeaux. Un brin de philosophie volatilise les vains désirs.

Qu'est-ce que la gloire? Un peu de bruit autour d'un nom, un peu de fanfare autour d'un catafalque, quelques phrases enguirlandant un livre ou un acte. Mais que tout cela est donc volage! Toute cette musique sonne autour d'un mort et ne peut le réveiller. Toute cette pourpre enveloppe un cadavre et n'est qu'un linceul. Qu'y a-t-il au delà, ô mon Dieu? A la lumière crue du cierge funéraire, derrière le rideau qui se soulève lentement, le mourant aperçoit l'éternité, et se demande ce qu'elle sera pour lui : une extase ou un désespoir? Tout le reste n'est rien, et le mot du Sage revient des profondeurs du passé : « Vanité des vanités, tout n'est que vanité! »

Et cependant, si l'oubli est la loi inexorable pour la presque universalité des hommes, ce n'est pas à nous de l'appliquer à nos chers soldats. Si ce n'est pour eux, c'est pour nous que nous devons honorer leur mémoire et leur crier : « Gloire à vous ! » C'est une dette de reconnaissance. C'est bien peu ce que nous leur donnons, à eux qui nous ont donné leur sang; c'est une pâle fleur qui se fane, mais la terre n'en a pas d'autres, et les immortelles ne fleurissent qu'au ciel. Faisons ce que nous pouvons, et c'est quelque chose si nous y mettons notre cœur.

Que ferons-nous donc pour eux ? Il y a d'abord l'hommage collectif que la France doit à ceux qui la font vivre par leur sacrifice, à la grande foule anonyme dont la tombe est la patrie tout entière. La bonne terre maternelle qui les a reçus dans ses bras tressaille d'orgueil sans les distinguer. Ce devoir, Victor Hugo l'a décrit en des vers fameux :

Ceux qui pieusement sont morts pour la patrie
Ont droit qu'à leur tombeau la foule vienne et prie.
Entre les plus beaux noms, leur nom est le plus beau.
Toute gloire près d'eux passe et tombe éphémère.
    Et comme ferait une mère
La voix d'un peuple entier les berce en leur tombeau.

Il y en a beaucoup qui dorment dans un coin ignoré, en France ou sur la terre étrangère, et dont les parents ne connaîtront jamais la sépulture. C'est pour eux une cruelle douleur qui s'ajoute à celle de la mort de leur enfant et qui la rend plus cuisante. Mais consolez-vous, pères et mères, celui que vous pleurez n'est pas perdu; les anges savent où il est tombé et, au jour de la résurrection, quand son corps, secouant la poussière séculaire, se lèvera radieux, ils le conduiront au paradis où vous le retrouverez.

Mais, si vous savez où il repose, vous irez prier sur sa tombe, et vous voudrez qu'elle soit digne de lui. Une croix la couvrira de son ombre, comme un symbole de votre foi, comme le signe de votre immortelle espérance, comme le sourire du Christ à ceux qui sont morts dans un acte de suprême charité, comme un rappel du sang divin qui a racheté leurs âmes, comme le Tau de l'agneau pascal qui détournait l'ange exterminateur. Vous voudrez aussi sans doute que vos larmes et vos prières soient accompagnées de quelques fleurs; et c'est là un hommage d'un pieux symbolisme qui s'adresse non à la chair flétrie, mais à la fleur immortelle, à l'âme.

Des fleurs! Oui, il en faut, au moins quelques-unes pour protester que la mort ne flétrit pas nos cœurs, qu'au-dessus de nos deuils nous entendons l'écho d'une fête, qu'au delà de la nuit nous voyons fleurir une aube éternelle.

Pierre l'Ermite l'a bien dit en de jolies et tendres paroles : « Comme la mort est ténébreuse, on troue ce noir avec de la lumière. Cette lumière, on la demande à la fleur, aux roses de toutes les nuances et de tous les parfums, aux œillets aigus et tourmentés, aux grands chrysanthèmes qui ont l'air de chevelures défaites et de flammes qui ne veulent pas mourir. Cette tradition est bonne et belle. Rappelez-vous ce geste joli des femmes grecques, au soir du naufrage du *Bouvet*, effeuillant des fleurs sur la mer qui venait d'engloutir des centaines de marins. »

Chaque année, aux anniversaires de nos grandes victoires qui furent aussi, hélas! de grandes hécatombes, la France fera la commémoraison de ses héros. Elle ira s'agenouiller sur leurs tombes, au bord des fleuves de sang et de gloire où ils sont morts, elle y prendra des leçons de sacrifice, elle y entendra les voix qui parlaient à Jeanne, elle sentira passer sur son âme les souffles célestes de leur âme.

Maurice Barrès a bien dit le 4 septembre 1915 ce que la France pensait en ce premier anniversaire du miracle de la Marne :

« Si notre nation, à cette heure, se reforme et se ressaisit, si elle reprend sa destinée, c'est autour de ces tombes. Jamais nous n'entourerons d'un culte trop pieux le corps de ces martyrs. Comment leur payer notre dette? En perpétuant leur meilleure minute. Ils sont morts dans l'enthousiasme, emportés par l'esprit de sacrifice. Tant qu'il y aura une France, elle viendra, avec un immense profit, glorifier et consulter, sur ce champ de bataille, ceux qui sauvèrent Paris, la patrie et la liberté de l'esprit dans le monde. *Nous aurions voulu être l'avant-garde d'un cortège qui ne cessera plus et la première strophe d'un cantique d'allégresse éternelle.* Gloire à ceux qui tombèrent, gloire à leurs frères qui continuent la lutte, gloire aux femmes sous leurs voiles de deuil! »

Mais que servirait à nos amis d'entrer dans l'éternité au son de nos clairons et de nos fanfares, s'ils ne devaient bientôt entrer au ciel au bruit des harpes angéliques! Nous devons les y aider en priant pour eux. S'ils ont encore quelques fautes à expier, notre prière abrégera leur peine. S'ils sont déjà couronnés, notre prière leur prouvera notre amour et rejaillira sur d'autres en rosée rédemptrice.

XXXV

PAS DE CRÉMATION

Il est un outrage que l'on a voulu infliger au corps de nos soldats, mais que le sentiment public a réprouvé et repoussé, c'est l'incinération ou la crémation. Sans doute, du point de vue philosophique, il indiffère que la carcasse humaine soit dissoute par la terre ou par le feu : l'outrage est le même, et l'âme n'en est pas atteinte. Du point de vue religieux, il n'y a pas non plus d'opposition essentielle entre l'incinération et le dogme de la résurrection ; car Dieu saurait aussi bien rassembler les cendres obtenues par la combustion que les molécules produites et dispersées par la putréfaction, pour en reconstituer les corps.

Mais la crémation n'en est pas moins une action mauvaise. En voici les raisons.

1° D'abord elle semble participer de la nature du *meurtre*. La décomposition des corps est une œuvre terrible, qui est comme la continuation de la mort. Dieu seul a droit sur la vie humaine ; lui seul peut séparer l'âme du corps, première étape du trépas ; mais de même il semble que lui seul a le droit de désagréger le corps inerte, seconde étape : c'est là un domaine qui lui est réservé. Un sentiment naturel nous en avertit. Il nous semble que brûler un cadavre, d'où la vie vient de se retirer, c'est un acte qui dépasse notre droit et qui confine à l'homicide. Laissons la nature opérer son œuvre sombre, sans nous y associer, sans l'activer. Laissons passer les fléaux, sans être leurs complices.

2° L'incinération semble aussi confiner au *sacrilège*. Le corps a été associé comme un instrument vivant à la vie intellectuelle, morale et religieuse de l'âme, et il en a reçu une sorte de consécration. C'est la base même du culte des reliques. Ceux qui ont eu une vertu exceptionnelle, la sainteté, l'ont en quelque sorte communiquée à leur corps. Il y reste comme un parfum divin. Toucher à ce cadavre, le consumer par le feu, semble une profanation d'un objet sacré. Depuis des milliers d'années l'humanité ne cesse de nous crier : « Respect aux morts ! » L'inhumation est triste sans doute, mais ne va pas sans quelques adoucissements, tandis que la crémation est sinistre. Ceux qui ont vu brûler des cadavres nous disent que rien n'est macabre comme ce spectacle de chair qui grésille, de graisse qui fond, de membres qui se tordent, d'odeur âcre qui vous prend à la gorge.

3° La crémation a un relent *d'incroyance et d'impiété*. Si elle n'empêche pas le *fait* de la résurrection, elle trouble, elle ébranle l'*idée* que nous en avons. En effet, l'inhumation évoque la pensée d'une renaissance, elle éveille les espérances de l'au delà. Elle rappelle les semailles. Le corps enseveli ressemble au grain de blé confié à la terre et qui doit en sortir un jour avec une vie nouvelle; il est semé, dit saint Paul, *seminatur*. L'Apôtre n'aurait même pas eu l'idée de cette comparaison avec l'incinération. On ne jette pas la semence au feu, mais en terre. Brûlez le blé : peut-il renaître?

Une autre comparaison, également consacrée par l'Église, relie naturellement l'inhumation à l'idée et à l'espérance de la vie : c'est celle du sommeil dont le Christ s'est plusieurs fois servi dans l'Évangile pour désigner la mort. Le mot cimetière signifie dortoir. Mais si le cercueil est un lit de repos où l'on étend le mort, on ne saurait en dire autant de l'urne où l'on recueille ses cendres. La crémation, c'est l'anéantissement du corps qui, par une association instinctive, incline à croire à l'anéantissement de l'âme. La tombe est spiritualiste, l'urne est matérialiste et païenne.

4° L'incinération est contraire *au culte des morts*, et par là elle blesse la délicatesse naturelle et nos sentiments les plus intimes. L'amour que nous avons pour nos semblables nous pousse à combattre la mort, à l'éloigner de leurs chevets quand ils sont malades, et, quand elle l'a emporté, à essayer du moins de ralentir son œuvre. C'est ainsi que les Egyptiens embaumaient leurs morts pour garder le plus longtemps possible leurs dépouilles funèbres. Si la famille chrétienne ne va pas jusque-là, elle aime du moins à prier sur les tombes de ses morts. Elle les entretient avec un tendre respect. Elle visite pieusement les cimetières le 2 novembre. Mais, avec la crémation, plus de tombes surmontées de la croix ! Une urne seulement, une potiche à mettre sur une cheminée ! Ironie un peu grotesque dont on comprend que les cœurs aient été blessés.

Maurice Barrès parle aussi du culte rendu à nos soldats :

« Quel spectacle pour l'âme, quelle beauté pure ! Un village en ruines, quelques prairies silencieuses, les grandes forêts tout autour, et une poignée d'enfants sérieuses s'en allant avec des fleurs, des croix de bois et des petits drapeaux tricolores, à la recherche des cadavres. Devant ce culte rendu par ces pauvres villages à leurs défenseurs, quel cœur n'eût été bouleversé ! Je voyais flotter au-dessus de cette fidèle cohorte les plus grandes pensées de notre race. La poésie française accompagnait ces choréphores rustiques. Le vent du soir dans les feuillages murmurait le mot de la bonne vieille : « J'ai mon gars soldat comme toi. » Tout l'immense orchestre de la forêt chantait : « O morts pour mon pays, je suis votre envieux ! » Supprimez de tels spectacles, chassez des cœurs ces grandes piétés, et je ne suis plus en France. »

Le même écrivain cite une lettre d'un soldat du front : « Nous nous ferons tuer quand on voudra, où l'on voudra, le sourire aux lèvres. Mais qu'au moins un camarade puisse encore prier sur notre tombe.

« Au bord des routes, on ne verrait donc plus ces tombes ni ces croix devant lesquelles nous défilons les jours de relève. En les voyant cependant, un courage nouveau entre en nous ; nous voulons venger les camarades tombés dans cette reconquête pied à pied de notre France. »

5° Pour toutes ces raisons, *l'Église* a adopté

l'inhumation et l'a rendue obligatoire. Elle en a tiré des images, des symboles, dont sa langue scripturaire et théologique est toute imprégnée et qui a profondément pénétré la mentalité des peuples chrétiens. Et de là surgit une cinquième raison de repousser la crémation. Renoncer à la sépulture traditionnelle de l'Eglise serait bouleverser sa langue et sa liturgie; il lui faudrait remanier tout son office des morts. On ne peut exiger d'elle et elle ne peut consentir une pareille révolution pour le plaisir de chanter avec le vent qui passe et qui pourrait faire entendre demain une autre chanson.

6° C'est un fait que, précisément pour combattre l'idée spiritualiste et chrétienne, et pour contrecarrer l'Eglise, *la Franc-maçonnerie* a multiplié, ces dernières années, les fours crématoires; elle en a fait des machines de guerre contre la religion. C'était dicter à l'Eglise sa conduite. Elle a répondu en 1886, en 1892 et en 1911 par une condamnation formelle de l'incinération.

Pendant cette guerre, sous prétexte d'éviter des épidémies, mais en réalité pour acclimater dans les esprits l'idée de la crémation, un projet de loi a été présenté au Parlement, qui rendait obligatoire l'incinération des corps des soldats non identifiés. Mais si la Chambre l'a voté, le Sénat, voyant la répugnance et l'indignation universelles du pays, l'a rejeté. Et ce fut une victoire du bon sens et du cœur, de la dignité humaine et de la religion sur un retour à la sauvagerie païenne.

La science a d'ailleurs conspiré ici avec le sentiment populaire et la religion. Elle a démontré que les cadavres enterrés en très grand nombre ne constituaient pas un danger pour la santé publique.

Une des scènes les plus sublimes de l'*Iliade* est celle où Priam, agenouillé devant Achille, lui demande le corps de son fils Hector pour lui donner la sépulture. Achille a tué le héros troyen et en a traîné trois fois le cadavre, attaché à son char, autour des murs de Troie.

Aujourd'hui une barbarie plus atroce que celle d'Achille a voulu brûler les corps de nos frères. Mais la France, plus noble et plus douloureuse que le vieux Priam, a protesté contre ce suprême outrage. La barbarie n'a pas osé passer outre. La mère a triomphé: ses fils dormiront dans leurs tombes fleuries de croix, de tendresse et d'espérance.

XXXVI

AU CIEL ILS SONT HEUREUX

La plupart des peuples ont exalté la mort de leurs guerriers et imaginé pour eux un paradis où ils reçoivent la récompense de leur courage. Les vieux Germains dans leurs chants de guerre célébraient les merveilles et les délices de ce paradis des braves qu'ils appelaient le Walhalla. Mais la félicité qu'ils s'y promettaient se ressentait de leur nature sauvage. Les héros continuaient à faire couler le sang dans des batailles furieuses; ils guérissaient miraculeusement de leurs blessures; puis, dans de vastes salles, dont les murs étaient revêtus de boucliers, de lances et d'épées sanglantes, ils s'asseyaient avec Odin autour d'une table où, en des orgies sans fin, ils buvaient, dans les crânes de leurs ennemis, l'hydromel servi par les Walkyries. Ces Walkyries les avaient guidés et encouragés pendant les combats de la terre, où elles leur apparaissaient à cheval au milieu des nuages. Après la mort, elles devenaient leurs échansonnes, et faisaient l'ornement du paradis par leur éclatante beauté.

Ce paradis germanique, que les partisans du néo-odinisme célèbrent encore dans l'Allemagne de nos jours, est immoral, puisqu'il suffit, pour y être admis, d'avoir bien combattu sur la terre, eût-on l'âme chargée de tous les crimes. Avec ses tueries et ses orgies, il est grossier et barbare. Il contient cependant une part de vérité, quoique bien défigurée. Il exprime l'idée que le courage et le patriotisme sont des vertus naturelles, dignes d'une récompense spéciale. Le christianisme honore, lui aussi, ces vertus; mais il les élève, les purifie et les surnaturalise comme toutes les autres, et par là les rend dignes de l'immortalité.

Dieu approuve les guerres justes et il bénit le courage des guerriers. Il s'intéresse à leur formation. Le psalmiste s'écrie, en effet : « Béni soit le Seigneur mon Dieu qui exerce mes mains au combat et mes doigts à la guerre[1]. » L'Esprit-Saint loue les Macchabées parce qu'ils ont vaillamment lutté pour leur religion et

[1] *Benedictus Dominus Deus meus, qui docet manus meas ad prælium et digitos meos ad bellum.* (Ps. cxliii.)

leur patrie. David chante, dans un cantique superbe, la flèche de Jonathas, le glaive de Saül, le bouclier des forts qui sont tombés sur les montagnes[1].

On peut dire dans un sens qu'il y a un paradis des braves; non pas qu'il suffise d'être brave pour y entrer comme au Walhalla, mais parce que la bravoure, mise au service de la justice et rehaussée par le sentiment religieux, y reçoit une récompense particulière. L'Eglise nous montre un grand nombre de soldats couronnés dans la gloire : saint Longin, qui perça le côté du Sauveur en croix; les martyrs d'Agaune, saint Maurice et ses six mille compagnons de la légion Thébaine; les quarante martyrs de Sébaste; saint Sébastien et saint Georges, officiers sous Dioclétien; saint Victor de Marseille; saint Martin, qui porta les armes avant de porter la crosse; Charlemagne que Jeanne d'Arc canonisait; saint Guillaume de Gellone, duc d'Aquitaine, le héros de la bataille des Aliscamps; saint Louis et enfin Jeanne d'Arc elle-même. Tous ces héros et bien d'autres sont montés au ciel par le chemin des armes.

Nos chers soldats qui sont morts en état de grâce jouissent ou jouiront un jour de la même

[1] Au 2e livre des Rois, chap. 1er.

gloire. Vous qui les aimiez, vous vous proposiez de fêter joyeusement leur retour au foyer, de leur faire une vie belle et heureuse : eh bien, Dieu s'en est chargé. La récompense qu'il leur donne est infiniment plus brillante et plus douce que ne l'eussent été vos attentions les plus tendres. Mais en quoi consiste-t-elle ?

La principale source de la félicité céleste, c'est la vision et l'amour de Dieu. L'Ecriture se sert de mots étonnants, adaptés à notre nature sensible, pour nous faire comprendre l'excès de la béatitude dont jouissent les élus. C'est une ivresse sublime, *inebriabuntur ab ubertate domus tuæ*; c'est un torrent de volupté où ils s'abreuvent, *torrente voluptatis potabis eos*. Mais ce sont là de simples images qui ne peuvent nous donner une idée de la réalité incompréhensible. La meilleure définition se trouve dans saint Paul, mais sous une forme négative : « L'œil de l'homme n'a rien vu, son oreille n'a rien entendu, son cœur rien imaginé qui soit comparable au bonheur dont Dieu comble ses élus. » Et cependant l'œil de l'homme a vu des choses bien belles, son oreille a entendu des paroles bien douces, son cœur a connu des amours qui l'ont exalté jusqu'à la folie ! Eh bien, non, tout cela n'est rien auprès des extases dont jouit mon enfant, mon époux, mon frère, mon ami. Je ne le vois pas, mais je le crois !

Et ce n'est pas seulement l'âme qui sera glorifiée. Le corps lui aussi aura sa récompense. Ce pauvre corps qu'ont déchiré d'horribles blessures sera refait, transfiguré, par la main de Dieu. Vous reverrez vos bien-aimés, mais infiniment plus beaux que durant cette vie et reflétant, comme un miroir sans tache, la splendeur divine. Vous les entendrez chanter : « *Refloruit caro mea*, ma chair a refleuri. » Et cette gloire de la chair configurée, comme dit l'Apôtre, à la clarté du corps du Christ, mettra le comble à la gloire de l'âme.

O bonheurs de la terre, pauvres petits bonheurs dont nous sommes fous, auprès de la lumière éternelle, comme nous le disait tout à l'heure un père chrétien, vous n'êtes qu'une ombre !

XXXVII

AU CIEL ILS PENSENT A NOUS

Il est une question qui intéresse et parfois inquiète vivement nos cœurs. Nous nous demandons si nos parents et nos amis pensent à nous dans le ciel et s'ils nous aiment encore. Nous nous demandons quel accueil ils nous feront et quelles relations ils auront avec nous, quand nous les retrouverons là-haut. Nous craignons peut-être que la vue de Dieu, absorbant toutes leurs facultés, ne leur fasse oublier les choses de la terre, et ne les rende indifférents même à leurs compagnons de félicité. Or, c'est là une erreur.

Ils pensent à nous, ils continuent à nous aimer, ils prient pour nous. D'ailleurs, il serait étrange que la charité, qui est la reine des vertus, fût tout à coup morte dans leur cœur à leur entrée dans le paradis. Ils imitent Dieu qui a toujours les yeux fixés sur nous et nous enveloppe de sa tendresse.

Saint Augustin se sert de cet argument. Parlant de son ami Nebridius, il s'écrie : « Il est heureux au ciel, mais il ne m'oublie pas. Comment m'oublierait-il, Seigneur, puisque vous-même, dont s'enivre son âme, vous vous souvenez de moi? »

Saint Cyprien nous dit : « Hâtons-nous, courons vers notre patrie; allons saluer nos ancêtres. Nous sommes attendus là-haut. Nous sommes désirés par nos bien-aimés, nos parents, nos frères, nos enfants. Assurés de leur immortalité, ils sont pleins de sollicitude pour notre salut. »

Saint Bernard se sert presque des mêmes mots dans un sermon sur saint Victor : « Il est bien rassuré pour lui-même, mais plein de sollicitude pour nous, *securus quidem sibi, sed nostri sollicitus.* »

Honorius d'Autun s'est inspiré de la même idée : « Les justes, dit-il, prient pour ceux qu'ils ont aimés dans le Seigneur et pour ceux qui les invoquent. Mais leur joie ne sera pleine et entière qu'après la résurrection, quand ils auront recouvré leur corps et que nous serons allés les rejoindre; car maintenant notre absence leur cause quelque inquiétude, *de nostra absentia sollicitantur.* »

Saint Paulin de Nole écrit au poète Ausone : « L'âme survit au corps et elle garde ses sentiments et ses affections aussi bien que sa vie. En quelque lieu que me place après ma mort notre commun Père, je vous porterai dans mon cœur, et le trépas qui séparera mon âme de mon corps ne mettra pas un terme à mon amour pour vous. »

Mais voici un témoignage qui touchera plus profondément le cœur des mères. *Sainte Françoise Romaine* vit un jour son fils Evangelista, mort depuis un an, lui apparaître dans l'éclat d'une merveilleuse beauté. Poussée par un mouvement de curiosité bien naturel, elle lui demanda s'il pensait à elle dans le ciel, *num matris suæ meminisset in cœlis*. Evangelista lui assura dans les termes les plus affectueux qu'il pensait toujours à elle, qu'il l'aimait et lui obtenait de grandes grâces. »

Ils nous attendent au ciel, saint Cyprien nous le disait tout à l'heure. Ils ont hâte de nous y voir. C'est là une pensée singulièrement douce et réconfortante.

Le vicomte de Borelli, dans sa belle poésie de la *Légion étrangère*, raconte que ses soldats, les mercenaires du Tonkin, le voyant s'exposer à la mort, lui disaient de se ménager. C'était à eux, pauvres enfants perdus, de mourir ; car ils n'avaient ni amis ni famille, tandis que lui avait des êtres bénis qui l'attendaient au loin :

On vous attend ! Et nous, on ne nous attend plus.

Nos bien-aimés nous attendent de même sur les rivages éternels, sous ces portiques de saphir et d'émeraude que saint Jean a chantés.

Arrière donc cette sombre théorie qui brise avec le fil de la vie les amitiés et les amours légitimes de la terre! C'est une des formes du jansénisme. C'est la malédiction, jetée au nom de la grâce et de la gloire, à tout ce qu'il y a de beau et d'exquis dans la nature. C'est Dieu posé en tyran jaloux de nos cœurs, poursuivant ou étouffant en eux les sentiments les plus profonds et les plus doux.

Un pareil ciel ne serait plus, en dehors de la vision béatifique, qu'un pastiche du Nirvâna bouddhique, une monstrueuse inertie. Or, il est l'épanouissement transcendant de la vie humaine divinisée. Sans doute les élus voient et aiment Dieu par-dessus tout, mais ils voient à travers lui et ils aiment en lui tout ce qu'il a fait de beau et d'aimable.

XXXVIII

ILS SONT TOUJOURS PRÈS DE NOUS

Celui que vous pleurez a été séparé de vous plus ou moins longtemps sur la terre. Vous cherchiez alors à le rejoindre, à communiquer avec lui par des lettres, où vous mettiez tout votre cœur, et parfois peut-être quelques larmes; et c'était leur plus douce consolation au front de vous lire. C'était la vôtre aussi de recevoir de leurs nouvelles. La chère écriture vous faisait tressaillir. Avec quelle avidité vous lisiez les pages trop courtes! Parfois un souvenir y était joint, une fleur, un portrait. Récemment, une femme, ayant essuyé avec un petit morceau de buvard une de ses larmes, tombée sur une lettre qu'elle écrivait à son mari, eut l'idée de mettre ce buvard sous l'enveloppe et elle ajouta ces mots : « *Embrasse-le, il a bu mes larmes.* » Quelque temps après, son mari blessé le lui renvoyait avec cette ligne : « *Embrasse-le, il a bu mon sang.* » Cette correspondance était pour vous comme une présence factice, imaginaire, qui remplaçait la présence réelle de vos amis et trompait le chagrin de leur absence.

En vérité, vous avez mieux, maintenant que votre parent est au ciel. Car le ciel est tout près de nous moralement. Nous pouvons communiquer à chaque instant avec ses habitants par une correspondance invisible et spirituelle.

Quelques malheureux recourent au spiritisme pour se mettre en relations avec leurs morts. Ils ont tort ; ils commettent un grave péché et sont les dupes d'un mensonge. Dans ces apparitions, ces conversations, ces messages, il y a toujours ou une *supercherie*, ou une *hallucination*, ou un *sortilège diabolique*, mais ce n'est jamais l'âme que vous aimiez qui vous parle. S'il y a quelqu'un derrière le rideau, c'est le démon, et il ne faut pas jouer ni même causer avec lui. Bien souvent, après une consolation passagère, le spiritisme produit un affolement malsain, une sombre mélancolie et conduit au suicide : c'est ce que voulait l'Esprit du mal.

Mais le besoin profond de nos cœurs auquel le spiritisme répond par un mensonge peut être satisfait autrement. Par la pensée, par la prière, nous pouvons vivre dans une sorte de communion spirituelle avec les âmes qui nous ont quittés. Un rideau léger nous sépare d'elles ; rideau opaque pour nos yeux, mais transparent pour les leurs. Elles nous voient, elles suivent nos mouvements, s'attristent de nos fautes, se réjouissent de nos actes de vertu. Elles sont un peu pour nous comme des anges gardiens bénévoles. Saint Grégoire de Nazianze attribuait ce rôle à son illustre ami saint Basile : « Maintenant, écrivait-il, Basile est dans les cieux. Mais, en s'en allant, il ne nous a pas quittés tout à fait. *Parfois même il vient m'avertir par des visions nocturnes, et il me reprend lorsque je m'écarte de mon devoir.* »

Fénelon exprimait la même pensée à la duchesse de Beauvilliers qui venait de perdre son mari :

« Non, il n'y a que les sens et l'imagination qui aient perdu leur objet. Celui que nous ne pouvons plus voir est plus que jamais avec nous. Nous le trouvons sans cesse dans notre centre commun. Il nous y voit, il nous y procure les vrais secours; il connait mieux que nous nos infirmités, lui qui n'a plus les siennes, et il demande les remèdes nécessaires pour notre guérison. Pour moi, qui étais privé de le voir depuis tant d'années, je lui parle, je lui ouvre mon cœur, je crois le trouver devant Dieu, et quoique je l'aie pleuré amèrement, je ne puis croire que je l'aie perdu. Oh! qu'il y a de réalité dans cette société intime! »

A la veuve du duc de Chevreuse, il écrivait :

« Unissons-nous de cœur à celui que nous regrettons ; il ne s'est pas éloigné de nous en devenant invisible. Il nous voit, il nous aime, il est touché de nos besoins. Arrivé heureusement au port, il prie pour nous, qui sommes encore exposés au naufrage. Il nous dit d'une voix secrète : « Hâtez-vous de nous rejoindre. » Les purs esprits voient, entendent, aiment toujours leurs vrais amis dans leur centre commun. Leur amitié est immortelle comme sa source. »

Mgr Bougaud a décrit cette action de nos chers défunts dans une page délicieuse :

« La grande et triste erreur de quelques-uns, même bons, c'est de s'imaginer que ceux que la mort emporte nous quittent.

« Ils ne nous quittent pas, ils restent !

« Où sont-ils ? Dans l'ombre ?

« Oh ! non, c'est nous qui sommes dans l'ombre. Eux sont à côté de nous, près de nous, sous le voile, plus présents que jamais. Nous ne les voyons pas, parce que le nuage obscur nous enveloppe, mais eux nous voient. Ils tiennent leurs beaux yeux pleins de gloire arrêtés sur nos yeux pleins de larmes. O consolation ineffable ! les morts sont des invisibles, ce ne sont pas des absents !

« J'ai souvent pensé à ce qui pourrait le mieux consoler ceux qui pleurent. Le voici : c'est la foi à cette présence réelle et ininterrompue de nos morts chéris. C'est l'intuition claire, pénétrante, que par la mort ils ne sont ni éteints, ni éloignés, ni même absents, mais vivants près de nous, heureux, transfigurés et n'ayant perdu dans ce changement glorieux ni une délicatesse de leur âme, ni une tendresse de leur cœur, ni une préférence de leur amour; ayant, au contraire, dans ces profonds et doux sentiments, grandi de cent coudées. La mort est pour les bons la montée éblouissante dans la lumière, dans la puissance et dans l'amour. Ceux qui jusque-là n'étaient que des chrétiens ordinaires deviennent parfaits; ceux qui n'étaient que beaux deviennent bons; ceux qui étaient bons deviennent sublimes ! »

Voici réalisée, dans l'âme si délicate et si chrétienne d'Ozanam, cette douce communion avec une âme partie pour l'éternité. En janvier 1842, écrivant à un ami éprouvé, il lui raconta qu'après avoir perdu sa mère il fut, pendant quelque temps, plongé dans une désolation immense, où l'idée même d'une consolation lui semblait non seulement impossible, mais injurieuse à son amour :

« Bientôt, continue-t-il, d'autres moments

sont venus où j'ai commencé à pressentir que je n'étais point seul, où quelque chose d'une douceur infinie s'est passé au fond de moi. C'était comme une assurance qu'on ne m'avait point quitté, c'était comme un voisinage bienfaisant quoique invisible, c'était comme si une âme chérie, en passant, m'eût caressé de ses ailes. Et, de même qu'autrefois je reconnaissais les pas, la voix, le souffle de ma mère, ainsi, quand un souffle réchauffant ranimait mes forces, qu'une idée vertueuse se faisait entendre à mon esprit, qu'une salutaire impulsion ébranlait ma volonté, je ne pouvais m'empêcher de croire que c'était toujours elle.

« Maintenant, après deux années..., il y a des instants de tressaillement subit, comme si elle était toujours là à mes côtés. Il y a surtout, lorsque j'en ai le plus besoin, des heures de maternel et filial entretien, et alors je pleure peut-être plus que dans les premiers mois; mais il se mêle à cette mélancolie une ineffable paix. Quand je suis bon, quand j'ai fait quelque chose pour les pauvres qu'elle a tant aimés, quand je suis en repos avec Dieu qu'elle a si bien servi, je vois qu'elle me sourit de loin. Quelquefois, si je prie, je crois écouter sa prière qui accompagne la mienne, comme nous faisions ensemble le soir au pied du crucifix. Enfin souvent..., lorsque j'ai le bonheur de communier, lorsque le Sauveur vient me visiter, il me semble qu'elle le suit dans mon misérable cœur, comme tant de fois elle le suivit, porté en viatique, dans d'indigentes maisons, et alors j'ai une ferme confiance de la présence réelle de ma mère auprès de moi. »

Voilà comment un fils vivait en communion intime, perpétuelle, avec l'âme de sa sainte mère. N'est-il pas plus facile pour une mère, une veuve, d'entretenir avec l'âme de son fils ou de son époux retourné à Dieu ce pieux commerce de pensées et d'affections ?

Il en est parmi nos soldats qui invoquent un camarade mort en prédestiné durant cette guerre, qui lui parlent la nuit dans la tranchée et se recommandent à lui dans le péril. En voici un exemple délicieux.

Le sergent Jacques de M... a un culte pour son frère Tony. Et Tony le mérite bien : âme exquise, après avoir vécu en saint, il est mort en héros, glorieusement tué, le 25 mai 1915, à Notre-Dame de Lorette.

Chargé, au mois de septembre, de conduire sa section à la prise d'une tranchée ennemie, Jacques est accueilli par une terrible salve de mitraille. Il fait coucher ses hommes ; mais, quoique blessé, il reste lui-même debout pour les encourager à riposter. C'est miracle qu'il ne soit pas tué. Mais une aile invisible le couvre. Tandis qu'il excite ses compagnons allant des uns aux autres, il se recommande à son frère; il se figure l'avoir à ses côtés; il ne cesse de répéter : « *Tony, garde-moi! Tony, sauve-moi !* » Et non seulement son ange le protège, mais il lui inspire son magnifique courage.

Les morts tiennent une grande place dans notre existence. Ils ne sont morts qu'à cette vie factice de trépidation, de bruit et de soucis matériels, qui trop souvent absorbe nos sens; mais ils vivent d'une vie de silence, de prière, d'amitié mystérieuse, comme les anges qui volent autour de nous. Pas de spiritisme! Pas de tables tournantes qui font tourner les têtes! Pas de désincarnés ou de réincarnés, créations du diabolisme ou de la supercherie! Mais la tranquille et sereine communion des âmes, telle que la pratiquaient saint Grégoire et saint Bernard, Fénelon et Ozanam : voilà la douce perspective que la foi ouvre à nos cœurs.

XXXIX

LA JOIE DE LA RÉUNION AU CIEL

Mais cette communion des âmes commencée ici-bas n'aura sa plénitude qu'au ciel, et voilà en somme la grande pensée consolatrice ; sans elle, toutes les autres sont vaines. Si votre enfant, comme vous devez l'espérer, est auprès de Dieu, vous pouvez, vous devez l'y rejoindre, et alors ce sera la joie absolue.

Mais j'entends quelques esprits inquiets élever des doutes sur cette joie. Est-il vrai, disent-ils, que l'on se reconnaît là-haut entre parents et amis? Absorbé par la contemplation du Créateur, n'est-on pas indifférent à la présence et à la pensée des créatures?

Saint Thomas d'Aquin nous enseigne que les élus auront entre eux ces relations d'amitié et de charité divine. En effet, les raisons qu'ils avaient de s'aimer sur la terre ne seront pas détruites, *non enim cessabunt ab anima beati honestæ dilectionis causæ.* Ils y trouveront la source d'une joie accidentelle qui s'ajoutera à la joie substantielle de la vision béatifique. Ils sont inondés des clartés divines; mais, comme des diamants qui se renverraient mutuellement les feux du soleil, ils se renvoient les feux de la divinité. Ils s'admirent les uns les autres, ou plutôt ils admirent les uns dans les autres la beauté infinie qu'ils reflètent diversement.

Dieu nous dit que le ciel est son royaume, par conséquent une société; mais qu'est-ce qu'une société dont les membres seraient étrangers entre eux? Il nous commande de nous aimer, parce que nous sommes ses enfants ici-bas; mais ne le serons-nous pas encore plus dans le paradis? C'est là une de ces causes honnêtes de dilection dont nous parle saint Thomas.

Nous avons vu plus haut que les élus nous aiment maintenant que nous cheminons sur la terre malgré nos fautes, et ils ne nous aimeraient plus quand ils nous verront près d'eux sans défauts et sans taches! Ils se réjouissent de nous voir prendre le bon chemin, et ils ne se réjouiraient pas en nous voyant parvenus au terme radieux! Une mère du haut du ciel veille sur son fils, prie pour lui, l'enfante lentement à la vie chrétienne, et, au moment précis où il entre dans le ciel qu'elle lui a tant souhaité, elle lui deviendrait tout à coup indifférente et lui dirait : « Je ne te connais plus ; laisse-moi jouir en paix de la vision de Dieu ! » Ce serait un désordre contre nature. Or, la grâce ne tue pas la nature, mais la sanctifie. La gloire ne l'opprime pas, mais la béatifie.

Tertullien, saint Athanase, saint Jean Chrysostome, saint Grégoire de Nazianze, saint Augustin, saint Jérôme, saint Grégoire le Grand, saint Bernard, saint Paulin de Nole nous répètent à l'envi qu'au ciel on se reconnaît, on s'aime, on est uni par les liens les plus doux de l'amitié et de l'amour.

Les amis se reconnaîtront. Saint Grégoire de Nazianze est persuadé que son amitié avec saint Basile refleurira au ciel. Il se le représente l'accueillant dans la gloire et lui montrant les splendeurs du bienheureux séjour.

Saint Bernard dit d'un de ses amis : « Il était mien durant la vie, il sera mien après la mort et je le reconnaîtrai dans la patrie. »

Sainte Catherine de Sienne raconte que Dieu lui dit dans une révélation : « Bien que tous mes élus soient indissolublement unis ensemble par une parfaite charité, il règne toutefois une singulière communication, une joyeuse et sainte familiarité entre ceux qui se sont réciproquement aimés sur la terre. »

Même pensée dans saint François de Sales :

« Quel contentement recevrons-nous en voyant ceux que nous avons si chèrement aimés en cette vie!... Les amitiés saintes, comme elles auront été commencées pour Dieu en cette vie, elles se continueront en l'autre éternellement. »

Les frères se reconnaîtront. Saint Ambroise a écrit des pages touchantes sur son frère Satyrus. « Il le prie de ne pas le laisser languir sur la terre, de l'attirer au plus tôt au séjour glorieux, où ils se réjouiront ensemble pour toujours. » Saint Bernard tressaille à la pensée de se réunir un jour à son frère Gérard qu'il aime tendrement.

Les *époux* se reconnaîtront. Notre-Seigneur nous dit que les plaisirs charnels seront bannis du ciel et que les élus y seront comme des anges, *neque nubent neque nubentur, sed erunt quasi angeli in cœlo*. Mais l'union des cœurs et l'amour n'en seront que plus vifs, l'intimité plus parfaite et plus douce.

Saint Jérôme écrit à une veuve : « Regardez votre Lucinius comme un frère, mais réjouissez-vous de ce qu'il règne avec Jésus-Christ. Victorieux et sûr de sa gloire, il vous regarde du haut du ciel, il vous soutient dans vos peines, il vous prépare une place auprès de lui, avec ce même amour et cette même charité qu'il avait jadis pour vous. »

Saint Augustin affirme à une veuve qu'elle n'a pas perdu son mari, puisqu'elle le rejoindra un jour et qu'alors elle le connaîtra et, par suite, l'aimera mille fois mieux.

Saint Chrysostome a écrit de belles pages à une jeune veuve. Il lui promet qu'elle retrouvera un jour celui qu'elle pleure : « Si vous désirez voir votre mari, si vous voulez jouir de votre mutuelle présence, faites briller en vous la même pureté de vie qui brillait en lui et soyez assurée de parvenir ainsi au même chœur angélique où il est parvenu lui-même. Vous habiterez avec lui non pas seulement cinq ans comme sur la terre, ni pendant vingt, cent, mille, deux mille, dix mille et plus d'années, mais pendant des siècles sans fin. Vous retrouverez alors votre mari, non plus avec cette beauté qu'il avait ici-bas, mais avec une beauté plus grande, une splendeur qui surpassera les rayons du soleil. »

Mais que dire *des pères et des mères ?* Saint Théodore Studite écrit à un père : « Vos enfants ne sont pas perdus pour vous; ils demeurent sains et saufs. Quand vous serez parvenu au terme de la vie, vous les reverrez joyeux et triomphants d'allégresse. » Ce même saint parle de la joie qu'il aura à retrouver sa mère au ciel : « Mère vénérable et très regrettée, où nous as-tu laissés? En quel lieu as-tu été transportée? Je sais bien que tu es là d'où le chagrin et la douleur sont bannis; là où sont aussi nos frères communs que tu as tant regrettés et avec qui tu désirais tant te trouver réunie! »

Sainte Thérèse écrit : « Je m'arrête souvent à cette pensée : lorsque des enfants goûteront au ciel les joies éternelles et s'en verront redevables à leur mère, par quelles actions de grâces ne lui témoigneront-ils pas leur reconnaissance, et de quel redoublement de bonheur le cœur de cette mère ne se sentira-t-il pas tressaillir à l'aspect de leur félicité! »

Courage donc, ô vous qui souffrez, vos bien-aimés ne souffrent plus. Rien ne leur manque, si ce n'est vous; mais ils se rejouissent à la pensée de vous accueillir plus tard au ciel et à la vue des efforts que vous faites pour y parvenir. Redoublez donc de vertus et de prières; c'est la seule manière que vous ayez d'augmenter leur bonheur et de leur prouver véritablement votre amour.

XL

LE RENOUVEAU DE LA FRANCE

Le bonheur de nos soldats au ciel ne serait pas sans nuage, semble-t-il, s'ils étaient seuls à en jouir. Ils ne se désintéressent pas plus que Dieu des âmes qui leur furent unies par des liens sacrés et qui continuent à traîner leur chaîne sur la terre. L'égoïsme n'habite pas la céleste Jérusalem, royaume de la charité infinie.

Ils ont offert leur jeunesse et leur vie pour une cause qu'ils aimaient et qu'ils aiment encore, pour leur patrie. Ce serait pour eux une déception, si elle ne profitait pas de leur sacrifice ; ils pourraient dire mélancoliquement : « *Quæ utilitas in sanguine meo.* A quoi sert l'effusion de mon sang ? » Il est impossible que Dieu ne les écoute pas, d'autant plus que cette cause lui est aussi chère qu'à eux. Ils lui ont demandé de bénir la France et de lui donner la victoire, puisqu'elle représente la justice ; mais ils lui ont surtout demandé de la rendre de plus en plus chrétienne.

Une nouvelle France, plus pure et plus belle, naîtra de leur holocauste. Leur tombe sera un baptistère. Clovis en sortira plus fort pour accomplir de nouveaux gestes de Dieu.

Paul Déroulède a dit : « *C'est du dernier soupir de nos héros qu'est fait le souffle immortel de la patrie.* » Si ce souffle est chrétien, l'âme de la patrie en est toute sanctifiée. S'il s'exhale comme une prière de feu, il attire sur elle une rosée de grâces. Nous avons entendu cette prière monter des lèvres de nos soldats mourants en ces « gémissements inénarrables » que saint Paul attribue au souffle de l'Esprit-Saint mêlé au souffle de l'homme. Ils demandaient avant tout à Dieu de régénérer la France.

Or, il semble bien qu'elle se régénère. Pendant des années un hiver douloureux a pesé sur elle. L'esprit anti-religieux soufflait à travers l'enseignement et la presse. L'orage grondait des persécutions liberticides, plus dangereuses que les persécutions homicides. Mais voici que l'arc-en-ciel se dessine à l'horizon, messager d'une grande espérance. Une brise de charité et de foi caresse les âmes. L'hiver s'en va, *hiems transiit.* Un renouveau moral commence à éclater.

M. René Bazin faisait, le 25 mars 1915, au Séminaire français à Rome, une conférence sur ce mouvement religieux, et le cardinal Billot s'associait à ses espérances, en signalant « ces miracles déjà accomplis en notre faveur, cette grâce puissante par laquelle Dieu a daigné visiter notre pays, ces gestes héroïques de religion et de piété, cet esprit nouveau qui anime l'armée », et en ajoutant : « *Je l'aime, oh! je l'aime, ce joli mot de renouveau, caressant comme un souffle printanier et portant comme les senteurs d'une abondante floraison, sûr présage d'un été fécond.* »

A qui devrons-nous cet heureux changement? N'est-ce pas au sacrifice chrétien de nos héros? C'est leur dernier soupir, leur dernière prière qui agit. Le sang des morts monte en sève dans l'âme des vivants.

Mgr Tissier, évêque de Châlons, a bien dit la vertu de ce « sang de France » dans un superbe discours prononcé, le 19 septembre 1915, à Notre-Dame d'Epernay :

« Ce sang, dit-il, est une semence, la seule de toutes qui porte en même temps le germe à épanouir et la rosée qui féconde. Sans lui, tout est stérile ; les vertus, du moins, sont éphémères qui ne plantent pas dans ses ondes vermeilles leurs racines. Elles y puisent leur vigueur et leur stabilité.

« On a bien essayé, avant la guerre, d'ensemencer d'idées saines et de nobles actions le sol national. Oui, des tentatives sociales généreuses furent faites pour sortir la jeunesse, en particulier, des longs sommeils et des inerties meurtrières. On y appela même, avec un vrai sens de la vie chrétienne, la vertu du sang de Dieu, dans des pratiques religieuses qui furent données comme le levier souverain. Elles n'aboutirent pas, parce qu'une coopération manquait encore : celle de notre propre sang. Dieu qui peut tout ne veut pas se passer de nous. Il a mis notre salut dans nos mains, à la condition que nous mourions comme lui.

« Notre mort et notre sang ne sont rien sans les siens pour les résurrections, soit privées, soit publiques. Mais sitôt que notre croix rencontre sa croix, sitôt que notre sang touche son sang, c'est la vie qui déborde, et c'est la vie qui conquiert. »

L'évêque de Châlons tire de cette union de la souffrance et de la grâce, du sang divin et du sang humain, un joyeux pronostic pour notre avenir :

« Elle sera, si je ne me trompe, radieuse

comme à aucun autre jour de son histoire, la France victorieuse de demain.

« Le triomphe, à n'en pas douter, lui coûtera encore bien du sang. Mais chaque goutte qui tombe la lave davantage et la fait plus belle; chaque flot qui coule la pousse vers Dieu et resserre son union sacrée; chaque rosée vermeille qui s'étend sur la plaine au matin et au soir des batailles y sème des hommes.

« Noble sang de France, épands-toi malgré nos larmes et ruisselle encore s'il le faut du corps de nos fils, car tu es notre rançon, la rançon de nos villes et celle de nos champs. Inonde nos tranchées et nos coteaux, puisque ce sont les terribles vendanges de la guerre. Mais, mieux encore que le sang de nos vignes, tu seras la force invincible de la terre qui te boit, et le vin parfumé de Champagne n'est que le symbole de la vertu. Rien ne t'épuise, sang chevaleresque de nos petits soldats. En toi, la France se repose et espère, parce que tu coules, la France que tu laves, la France que tu rapproches, la France que tu fécondes. »

Ce que dit un évêque, un instituteur public y fait écho. Avant la guerre, la pensée du primaire était à l'antipode de la pensée du curé. Maintenant elles se rejoignent souvent. Combien, parmi les fiers Sicambres de la laïque, ont brûlé dans les tranchées ce qu'ils avaient adoré à l'école, les vieilles idoles de la libre-pensée!

« Je suis de ceux, écrit l'un d'eux, — et il y en a plus qu'on ne croit dans l'enseignement, — qui pensent que le curé et l'instituteur sont faits pour se compléter et s'entr'aider, et non pour se haïr ; ainsi le veulent leur culture intellectuelle et bien d'autres affinités. »

Il espère bien qu'après la guerre, l'agitation anticléricale ne recommencera plus.

« Quel crime on commettrait contre tous nos camarades morts pour la patrie, contre ces braves que j'ai vus, comme à l'attaque du 16 juin près d'Arras, sortir des tranchées, le visage souriant, sous un déluge de mitraille, et tomber en criant : « Vive la France! » Quel crime contre ceux qui sont prêts à donner eux aussi leur vie, contre nous tous, si nous retombions dans les errements qui nous ont conduits tout près de la défaite !

« J'espère plutôt que Dieu protégera notre chère patrie, et que de ce creuset de souffrance, de deuils et de larmes, sortira une France nouvelle, régénérée par l'épreuve, qui saura secouer le joug des oppresseurs du dedans[1]. »

---

[1] Lettre écrite à H..., Pas-de-Calais, le 27 août 1915. *Semaine religieuse de Tours.*

C'est pour obtenir cette conversion de la France que beaucoup de soldats ont, comme nous l'avons vu, offert leur vie en holocauste. Beaucoup exprimaient en même temps la douce espérance que ce vœu serait exaucé. Un ancien soldat du Maroc, maréchal des logis, signe ces nobles paroles :

« Si la volonté du bon Dieu était que j'y laisse ma triste peau, qu'importerait cela, si notre belle France était enfin délivrée de ces maudits Boches et revenait à notre sainte religion. Ma mort m'importerait peu à ce prix-là. Depuis bien longtemps je prie pour cela, disant chaque jour et plusieurs fois par jour cette invocation : « Cœur sacré de Jésus, sau-
« vez la France, délivrez-la de tous ses ennemis
« et des vôtres et ramenez-la à votre sainte religion. » J'ai bon espoir que, la guerre finie, la France changera d'idées et que nous serons, nous catholiques, un peu mieux traités... »

Un artilleur du camp de Verdun écrit le 16 août 1915 :

« Que ne pouvez-vous assister à l'un de ces offices qui ont lieu sur le front ! Vous retourneriez chez vous confiants en l'avenir; car, à voir la piété de ceux qui y assistent, nous sentons nous-mêmes que graduellement la France revient de son erreur passée, et qu'un jour prochain la reverra ce qu'elle était auparavant... Une autre France bien plus belle sortira de ce cataclysme. »

Le jeune L. M.., du diocèse de Perpignan, écrit à la date du 22 novembre 1914 :

« Tous les jours, je me recommande à Dieu et à la bonne Vierge. Je crois qu'après cette guerre tout changera au point de vue de la religion. Beaucoup qui blasphémaient ou vivaient dans l'indifférence religieuse sont maintenant convertis. »

Mais ces convertis vont-ils persévérer? Quelques-uns en doutent.

Un soldat socialiste a donné, dans une lettre publiée par l'*Humanité*, son appréciation sur ce mouvement religieux. Il a pris part à la terrible campagne des Vosges du début de la guerre et, à peine revenu de ses émotions, à la date du 14 novembre 1914, il raisonne sur ce qu'il a vu. Il reconnaît le fait d'un renouveau; il l'attribue à l'isolement, à la souffrance, à la peur de la mort, mais aussi à un besoin d'idéal et de foi, auquel l'homme croit satisfaire par la religion. Il y a beaucoup d'idées vaines, mais aussi de remarques intéressantes dans cette lettre. Qu'on en juge :

« Aux arrêts, au repos, le soir après la bataille, ou après la marche, l'esprit travaillait.

On avait la vision des blessés, l'oreille retentissait comme des hurlements des mourants, et on pensait à soi-même, à la femme, aux enfants. A quand mon tour? C'est alors qu'on faisait son examen de conscience ; et automatiquement l'homme, détaché du monde actuel par cette rupture d'équilibre qu'est la guerre, remontait vers son enfance. Son éducation première se faisait sentir. *Et c'est ainsi que, normalement, logiquement, dirai-je, s'est produit le retour aux idées religieuses.*

« Ces hommes sans idéal, qui avaient abandonné leurs pratiques chrétiennes, se sont sentis petits dans cette grande catastrophe. *Ne sentant pas l'enchaînement des forces économiques qui les poussaient, et ayant dans ces terribles instants besoin d'idéal, ils sont revenus à la religion.* Ils se sont abandonnés au mythe. La peur les a poussés.

« Ce mouvement néo-religieux m'a paru sérieux au début. Il a été exploité, guidé, aidé par les aumôniers et par certains majors, et *franchement je crois qu'il en restera une partie après la guerre.*

« Mais, depuis les débuts, le soldat s'est habitué à la guerre, aux souffrances, à la vue de la mort. Il raisonne maintenant. Il sent que la guerre est le heurt des forces purement humaines, et déjà les vapeurs religieuses s'en vont. Rien d'incompréhensible aujourd'hui où on lit les journaux, où on sent la liaison des troupes entre elles. L'esprit s'est accoutumé à la guerre et à ses visions tragiques.

« *Les sentiments religieux subiront après la guerre une attaque plus sérieuse encore.* Le besoin de jouir, qu'on a toujours senti après des événements semblables, se fera sentir. L'homme voudra profiter de son séjour sur terre, qu'il appréciera d'autant plus qu'il aura failli en être privé. Et la religion perdra ses adeptes aussi vite qu'elle les a repris.

« *Malgré tout, je crois qu'il subsistera quelque chose de ce retour moral.* Et nous-mêmes pourrons en tirer une nécessaire leçon. L'homme a besoin d'idéal. Le nôtre seul s'oppose, ou, pour être plus exact, se dresse près de l'idéal religieux. Travaillons vivement à le faire partager par les masses. Donnons-lui comme un vague caractère religieux, mais des religions des premiers âges. Inculquons la foi et n'oublions jamais de rattacher les problèmes journaliers à notre revendication totale et à notre espérance générale. »

L'auteur de cette page constate donc le fait d'une renaissance religieuse au front ; c'est le **point essentiel**. Mais il n'a qu'une vue incomplète de ses causes, et par suite de sa force de résistance et de durée. Il est vrai que la souffrance, l'isolement, la perspective de la mort, y entrent pour une part, mais ce sont plutôt des moyens dont se servent les grandes causes, les vraies forces, qui sont la grâce de Dieu d'une part et, de l'autre, la raison et la conscience; et puis, ce n'est pas à un mythe que l'épreuve ramène, c'est à la claire vue des réalités suprasensibles. Les idées qui en découlent ne sont pas des vapeurs que le retour à la vie normale puisse dissiper. Les seules vapeurs qui soient ici redoutables sont celles des passions, amies de l'incrédulité, que chasse la mort. Les sentiments religieux subiront après la guerre de sérieuses contre-attaques, c'est inévitable. Le Tentateur ne fait jamais la paix. Il continuera à solliciter l'homme et cherchera à le faire descendre des sommets où l'élèvent les idées chrétiennes. « *Mitte te deorsum*, jette-toi en bas, » c'est sa devise. Mais « il subsistera quelque chose de ce retour moral », et plus même que l'auteur ne le croit. Sa foi philosophique, tirée « de l'enchaînement des forces économiques », ne suffit plus; elle a subi de trop rudes atteintes pendant cette guerre pour rallier, après la paix, les âmes en mal d'idéal.

Ce renouveau, qui inquiétait déjà la libre-pensée au début de la guerre, n'a fait que se développer depuis lors; la preuve en est dans les enquêtes qu'ont ouvertes à son sujet diverses revues fort peu cléricales.

La *Grande Revue*, dans son numéro d'août 1915, a publié les conclusions de la sienne. L'auteur de l'article, M. Truc, avoue l'existence du mouvement mais affecte de n'y voir qu'un phénomène éphémère. Il estime que le règne de la foi est passé depuis la Révolution. Alors, dit-il, « *le crépuscule tomba sur l'Église, où il flotte encore, et où, malgré les apparences, il s'épaissira. Les nefs désertes des cathédrales sonnèrent sous les pas des visiteurs indifférents. La lumière qui brillait au Zénith, et où les foules voyaient passer des ailes d'anges, s'éteignirent.* »

Mais, hélas! aucune autre lumière ne vint remplacer celle de la foi. L'auteur le reconnaît loyalement. La science, le progrès, l'industrialisme, la démocratie, le socialisme, éveillèrent les appétits de la chair sans les satisfaire. Ce fut, dit-il, « la sûre et foudroyante montée du matérialisme dans les masses. »

Après cela, ne semble-t-il pas qu'il faille revenir à la lumière perdue, et bénir le renouveau? M. Truc repousse cette conclusion si logique. Mais quel idéal propose-t-il au lieu de la foi? Un vague sentimentalisme. « Tout vient du sentiment, dit-il, tout subsiste par le sentiment... » Fort bien, mais le sentiment de quoi? Le philosophe oublie de nous le dire. « *Sachons, dit-il, ne pas précipiter les gens dans les religions, en négligeant de leur apprendre à sentir sur eux, dans les effrois de la vie mystérieuse, le souffle de l'Inconnu!* » Eh! quoi, les âmes tremblantes, endolories, viennent vous demander un refuge dans l'orage, et vous leur répondez : « Courbez-vous sous le souffle de l'Inconnu! » Tautologie! Rêve de dilettante! Songe creux d'une libre-pensée qui cherche de nouvelles formules, tant les anciennes sont démodées, et qui ne trouve plus que des sonorités! Variation enfantine sur le vieux thème athénien du Dieu inconnu, que saint Paul nommait dans l'Aréopage! Le grand souffle qui soulève le monde, aujourd'hui comme dans tous les temps, vient de Dieu et emporte les âmes vers le ciel. Les revues, grandes et petites, ont beau sonner les funérailles de l'Évangile; elles passeront et l'Évangile restera.

Et l'Évangile refleurira. Seul, en effet, il satisfait les sentiments les plus nobles du cœur, mais aussi la raison. Ceux qui le méditent sur le Calvaire des champs de bataille n'oublieront pas si vite ses leçons. Ils retrouveront au village les vieilles tentations; mais la force nouvelle les y suivra. Il faut aussi tenir compte de l'action de Dieu qui combattra pour maintenir son œuvre. Il faut ajouter que la voix des morts, plus encore que la voix de la mort, parlera longtemps dans le cœur des vivants, et que le sang des élus retombera en pluie de grâces sur leurs frères. Enfin beaucoup de rescapés se feront un point d'honneur, comme un point de conscience, de tenir des promesses faites en face du danger pour pouvoir se rendre le témoignage qu'ils n'ont pas obéi seulement à la peur, mais à la raison, et que, n'ayant pas été des poltrons, ils ne sont pas des parjures.

C'est le sentiment généreux que Léon de Montesquiou exprimait dans une de ces lettres de penseur qui émeuvent, parce qu'elles éclairent les tréfonds de l'âme. Elle fut écrite le 23 septembre, avant-veille de sa mort glorieuse à Souain. Le chrétien annonce bien le gentilhomme.

« Je réfléchissais beaucoup cette nuit, et voici notamment l'une de mes réflexions :

« Devant l'horreur que je m'imaginais sur ce qui devait se passer de l'autre côté, je priais, et alors je me disais : Dans une circonstance où j'avais besoin de toutes mes forces morales, j'ai recouru à la confession, et j'ai été jusqu'à la communion. Il serait indigne que, plus tard, quand j'aurai retrouvé ma vie facile et heureuse, j'abandonne un tel secours, parce que je ne m'en sentirais pas immédiatement le besoin. Oui, ce serait indigne. Je devrai donc m'efforcer de conserver cette pratique religieuse à laquelle je suis revenu ces jours derniers, parce que je me sentais très petit. Seulement alors, mon acte actuel aura de la valeur. »

La plupart des hommes revenus du front ne verront plus les choses sous les mêmes angles et les mêmes couleurs qu'autrefois. Le prêtre leur apparaîtra tel qu'ils l'ont vu dans la fraternité des armes, comme un homme loyal et dévoué, comme un ami aussi ; la politique antireligieuse, la guerre à Dieu, comme une lamentable folie qui conduit la France à l'anarchie ; la religion, au contraire, comme la seule valeur morale et sociale restée debout sur les ruines des snobismes et des philosophies. La nation elle-même, dégrisée des vapeurs de l'anticléricalisme, reviendra sérieusement à son Dieu.

Tel est le bienfait que la France devra à ses enfants. Et alors, au lieu de maudire cette guerre, elle la bénira comme le berceau de sa résurrection. Elle bénira les fils qui lui auront rendu plus que la vie terrestre puisée dans ses flancs, la vie divine.

David, désespéré de la mort de Jonathas,

chantait sa douleur dans un cantique immortel : « Montagnes de Gelboë, que la rosée et la pluie ne tombent plus sur vous, car vous avez bu le sang des forts d'Israël! » Ni les femmes, ni les mères de chez nous ne jetteront cette imprécation aux campagnes qui ont bu le sang de France, car de ce sang la fleur du bonheur éternel a déjà germé pour leurs maris et leurs fils, et il en sortira une moisson d'honneur, le salut de la patrie.

Pleurez donc, femmes de France, mais sans amertume, et ne demandez plus au vent qui passe où est allé votre bien-aimé : *quo abiit dilectus tuus?* Le vent n'en sait rien ; il a emporté ses plaintes et ses douleurs, mais il n'a pas emporté son âme. Cette âme n'erre pas désolée dans la prairie des asphodèles avec les héros d'Homère : elle s'est posée sur les ailes des anges qui cinglaient vers les collines éternelles. Elle ne s'enivre pas de sang dans les orgies du Walhalla germain : elle s'enivre de vie et de beauté divines au banquet du Seigneur, avec Olivier, Roland et tous nos chevaliers chrétiens.

Pleurez donc, mais le cœur gonflé d'espoir et de reconnaissance plus encore que de regrets. Qu'au souvenir de vos héros, elles tombent ces larmes, comme de purs diamants mêlés aux rubis de leur sang, dans la coupe de cristal où saint Michel du Péril offre à Dieu la rançon de la France.

On raconte qu'un enfant glanait des épis dans un champ. Comme on lui demandait ce qu'il en voulait faire : « Mon grand frère, répondit-il, va être ordonné prêtre. Je voudrais bien lui donner quelque chose; mais je suis pauvre. Alors j'ai pensé à ramasser des épis ; jen ferai une blanche farine que je porterai aux bonnes sœurs du village. Elles en feront une grande hostie pour la première messe de mon frère. »

Soldats, vous êtes les épis qu'a fauchés la faucille du Seigneur, et les anges ont glané vos âmes sur les sillons sanglants. Vous êtes la pure farine broyée par la douleur et la mort, dont est faite la grande hostie de la France pénitente. Humblement unie à l'Hostie divine, elle sera, elle aussi, une hostie salutaire, celle que Dieu agréera pour la rédemption de notre patrie. Et ce sera le dernier mot de cette guerre.

APPENDICES

LA MORT DU SOLDAT ET LE SALUT ÉTERNEL
Par S. Em. le cardinal BILLOT.

S. Ém. le cardinal Billot, dans un discours prononcé le 25 mars 1915 au Séminaire français à Rome, a exposé la doctrine catholique sur le salut éternel du soldat qui meurt pour sa patrie. Après avoir dit, dans une page consolante que nous avons citée plus haut (chap. XXX), la beauté morale de cette mort et les miséricordes spéciales dont le cœur de Dieu l'entoure, l'éminent théologien montre qu'elle ne remplace pas les dispositions surnaturelles nécessaires pour aller au ciel. Voici ce passage:

« De là à dire que le seul fait de tomber consciemment pour la cause juste de la patrie suffit à assurer le salut, oh! Messieurs, quelle distance! Pour cela, il faudrait ni plus ni moins substituer la patrie à Dieu; il faudrait avoir oublié ce qu'est Dieu, ce qu'est le péché, ce qu'est le pardon de Dieu. Il faudrait ne plus savoir ce que Notre-Seigneur a dit dans l'Évangile : *Nisi pænitentiam egeritis, omnes similiter peribitis*. Si vous ne faites pénitence ! cette pénitence dont l'acte essentiel, indispensable, est la contrition, j'entends la douleur et la formelle rétractation du péché en tant que péché, en tant que contraire à la loi de Dieu, en tant qu'offense de Dieu. Non, encore une fois, sans cette pénitence-là, il n'est pour aucun pécheur, dans quelque circonstance que ce soit, de salut à attendre, et le martyre lui-même n'y suffirait pas, si par impossible les conditions du martyre se trouvaient jamais réalisées en celui qui, ayant péché mortellement, persévérerait jusqu'à la mort sans contrition du péché commis.

« Voilà peut-être des choses que le monde ne comprendra pas; mais nous les comprenons, nous autres, et certes nous sommes loin du blasphème de ceux qui disent que Dieu, en nous ordonnant de pardonner même à ceux qui ne nous apportent aucune réparation de leurs offenses, nous a imposé vis-à-vis de nos ennemis une loi de magnanimité qu'il n'observe pas lui-même vis-à-vis des siens. Je dis que nous sommes loin de ce blasphème, parce que, indépendamment de tant d'autres raisons où je n'entre pas ici, nous savons, n'est-ce pas, toute la distance qui court entre le pardon de l'homme et le pardon de Dieu.

« Effectivement, le pardon de l'homme n'a rien à changer en celui qui en est l'objet, le laisse ce qu'il le trouve, bon ou méchant selon qu'il l'était auparavant; il consiste en une rémission tout extrinsèque qui n'atteint en aucune façon l'intime de son âme. Au lieu que le pardon de Dieu a pour effet de rétablir l'ordre de la justice dans l'âme de celui qui est pardonné, autrement dit de justifier; de justifier, dis-je, non pas de cette justification légale, extrinsèque, fictive, imputative, que prêchent les luthériens et les calvinistes, mais d'une justification vraie, réelle, intrinsèque, qui fait qu'en face du pardon, nous ne sommes pas seulement réputés justes, mais le sommes devenus en effet, *et nominamur et sumus*, dignes d'être admis à la vision de Dieu en la bienheureuse société des saints. Or, un tel pardon demande manifestement comme indispensable condition la rupture de toute attache morale à ce qui est contraire à Dieu, source première et règle suprême de toute justice, et donc la pleine et entière rétractation du péché commis, que la langue chrétienne appelle la contrition, et même, s'il s'agit de la justification à obtenir en dehors du sacrement, la contrition parfaite...»

LA MORT DU SOLDAT ET LE MARTYRE
Par le R. P. Rosa, S. J.

La Civilta Cattolica du 15 mai 1915 a donné un article où le R. P. Rosa étudie cette question : « Peut-on attribuer, plus ou moins rigoureusement, le mérite et le titre de martyrs aux soldats qui meurent en combattant pour la patrie, au moins dans ce sens que cette mort suffirait à leur assurer le salut de l'âme, la félicité éternelle ? »

« Cette question, répond l'auteur, est ancienne. Elle a déjà été traitée par Benoît XIV dans ses doctes ouvrages (*De servorum Dei beatificatione et beatorum canonizatione*, t III, lib. III, c. XVIII); l'examen y est toutefois restreint aux soldats qui mouraient en guerroyant pour la foi, comme dans les Croisades. Tout le monde sait la part glorieuse qui a été faite aux croisés dans la tradition chrétienne et dans l'histoire de l'Église; aussi notre grand Alighieri leur a-t-il assigné une place spéciale dans la gloire, dans le voisinage des martyrs (Par. xv, 139-148).

« Mais il y a plus; en cela aussi, Alighieri suivait son maître en théologie, saint Thomas. L'Ange de l'école se demande, en effet, si la foi seule est la cause du martyre, et il se pose à lui-même cette objection : « S'il existait une
« cause du martyre autre que celle de la foi,
« il semblerait qu'il faudrait surtout considérer
« comme martyrs ceux qui meurent pour la
« défense de leur pays, car, parmi les œuvres
« de vertu, celles qui se rapportent au bien com-
« mun se rangent au premier rang; et pour-
« tant, il n'est pas d'usage dans l'Église de célé-
« brer comme martyrs les soldats qui meurent
« dans une guerre juste. »

« A cette objection qu'il s'est posée, saint Thomas répond de la sorte : « Le bien du pays
« est le plus important de tous les biens
« humains; or, le bien divin, qui est la cause
« spécifique du martyre, est plus important
« que le bien humain; toutefois, parce que le
« bien humain peut devenir divin quand il se
« rapporte à Dieu, tout bien humain peut être

« une cause de martyre, pour autant qu'il se
« rapporte à Dieu. »

« Saint Thomas avait enseigné ailleurs d'une façon plus explicite encore : « Quand on subit
« la mort pour le bien commun, sans que le
« bien commun se rapporte au Christ, on ne
« mérite pas l'auréole (du martyre) ; on méri-
« tera cette auréole, au contraire, si le bien
« commun se rapporte au Christ, et alors on
« sera martyr. Ce cas se vérifierait, par exemple,
« si l'on mourait en défendant son pays contre
« l'agression d'ennemis qui se proposeraient
« d'attenter à la pureté de la foi chrétienne. »

« Lambertini cite d'insignes partisans de cette opinion, comme Silvio, Paludano, saint Antonin, le cardinal Capizucchi, Hurtado, mais il en élucide, en même temps, le fondement et l'interprétation ; cette interprétation, d'ailleurs, quelle que soit la diversité des opinions, suppose toujours l'exclusion du but politique, d'une part, et, de l'autre, elle suppose l'acceptation généreuse de la mort, avec, chez celui qui succombe de la sorte, l'intention principale de défendre la foi catholique contre les ennemis qui en voudraient corrompre la pureté. Cela n'apparaît pas clairement d'ordinaire en ceux qui trouvent la mort dans un combat ; ils n'ont pas volontairement choisi la mort : ils la subissent forcément, comme une conséquence de l'organisation militaire et des dispositions tactiques ; on ne saurait donc ranger parmi les martyrs proprement dits les soldats chrétiens eux-mêmes qui meurent en guerroyant pour la foi contre les infidèles, ni ceux qui tombent pour la défense, si juste fût-elle, de la patrie.

Néanmoins, Lambertini lui-même reconnaît que des hommes pieux et saints se sont écartés de cette exacte terminologie ; tel l'évêque, qu'il cite à la suite de Rainaldi et qui promettait aux croisés la gloire éternelle, sans passer par le Purgatoire ; tel, plus considérable encore, un saint Louis, roi de France, qui se consolait de la mort de son « très cher et illustre frère, « le comte Robert, tenant pour certain, espérant « fermement que celui-ci avait pris son vol pour « la patrie céleste avec la couronne du martyre, « et qu'il y jouissait du bonheur éternel avec les « saints martyrs » ; tel enfin saint Jean de Capistran, l'âme des armées chrétiennes, qui donnait, lui aussi, ce titre de martyrs aux soldats qui mouraient dans la Croisade contre les Turcs. Et, de la même manière, l'on pourrait citer d'autres exemples encore et d'autres autorités ; mais, pour tous ces cas, la réponse serait la même : il suffirait d'alléguer la distinction qu'introduit ici Lambertini, avec les théologiens les plus exacts, et de dire qu'il s'agit ici, *non de vero martyrio, sed quodammodo de martyrio similitudinario.*

« De cet exposé, conclut le R. P. Rosa, il résulte manifestement que, dans la guerre présente, il n'y a pas lieu de parler de « martyrs » ni d'un côté ni de l'autre, même dans le sens le plus large et le plus générique du mot... »

37 321. — TOURS, IMPRIMERIE MAME

PRESSANT APPEL A TOUS LES FRANÇAIS
pour obtenir au plus tôt la victoire et la paix

Tout le monde sait, après tant d'autres atrocités, l'infamie des moyens que les Allemands emploient pour se procurer des soldats, des armes et des munitions.

Même l'esclavage antique ne commit rien de pareil.

Ce qui est plus lugubre encore, c'est l'état dans lequel sont les pays que nous leur reprenons. Des soldats et des officiers sont venus nous le dire de la Picardie reconquise. C'est un spectacle lamentable. Rien n'y subsiste plus. Et la lutte continue opiniâtre; chaque jour enregistre ses morts et ses blessés Faudra-t-il donc reconquérir le Nord et la Belgique dans ces conditions? Chacun se le demande avec angoisse. Mais c'est ici qu'un cri se fait entendre chaque jour plus poignant.

« Il n'y a que Dieu qui puisse abréger de telles épreuves. Il faut mettre tout en œuvre pour obtenir son secours. La France est la seule nation où les pouvoirs publics refusent de croire en Lui. Nous lui faisons l'injure de dire qu'il n'existe pas, quand notre grand chimiste Berthelot disait lui-même qu'il est d'accord avec tous les savants du monde, pour proclamer Dieu le principe premier de toutes choses. Cela ne peut pas durer. »

C'est ce que pensait déjà en 1870, M. de Freycinet alors secrétaire de Gambetta. Il l'a souvent écrit: « Quand nous avions tout préparé et qu'on ne pouvait pas, semblait-il, ne pas obtenir la victoire, un événement imprévu venait soudain la transformer en défaite. Comment ne pas y voir la main de Dieu? »

Et faute d'avoir fait ce qu'il fallait pour obtenir le concours de la Providence, la guerre se termina dans les conditions désastreuses que personne ne peut oublier.

Ils sont nombreux ceux qui ne croyaient pas en Dieu, au commencement de la guerre et qui sentent la nécessité de recourir à Lui. Plusieurs même se convertissent, en disant: C'est évidemment ce que Dieu attend pour nous sauver. Et ils ajoutent: « Par pitié pour nous, si ce n'est pas par reconnaissance, qu'on ait égard aux épreuves que nous subissons. »

Tout le monde connaît le mot lumineux du curé d'Ars. Il mourut en 1859; mais bien avant sa mort il avait prédit la guerre de 1870 et celle de 1914.

Sur la première, il indiqua qu'elle serait mal conduite et que la France y perdrait deux provinces. Sur la deuxième, il dit qu'elle serait beaucoup mieux conduite, que nos petits soldats s'y battraient admirablement; puis qu'elle serait longue et compliquée, mais que nous aurions la victoire, qu'on nous rendrait nos deux provinces perdues et quelque chose de plus; puis que l'intervention divine nous y serait accordée dans des conditions tellement miraculeuses que beaucoup se convertiraient.

La prédiction faite sur la guerre de 1870 est une garantie pour l'autre; mais cette intervention divine dont elle parle et qui réjouit les cœurs de nos soldats nous impose un devoir sacré. Il faut y penser et la mériter à tout prix. N'est-ce pas pour nous que nos soldats luttent et meurent? Ils sont souvent de vrais martyrs. Qu'est ce qui soutient leur héroïsme? Ils veulent que la France reste la France, l'apôtre de la Liberté et de la Civilisation. A aucun prix elle ne doit appartenir à cette nation barbare qui rétablit l'esclavage dans le monde. Ils ne veulent pas rendre stériles tant de sacrifices accumulés au cours de cette guerre. Peut-on voir des sentiments plus nobles, un dévouement plus magnanime? Cette volonté héroïque de nos défenseurs n'exige-t-elle pas que la Nation toute entière soutienne leur effort?

Les Français qui restent impies travaillent pour les Boches et contre la France.

Dieu veut sauver la France; c'est évident. S'il en était autrement, les victoires de la Marne et de Verdun seraient inexplicables. On dit que la prière ne nous a rien obtenu. Ah! quelle ingratitude! sommes-nous donc dans l'état où, sans le secours de Dieu, nous devions être certainement?

Nos victoires de la Marne, de l'Artois, de la Champagne et les deux de Verdun, ont été préparées par la prière. La dernière le fut par la journée de supplication du 14 décembre; la bataille commença le 15 décembre à 10 heures du matin. En 7 heures nous avions gagné trente millions de mètres carrés, 12.000 prisonniers, 120 canons et 130 mitrailleuses. Mais la philosophie nous explique que le concours de Dieu est indispensable dans tous les actes humains. Nos chers combattants nous conjurent tous de les aider à l'obtenir. Il ne s'agit pas de contraindre qui que ce soit à faire un acte religieux, mais d'éviter tout ce qui pourrait s'opposer à cette victoire qui leur coûte si cher.

Arrière donc les publications **pornographiques** ou **impies**!

Envoyez beaucoup de délégations aux Ministres pour qu'on les supprime, ainsi que les cinémas qui sont l'école du vice et du crime. A ceux qui veulent lire, donnons ce qui peut élever l'âme.

Voilà que les Musulmans, accourus au secours de notre pays, donnent à leurs soldats des auditions musicales, artistiques et littéraires, pour maintenir leur idéal. C'est un exemple qu'il faut imiter partout où ce sera possible. Une société de vrais artistes s'est déjà formée dans ce but à Paris, et s'il le fallait il s'en formerait ailleurs.

Chacun **doit se faire apôtre** de la vérité, de la vertu, de la prière, de la civilisation, de tout ce qui est le patrimoine séculaire de la France. C'est un devoir. Oh! surtout prions bien!

Il y a encore parmi nous des cœurs corrompus dont il faut se méfier. Ils sont payés par l'ennemi pour faire perdre à l'armée française sa force et son éternel honneur. Il faut les stigmatiser, ce sont des **empoisonneurs Boches**.

Répétons hardiment la belle circulaire où le général Galliéni nous disait : « *Il n'y a que les imbéciles à ne pas comprendre la haute valeur de la chasteté.* »

Voilà un grand travail qui s'impose sans retard à tous les Français: ce sont les intéressés qui sont venus nous conjurer de le faire, et nous le leur avons promis.

Toutes les autorités **sans exception** doivent s'en préoccuper. Hélas! on l'a dit, beaucoup d'entr'elles, qui l'avaient si bien fait au début s'en désintéressent. Le mal prend toute liberté. Que fait-on pour répandre le bien? A quelques exceptions près, on ne prépare même pas de réunions spéciales, pour les **orphelins** ou pour les **veuves de la Guerre**, pour les **blessés** ou les **permissionnaires**, pour les **journées** qui ont lieu, ou pour les soldats tombés au **Champ d'honneur**, ou d'autres particularités.

Tant d'âmes sentent le besoin impérieux d'être éclairées sur les vérités et les devoirs de l'heure présente, comme sur les erreurs et les désordres qui pullulent. Les petites réunions de l'église ne sauraient suffire. Pourquoi ne pas saisir les occasions qui se présentent, de parler à ces âmes dans l'année, ou de leur distribuer des tracts capables de remplacer la parole?

C'est l'**armée** qui se plaint d'être laissée dans les ténèbres, quand elle a tant besoin de lumière. C'est la **nation** qui voudrait être plus vigoureusement orientée dans l'action qui s'impose. Nous demandons aux personnes de bonne volonté de nous envoyer les *secours nécessaires* pour ce grand travail.

Nous le rattachons à la **Ligue de l'Évangile**, parce que le Vicaire de Jésus-Christ nous a dit : « La cause première de la guerre actuelle, comme de toutes les erreurs et de tous les maux de la Société moderne, c'est l'abandon de l'Évangile; et leur seul remède assuré, c'est le retour à la pratique du Livre divin, surtout la **pénitence**. Si vous ne faites pas pénitence, vous périrez tous.

Voici d'abord ci-dessous une liste de quelques tracts d'actualité, que nous offrons gratuitement Nous continuerons cette distribution *gratis*, tant que la générosité des Bienfaiteurs de nous le permettra

Le programme tient dans ces quatre mots : Prier, Souffrir, Instruire, Agir. La prière qu'il faut redire souvent, même cent fois par jour est celle-ci qui résume tout :

O Jésus, faites-nous la grâce de pratiquer et de faire pratiquer votre Saint Evangile.

Chaque fois qu'on la répète, on gagne cent jours d'indulgence applicables aux âmes du Purgatoire. Appliquons-les aux soldats qui sont tombés pour nous dans cette guerre.

Les demandes et les offrandes doivent être adressées à M. l'Abbé Garnier, 123, rue Montmartre, Paris (2e). C'est à cette adresse qu'on trouve les diverses éditions de l'Evangile.

Liste des Tracts que nous offrons gratis

1. Même vainqueurs, nous serions vaincus si nous ne changeons pas notre méthode. — 2. Les Papillons Boches. (Rien n'a plus fait de mal à la France. Que faire pour s'en débarrasser?) — 3. Les Atrocités de la Guerre viennent de la maxime Teutonne « L'Allemagne au dessus de tout ». — 4. Ah! Croyons tous en Dieu. — 5. Savez-vous la vraie cause de la guerre? — 6. Les Litanies de la Guerre. — 7. De grâce, respectez nos Soldats. — 8. Si nous avions été battus par les Allemands, quel devait être notre sort? — 9. Le Sacré-Cœur, la France et le Monde. — 10. Cette guerre est une croisade, la plus belle de toutes. — 11. — Grandes paroles du Cardinal de Reims. — 12. Etude sommaire de plusieurs questions. — 13. Conférence publique et contradictoire sur les douzes preuves prétendues de l'inexistence de Dieu. — 14. La prétendue Faillite du Christianisme — 15. Boches, Bochons et Bochonneries. — 16 Comment les Catholiques peuvent tout sauver. — 17. Le Saint Sacrifice de la Messe. — 18. La cause de la Guerre, c'est l'abandon de l'Evangile. — 19. Pour en réparer les suites, revenons à l'Evangile. — 20. D'où venait l'oriflamme de Saint-Denis?

Ce tract sera donné gratis à qui le demandera à l'adresse indiquée.

Ce tract est en vente à la Librairie de l'Evangile, 123, rue Montmartre Paris, au prix de 2 fr. le cent, et 17 fr. le mille.

Imprimerie de l'Union Nationale, 42, rue Hermel, Paris.

www.ingramcontent.com/pod-product-compliance
Lightning Source LLC
Chambersburg PA
CBHW070451170426
43201CB00010B/1290